新编21世纪高等职业教育精品教材 · 公共基础课系列

微课版

创新创业基础与实践

赠送活动手卡

主　编　张彦玲　崔　进　马　莹
副主编　刘　艳　李晓晨　宝　山
　　　　张　京　俞伯阳
参　编　胡　冰　吴红翠　韩宪文
　　　　刘　芳　张　琳　王鸣华
　　　　姜　健

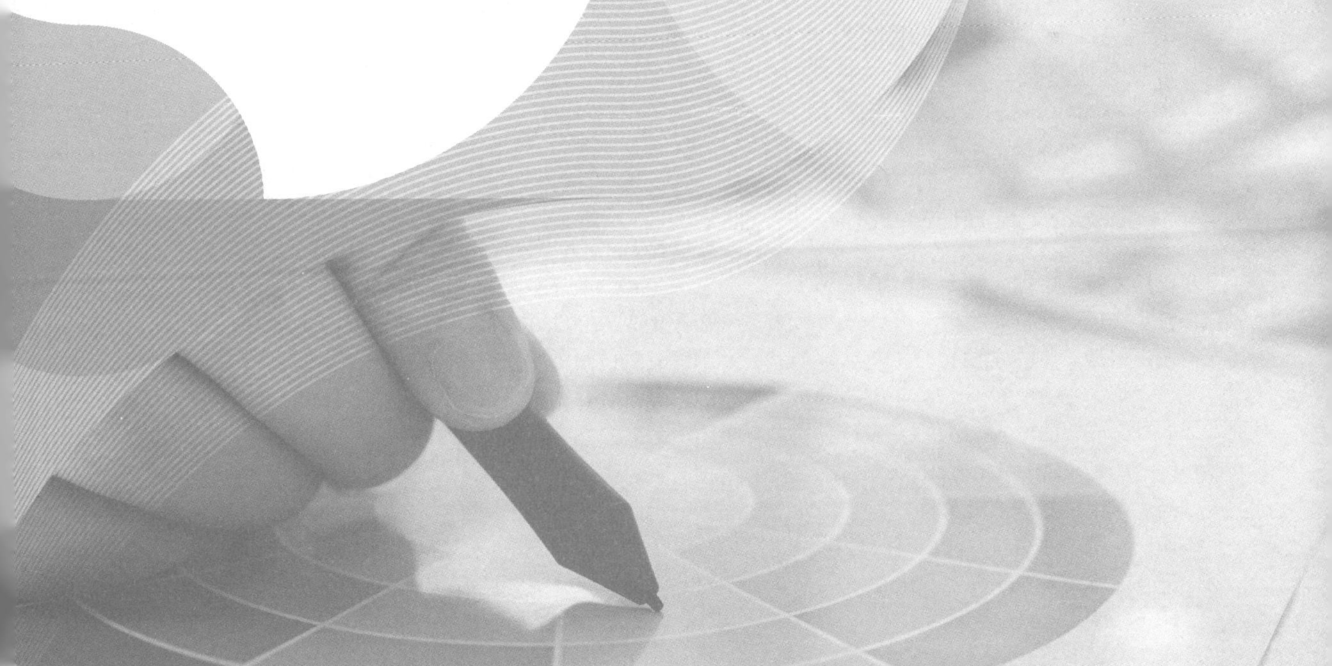

中国人民大学出版社
· 北京 ·

图书在版编目（CIP）数据

创新创业基础与实践 / 张彦玲，崔进，马莹主编 . 北京：中国人民大学出版社，2024. 7. --（新编 21 世纪高等职业教育精品教材）. -- ISBN 978-7-300-32957-4

Ⅰ. G647.38

中国国家版本馆 CIP 数据核字第 20241RW870 号

新编 21 世纪高等职业教育精品教材 · 公共基础课系列
创新创业基础与实践
主　编　张彦玲　崔　进　马　莹
副主编　刘　艳　李晓晨　宝　山　张　京　俞伯阳
参　编　胡　冰　吴红翠　韩宪文　刘　芳　张　琳　王鸣华　姜　健
Chuangxin Chuangye Jichu yu Shijian

出版发行	中国人民大学出版社		
社　　址	北京中关村大街31号	邮政编码	100080
电　　话	010－62511242（总编室）		010－62511770（质管部）
	010－82501766（邮购部）		010－62514148（门市部）
	010－62515195（发行公司）		010－62515275（盗版举报）
网　　址	http://www.crup.com.cn		
经　　销	新华书店		
印　　刷	北京昌联印刷有限公司		
开　　本	787 mm × 1092 mm　1/16	版　　次	2024年7月第1版
印　　张	14.75	印　　次	2024年7月第1次印刷
字　　数	355 000	定　　价	48.00元（赠送活动手卡）

前　言

Preface

党的二十大报告指出："必须坚持科技是第一生产力、人才是第一资源、创新是第一动力，深入实施科教兴国战略、人才强国战略、创新驱动发展战略""坚持创新在我国现代化建设全局中的核心地位""培育创新文化，弘扬科学家精神，涵养优良学风，营造创新氛围"。2023年9月，习近平总书记首次提出新质生产力概念，该概念在随后的一系列会议和文件中得到明确和深化。这一概念对于指导我国的经济工作，推动科技创新和产业变革，加快形成新质生产力具有重要的意义。高校作为人才培养的摇篮、科技创新的重镇，在推动创新创业教育、培养创新创业人才上责无旁贷。

恰同学少年，风华正茂，大学生正处于最具创新意识和创业激情的人生阶段，是创新创业浪潮中最有潜力和活力的人群。高校的创新创业教育仍处于改革探索阶段，大学生创新创业综合素养还有所欠缺，因此，迫切需要"统筹职业教育、高等教育、继续教育协同创新，推进职普融通、产教融合、科教融汇"，全面激活大学生创新思维，提高创新能力，培育创业意识，形成敢闯会创、奋勇争先的创新创业氛围，涌现一批创新创业成果。

本书系统地阐述了从创意到创业落地所需的基础知识，从思维方式、创新技法、创业实务等方面全面提升学生创新创业能力，力争岗、课、赛、证全面融通，教材体例新颖、内容生动。本书配套课程被评为天津市精品在线课程，并入选国家级教学资源库。

本书分为主教材与活动手卡两部分，在每一个项目开始，设有"项目目标""思维导图""项目导入"，力求用引人入胜的案例，帮助学生快速进入项目学习内容，引发思考。在每一个项目叙述部分，穿插安排创新创业案例、"知识链接"、"头脑风暴"、"小试牛刀"等栏目，其中"小试牛刀"为特色栏目，与活动手卡配套使用，通过创新创业训练环节，切实提高学生创新创业能力。另外，本书配套穿插了大量二维码微课、动画等元素，为学生快速学习提供便利和辅助。在每一个项目结束部分，设计安排了"项目自测""复盘反思"环节，以问题形式帮助学生回顾本项目所学，并检测学生对知识的掌握情况。

本书由天津电子信息职业技术学院张彦玲负责结构体例设计并统稿，马莹负责分配编写任务及修改。其中，崔进编写了项目一、项目二、项目三，张彦玲编写了项目四、项目五、项目六、项目九、项目十，刘艳编写了项目七、项目八，李晓晨编写了项目自测及复盘反思，俞伯阳、胡冰、吴红翠、韩宪文、刘芳、张琳、王鸣华、姜健提供了大量参考资料及案例素材。在此特别感谢傅连仲教授为本书编写提供的重要指导和前期支持。另外，北大纵横管理咨询集团副总裁宝山、京东零售集团张京为校企合作开发本书给予了大力支持。各位编者在本书的编写过程中贡献了宝贵的智慧和大量时间精力，希望本书可以为国家创新创业教育体系的完善增砖添瓦。

本书在编写过程中，得到了中国人民大学出版社编辑的大力支持和帮助，编者在此表示衷心的感谢！

编者

2024 年 5 月

微课目录

微课总码

目　录

Contents

项目一

激活创新意识

项目目标

知识目标

1. 了解创新的含义、创新理论。
2. 理解创新的重要性——创新是人类发展的重要动力。
3. 理解创新是人类与生俱来的能力。

能力目标

1. 能有意识地进行思维训练。
2. 能有意识地运用创新思维对生活进行思考。
3. 能对日常生活、学习中接触到的事物进行有意识的创新。

素养目标

1. 树立创新创业的信心。
2. 激发创新意识，培养创新精神。
3. 坚定道路自信。

思维导图

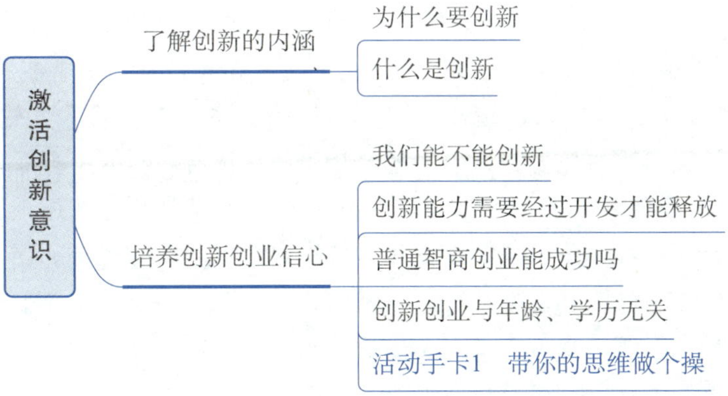

项目导入

从中国制造到中国智造，值得信赖的力量从何而来

空调也有了“养生模式”？还真有，中国造；随着人们刷牙需求的变化，被传感器和算法赋能的数字牙刷正在走进千家万户；让一碗可口的美食留住本来的味道，冻干技术满足了快节奏环境下人们对于营养的需求……2023年12月收官的专题纪录片《制造的原理：

中国智造》因其真实记录一线工厂背后的高效引擎成为热议话题，每逢节目上线，满屏都是“了不起的中国智造”的弹幕。据统计，节目正片累计播放量突破3.14亿，而这只是“为创新点赞——2023中国智造”主题活动的其中一环。

近日，由《中国青年报》和抖音共同主办的“为创新点赞——2023中国智造”主题活动（以下简称《中国智造》）正式落下帷幕。活动包含的主题视频短片《智有光 话未来》、专题纪录片《制造的原理：中国智造》、中国智造互动直播，均获得超高收视。截至目前，《中国智造》总曝光超15亿，聚焦全网关注。从中国制造到中国智造，值得信赖的力量从何而来？我们或许能在活动中找到答案。

谈起中国智造，你会想到什么？航天“神器”、港珠澳跨海大桥、盾构装备……但在活动负责人看来，中国智造的“名场面”不仅在国之重器，也在百姓的日常生活中。专题纪录片《制造的原理：中国智造》的故事虽然发生在制造空调、牙刷、冻干食品、钻石飞机等一线工厂中，却让不少网友感受到“原来中国智造离我这么近”。节目上线后，纪录片导演接受记者采访时说：“希望通过这样的纪录片让更多人知道国货品牌背后蕴含的科技力量。”

一场直播下来，许凯兴奋地和身边的工作人员感叹着中国智造的强大。许凯印象最深的就是“冰火挑战”环节，一场趣味性十足的现场实验，让他对原本陌生的“冷媒环”技术有了直观和深刻的理解。“科技行业正在从冰冷的机械向人感科技理念迈进，向生活人性化需求转变。”许凯说。网友表示：“被这样的中国智造‘种草’。”

除了软性表达，《中国智造》中也不乏硬核输出。活动邀请了中国科学院院士欧阳自远、国家重大基础研究计划973项目首席科学家唐春安、“全国五一劳动奖章”获得者青格勒吉日格乐、教育部长江学者特聘教授王辉、国家杰出青年科学基金获得者殷绪成、北京航空航天大学教授单光存、美的集团智能制造研究院院长付旭、Usmile笑容加首席执行官陈建勇、著名主持人朱梓橦等9位嘉宾，从不同角度解析“中国智造”。欧阳自远在短片中的深情寄语感动无数网友，评论区中“为这样老骥伏枥的科学家点赞”的评论获赞无数。

“美好生活，中国造！这不是一句广告，而是发生在我们身边的事实。”相关项目负责人表示，《中国智造》聚焦中国制造业转型升级，揭示中国智造突飞猛进的发展和成就，展现了国产品牌自主创新的探索和突破，为大众了解中国智造力量打开了新的一扇窗。

“中国智造”离不开创新推动。对中国企业来说，唯有创新才能不败，唯有转型升级才能不断发展。鼓励创新，不仅仅要在具体的技术和产品上加以创造，更重要的是进一步提升制造业创新能力。我国经济发展进入新常态，从中低端迈向中高端，创造新常态下的新优势，根本出路在创新。也只有创新，才能从根本上解决我国发展不平衡、不协调、不可持续问题，从根本上解决我国发展动力不足、发展方式粗放、产业层次偏低、资源环境约束趋紧等急迫问题，从而真正实现“中国智造”的目标。

当下的大学生创新创业项目，也正在从“制造”向“智造”转变。2023年中国国际大学生创新大赛金奖作品《数智佳绘——打造中国身份型数字人领军品牌》、铜奖作品《砥柱——新型建材方柱扣》等都体现了一股蓬勃的创新力量，推动着“双创”向更高、更深的方向发展。

资料来源：温维娜．从中国制造到中国智造，值得信赖的力量从何而来.(2023-12-15)[2024-03-15]. https://finance.sina.com.cn/jjxw/2023-12-15/doc-imzyactf4943390.shtml，有改动．

讨论

1. 你认为要真正从“中国制造”到“中国智造”，最需要的是什么？
2. 作为当代大学生，我们能为“中国智造”做些什么？

任务一　了解创新的内涵

一、为什么要创新

创新是人类发展的重要动力。人类最伟大的成就，一切发明与创造，都来源于创新与创造，其核心是我们的思维能力。

中国古代科技成就一直以来都是全球瞩目的焦点，四大发明即是其中最为杰出的代表，包括造纸术、印刷术、火药和指南针。这四项发明在中国历史中具有举足轻重的地位，不仅在当时推动了社会、经济和文化的发展，更在后来对全球的科技和文明产生了深远的影响。这些发明改变了当时社会的面貌，为后世的发展奠定了坚实的基础。造纸术、印刷术、火药和指南针被誉为中国古代科技的巅峰之作，体现了技术创新和社会进步，是对全球文明的伟大贡献。这一时期的科技成就如同明亮的星辰，闪耀着人类的智慧之光。

工业 4.0 是在大数据、互联网 +、物联网日新月异进步基础上又一创新发展，是世界级改革项目。党的二十大报告明确指出，要“建设现代化产业体系”，要“推进新型工业化，加快建设制造强国、质量强国、航天强国、交通强国、网络强国、数字中国”，而创新则是保持经济持续增长的动力和源泉，是国家兴旺发达的不竭力量，是引领发展的第一动力。

知识链接

什么是工业 4.0？

1. 工业 1.0

机械制造时代，即通过水力和蒸汽机实现工厂机械化，时间大概是 18 世纪 60 年代至 19 世纪中期。

2. 工业 2.0

电气化与自动化时代，即在劳动分工基础上采用电力驱动产品的大规模生产，时间大概是 19 世纪后半期至 20 世纪初。

3. 工业 3.0

电子信息化时代，即广泛应用电子信息技术，使制造过程自动化控制程度大幅提高，从 20 世纪 70 年代一直延续至现在。

4. 工业 4.0

工业 4.0 是实体物理世界与虚拟网络世界融合的时代，产品全生命周期、全制造流程数字化及基于信息通信技术的模块集成，将形成一种高度灵活、个性化、数字化的产品与服务新生产模式。

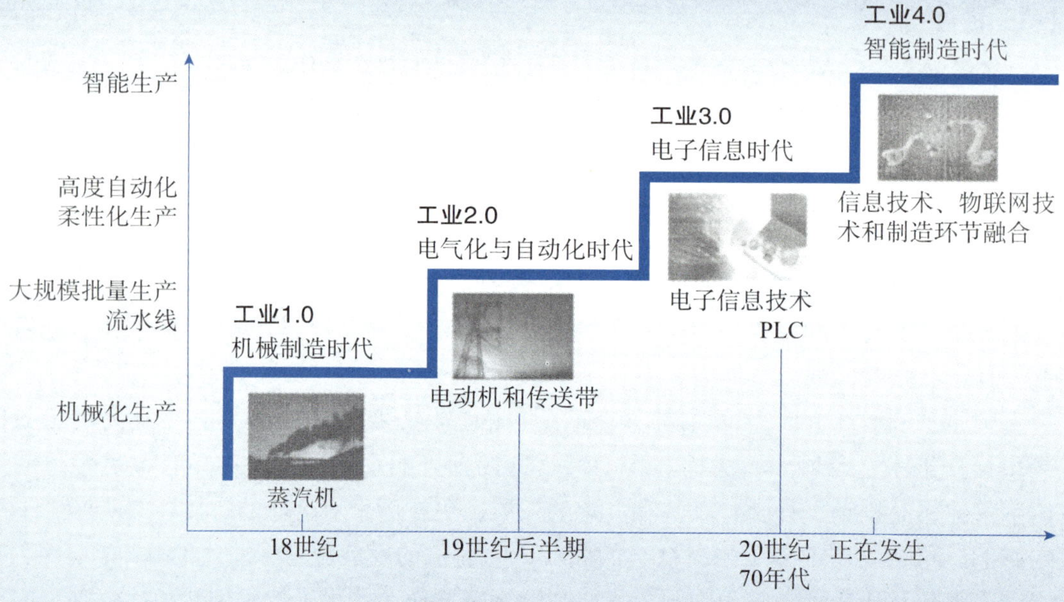

从工业 1.0 到工业 4.0

二、什么是创新

创新是指能为人类社会的文明与进步创造出有价值的、前所未有的精神产品或物质产品。

什么是创新

原理 1：创新是人脑的一种机能和属性——与生俱来。

原理 2：创新是人类自身的本质属性——人人皆有。

原理 3：创新是可以被某种因素激活或者由教育引发的一种潜在的心理品质——潜力巨大。

创新的情况分为以下五种：

（1）采用一种新的产品，也就是消费者采用还不熟悉的产品或某种产品的一种新的品质。

（2）采用一种新的生产方法，也就是有关的制造部门在实践中尚未知悉与运用的生产方法，这种新的方法不需要建立在新的发现的基础上，例如它可以在商业中对一种商品进行新的处理。

（3）开辟一个新的销售市场，也就是相关制造部门以前不曾进入的市场，这个市场以前可能存在，也可能不存在。

（4）获得原材料或半制成品的一种新的供应来源，不论这种供应来源是否已经存在，过去人们没有注意到或认为无法获得。

（5）建成一种新的组织，形成一种垄断地位或打破一种垄断地位。

以上五种创新，依次对应产品创新、工艺创新、市场创新、资源配置创新、组织创新，而这里的“组织创新”，也可以看成是部分的制度创新，当然仅仅是狭义上的制度创新。

任务二 培养创新创业信心

一、我们能不能创新

创新能力人人都有。

决定创新能力的是人的大脑，大脑为我们提供了创新的物质基础。有人认为天才的大脑神经细胞多，而普通人的就比较少。那么，天才的脑神经细胞数量到底是不是比普通人的多呢？

其实不管是天才还是普通人，男人或者女人，大人或者小孩，大体上来说，大脑中大约都有 140 亿个脑神经细胞。可以这么说，每个人拥有的用于创新的物质基础是相当的，换言之，我们彼此的起点是相同的。只要脑细胞发育正常，每个人都有创新能力，并且每个正常人的创造力天赋相差不大。

研究表明，创造力存在于我们的右脑中，右脑被称为创造脑、艺术脑，而左脑被称为学术脑、抽象脑。左脑主管语言、计算、逻辑思维和时间管理，通常左脑发达的人，智力较高。右脑主管音乐、艺术、非逻辑思维、情绪感知和空间管理，右脑是用形象来思考和记忆的。左右脑功能如图 1-1 所示。

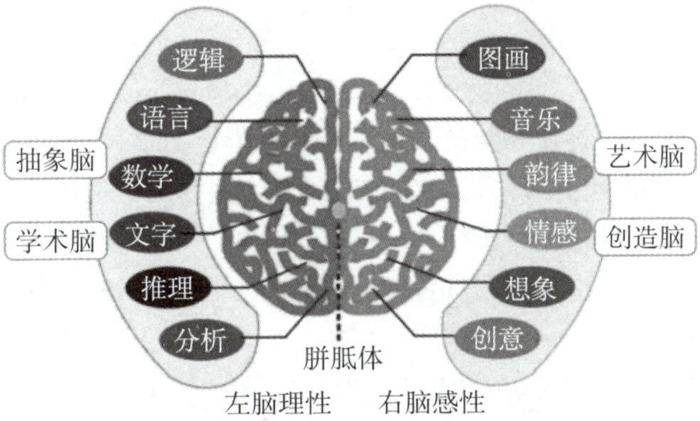

图 1-1 左右脑功能图

虽然右脑是创造脑，但要真正完成一个创造，却需要左右脑的密切配合，二者缺一不可。首先由右脑提出一个创造性设想，然后由左脑将其转化成语言和逻辑表达出来。因此，在创新思维的培养中，是需要将左脑和右脑混合使用的。我们可以做一些左右脑开发的练习，提升左右脑的配合程度。

头脑风暴

左右脑冲突练习

做出与指令相反的动作。例如：老师说伸出左手，学生要做伸出右手的动作。指令有抬头、低头、点头、摇头、伸出左手、伸出右手、起立、坐下、双手放下、双手举起、男生起立、女生举右手等，请注意动作要迅速敏捷。

观察周围同学的反应。想一想：为什么自己会做错？如何能做得更好？

二、创新能力需要经过开发才能释放

我们的大脑就像肌肉一样是可以锻炼的。我们来看一个实验。

（一）理论假设

将饲养在单调或贫乏环境中的动物与饲养在丰富环境中的动物相比，两者在大脑发育和脑中化学物质等方面将表现出明显的不同。

（二）实验对象

从一胎所生的老鼠中选择 3 只老鼠（6～8 组）。

（三）实验方法

3 只老鼠被随机分配到 3 种不同的实验条件中。

（四）三种实验条件

（1）在标准的实验室笼子中，有几只老鼠生活在足够大的空间里，笼子里总有适量的水和食物。

（2）贫乏的环境是提供一个略微小一些的笼子，老鼠被放置在单独隔离的空间里，笼子里总有适量的水和食物。

（3）丰富的环境几乎是一个老鼠的乐园，6～8 只老鼠生活在一个带有各种可供玩耍的物品的大笼子里，每天从 25 种新玩具中选取一种放在笼子里。

（五）实验结果

实验人员让老鼠在这些不同环境里生活的时间从 4 周到 10 周不等，然后解剖老鼠的大脑，对各个部分进行测量、称重和分析，以确定细胞生长的总和与神经递质活动的水平。

在丰富环境中生活的老鼠的大脑和在贫乏环境中生活的老鼠的大脑在很多方面都有区别，在丰富环境中生活的老鼠的大脑皮层更重、更厚，并且这种差别具有显著意义；身处丰富环境的老鼠的大脑组织中，乙酰胆碱酯酶更具活性，这种酶能使脑细胞中的神经冲动传递得更快、更高效。

实验人员发现丰富环境的生活经历有助于提高学习本身，即使是在贫乏环境中长大的成年动物，当它被放在一个丰富环境中的时候，它的大脑发展也能获得提高。

现存的一些证据表明，经验确实改变了人类大脑的发展。通过对自然死亡的人的尸体解剖，研究者发现当一个人具有更多的技术和能力时，他的大脑确实变得更复杂也更重，在对那些没有某种特殊经历的人进行大脑解剖时，结果却不同。

因此，我们看出创新是一项可以习得的技能。人的右脑可以通过锻炼、环境刺激活化。锻炼方法多种多样，如经常活动手指、经常听音乐、坚持体育锻炼等。本书后面讲到的发散思维、形象思维训练的方法都与激发右脑有关。通过学习创新思维的相关知识，进行创造技法的练习，就可以进行有目的、有意识的创新活动。

三、普通智商创业能成功吗

有学者研究发现，智商只是影响成功的三个因素中的一个。

成功智力理论认为，智力不应仅仅涉及学业，更应指向真实世界。成功智力包括分析性智力、创造性智力和实践性智力三个关键方面。成功是通过分析、创造和实践三个方面智力的平衡获得的，其中分析性智力是进行分析、评价、判断或比较和对照的能力，也是传统智力测验测量的能力，创造性智力是面对新任务、新情境产生新观念的能力，实践性智力是把经验应用于适应、塑造和选择环境的能力。

所谓成功智力，是用以达到人生主要目标的智力，它能导致个体以目标为导向并采取相应的行动，是对个体的现实生活真正起到举足轻重作用的智力。这里所说的成功，其一，是个体通过努力能够最终达到的人生理想目标的成功；其二，是每个正常的个体都可以发展的成功。成功智力理论强调的智力，不应仅仅与学业的成功有关，更应同生活中的成功紧密联系。生活中的成功是个体用创造和实践的能力去适应环境、选择环境和塑造环境，并最终获得成功。

四、创新创业与年龄、学历无关

创新来源于生活，我们要热爱生活、关注生活。艺术和文学创作都源于生活。只有源于生活的东西才是具有生命力的东西，才能为人们所熟知、所接受。创新的灵感从哪里来？它必须从生活中来，它不可能凌驾于生活之上，更不可能是梦幻的、虚无缥缈的东西。

案例 1-1

打造小华为：华为的三种创新

据华为 2020 年的年报，截至 2020 年底，华为公司在全球共持有有效授权专利达 4 万余族（超 10 万件），并且 90% 以上专利为发明专利。华为公司有不少员工被称为专利王，这已经被业界甚至外界所熟知。

1. 华为公司的开发人员与费用

华为公司从华为基本法就已经明确，每年拿出 10% 的年收入作为研发费用，最近这两年每年都超过 15%。

华为公司的研发人员已经超出 9 万人。华为公司现在至少有 700 位数学家、800 位物理学家，以及 120 位化学家。

华为公司的研发人员与费用，在国内首屈一指，在国际上也是领先的。

2. 华为公司的两种创新

华为公司在 2015 年变革战略预备队第三期誓师典礼上明确了华为公司普遍存在的两种创新：

现在我们是两个轮子在创新。一是科学家的创新，他们关注技术，愿意怎么想就怎么想，但是他们不能左右应用。技术是否要投入使用，什么时候投入使用，我们要靠另一个轮子——市场营销。市场在不断地倾听客户的声音，包括今天的需求、明天的需求、未来战略的需求，然后才能确定我们掌握的技术该怎么用，以及投入市场的准确时间。

也就是说华为公司现在存在科学家的创新和应用式创新，并且越来越多的科学家的创新会在应用上得到体现。华为公司通过不断的倾听客户声音，将科学家的创新进行应用。

3. 华为的管理创新

华为公司的管理思想是对中国传统文化、西方管理知识等的多方糅合。公司 1987 年成立，1990 年就进行了员工的股权激励。华为公司于 1995 年邀请六位人大教授撰写《华为基本法》。三十几年来，华为对管理的创新从未止步，在国内掀起了一波又一波的学习浪潮，使华为公司在管理创新上的成果不断的得到释放。

4. 中国企业创新缺乏的不是实力，是时间

中国企业发展时间并不长，但是仅仅在这几十年里，就已经表现出了创新的良好态势。我们要为中国的企业欢呼，中国企业创新缺乏的不是实力，只要多给他们时间，中国的创新能力是会让全世界瞩目。

资料来源：谭长春．打造小华为：华为的三种创新．(2021-10-27) [2024-3-15]. https://m.sohu.com/coo/sg/482129587_490053，有改动．

小试牛刀

请同学们打开活动手卡 1，练练手吧！

项目自测

一、单选题

1.（　　）是人类发展的重要动力。人类最伟大的成就，一切发明与创造，都来源于创新与创造，其核心是我们的思维能力。

A. 历史　　B. 文化　　C. 知识　　D. 创新

2. 创新创业能否成功与（　　）有关。

A. 年龄　　B. 学历

C. 从生活中寻找灵感　　D. 从虚无缥缈中寻找灵感

3.（　　）是人类社会不断向前发展的不竭动力。

A. 思维　　B. 科技　　C. 意识　　D. 创新

二、判断题

1. 智商不高不会取得成功。（　　）

2. 创新创业能否成功与年龄、学历有密切关系。（　　）

3. 创新能力是可以通过锻炼增强的。（　　）

4. 创新能力并不是人人都有的。（　　）

三、简答题

你认为创新创业成功与哪些因素有关系？

复盘反思

1. 知识盘点：通过对本项目的学习，你学到了什么？

2. 方法提炼：在完成本项目学习和实训的过程中，你学会了哪些锻炼自己创新能力的方法？

3. 行动影响：在完成本项目学习和实训之后，你是否对创新创业有了信心？谈谈你的收获吧。

项目二

开拓创新思维

项目目标

知识目标

1. 了解创新思维的含义、结构和特征。
2. 理解创新思维的过程。
3. 掌握突破思维障碍的各种方法。
4. 掌握发散思维、形象思维的主要特征。

能力目标

1. 能有意识地进行思维定式和思维障碍的突破。
2. 能够正确运用发散思维、形象思维思考问题。

素养目标

1. 会对问题进行独立思考。
2. 会用思维导图进行记忆与思考。
3. 培养文化自信。

思维导图

- 开拓创新思维
  - 了解创新思维的特质
    - 创新思维的含义
    - 创新思维的特征：敏感性、流畅性、变通性、精致性、独特性
    - 创新思维的过程：准备阶段、酝酿阶段、启发阶段、验证阶段
    - 活动手卡2　创新思维训练
  - 突破常见的思维定式
    - 思维定式与思维障碍
    - 常见的思维障碍：习惯思维定式、直线思维定式、从众思维定式、书本思维定式、经验思维定式、自我中心思维定式
    - 活动手卡3　突破思维障碍练习
  - 开拓多元思维方式
    - 发散思维：发散思维的概念；发散思维的常见形式
    - 形象思维：形象思维的含义；形象思维的特征——形象性、非逻辑性、粗略性、想象性
    - 形象思维的分类：想象思维、联想思维、直觉思维、灵感思维
    - 活动手卡4　形象思维训练

项目导入

让文物“活”起来——火到一塌糊涂的故宫文创

党的二十大报告指出，我们要“激发全民族文化创新创造活力”，要“传承中华优秀传统文化，满足人民日益增长的精神文化需求，巩固全党全国各族人民团结奋斗的共同思想基础，不断提升国家文化软实力和中华文化影响力。”

火到一塌糊涂的故宫文创就是一个利用创新思维将传统文化发扬光大的生动案例。

故宫在传统文化从简单商品到创意的过程中，搭建起了自己的文创商业版图和一个坚守 IP 价值与开放互动的产业链。2013 年 8 月，北京故宫第一次面向公众征集文化产品创意，举办以“把故宫文化带回家”为主题的文创设计大赛。此后，“奉旨旅行”行李牌、“朕就是这样汉子”折扇等各路萌系路线产品使 600 多岁的故宫以一种前所未有的姿态变得年轻。

2014 年，一篇《雍正：感觉自己萌萌哒》的文章，让平均阅读量四位数的故宫文章有了第一次 10W+ 的阅读量。推送中，比着剪刀手的雍正、挤眉弄眼的康熙等表情包，一炮而红，萌化众人。

2015 年 8 月，正值故宫博物院院庆 90 周年，故宫周边走红。“如朕亲临”的旅行箱吊牌，朝珠形状的耳机，各式各样的带有皇宫色彩的生活用品及工艺品在当下年轻人中流行。

卖萌的雍正

故宫文创

2016 年，故宫 IP 推出的《穿越故宫来看你》H5 火爆朋友圈，获得 347 万点击量……

故宫真正成为超级网红，还要归功同年的爆款纪录片《我在故宫修文物》，该片播出后大热，豆瓣评分达 9.4 分，还超过了纪录片《舌尖上的中国》，成为国内纪录片第一名。随后的《国家宝藏》《上新了·故宫》等节目的播出，让这座有着 600 多年历史、看上去庄重高冷的故宫，开始接地气了。

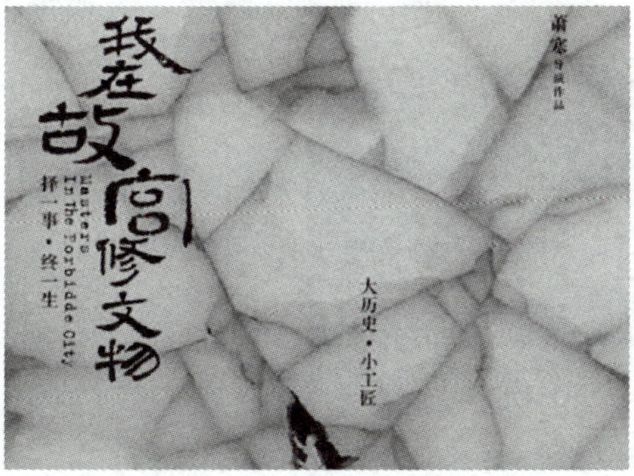

我在故宫修文物

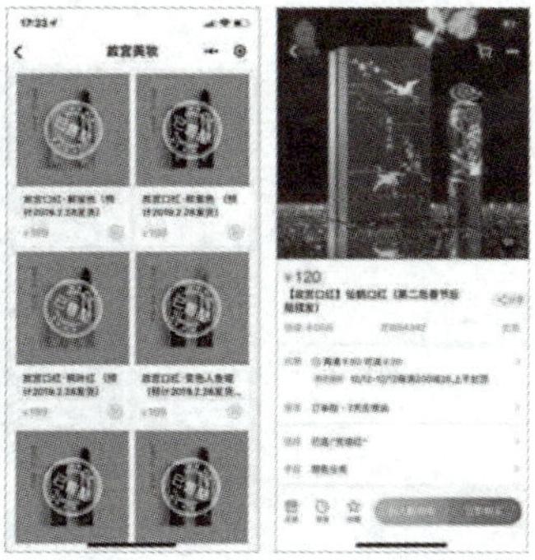

故宫“国宝色”口红

2017年，故宫文创产品突破10 000种，产品收益达15亿元。

2018年，相继推出6款国宝色口红，以及“故宫美人”面膜，引发市场一片哄抢。

2019年，从“故宫里过大年”到“故宫下雪”，这个农历年，故宫可没闲着，赚足了流量。

作为一个大IP，故宫赚足了热度，那么故宫文创到底为啥这么火呢？

故宫有1 807 558件（套）文物藏品，包含大量的历史信息，故宫的建筑、文物、历史故事等都成了研发团队取材的宝库。无论是故宫的大门还是房顶的脊兽，皇帝御批抑或是某块牌匾，深度发掘这其中的特色并将其应用于受市场欢迎的载体，是故宫文创成功的关键。

故宫文创兼具故宫文化底蕴和流行时尚元素，将这些融合性的创意元素与箱包、服饰、首饰、手机壳等相结合。摘取有潜力成为爆款的御用名句，添加到帽子、眼罩、钥匙扣、折扇等上面，赋予这些产品新的创造力。很多如“朝珠耳机”“朕就是这样汉子”折扇、超酷的御批文字系列万能刺绣布贴等本身形象就足够有创意，很吸引眼球。而《点染紫禁城》图书、《故宫日历》等特色产品的打造，就显得很有文化品位，让人能够长知识，也就受到追捧。

故宫文创手机壳

故宫文创折扇

研发人员查阅大量史书资料，以确保所用词汇不与史料背离的同时，还能凸显“朕”这一皇帝自称在表达感情时的可爱亲切之感，从而拉近“御用产品”和平民百姓的距离，刺激购买欲。

除了做好产品本身的研发，另一个让北京故宫文创短时间火爆的原因就是“故宫淘宝”这个账号洗脑式的宣传方式。

故宫淘宝停不下来的“卖萌”宣传模式拉近了与受众的距离，也增加了互动感，既向各年龄层受众科普了小众的历史故事，又将自己的新产品宣传出去，一举两得。

故宫文创不太关注研发数量，而是更加注重研发质量。故宫周边不仅进入了寻常百姓家，也进入了收藏领域，有的参加比赛获奖，有的甚至作为国礼被赠予外国领导人。

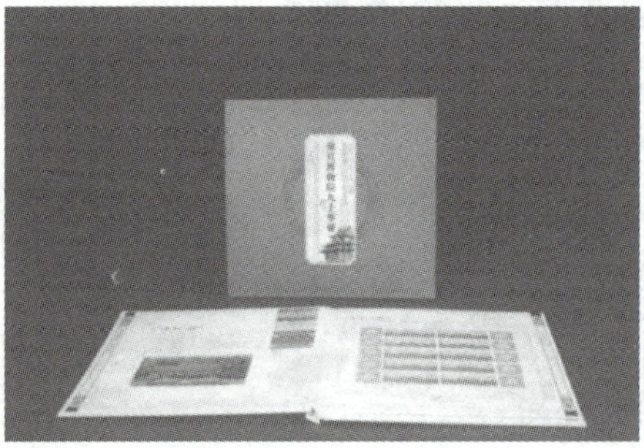

故宫邮票成为“国礼”

故宫博物院近几年的变化改变了人们印象中高高在上的紫禁城的形象，更为贴近大众。让优秀传统文化与时代审美相结合，实实在在地实现了让“文物”活起来。

资料来源：IP 怎么搞．火到一塌糊涂，故宫文创怎么做到的？．(2019-05-25) [2024-03-15]. https://www.sohu.com/a/316371259_814389?qq-pf-to=pcqq.group. 有改动．

讨论

1. 故宫文创爆火的案例体现了什么样的思维特征？
2. 从故宫文创爆火的案例中，我们能得到哪些启示？

任务一　了解创新思维的特质

一、创新思维的含义

创新思维是指以新颖独创的方法解决问题的思维过程，这种思维能突破常规思维的界限，以超常规甚至反常规的方法、视角去思考问题，提出与众不同的解决方案，从而产生新颖、独到、有社会意义的思维成果。

创新思维是由发散思维、逻辑思维、形象思维、直觉思维、辩证思维、横纵思维等多个要素组成的有机整体。其中，发散思维指引思维方向，其本质是要冲破传统思想、观念、理论、方法的束缚。

二、创新思维的特征

创新思维具有敏感性、流畅性、变通性、精致性和独特性，这些特性的产生又与巧妙地发挥人脑思维的潜能，特别是右半脑的功能密切相关。

创新思维的特征

（一）敏感性

创新思维的敏感性，是指能敏锐地观察和认识客观事物的性质、变化和特征。

客观事物纷繁复杂，所表现出的特征各式各样，如何正确区分和识别它们，这与人的思维敏感性密切相关。具有敏感性思维的人，他们所表现出的创新能力也较强。语言是在人们的劳动生活中逐渐创造和丰富的，汉语言文学里就有许多词汇和诗句，典型反映了思维的敏感性特征，第一个创造和使用这些词汇和诗句的人，他们思维的敏感性无疑是很强的。窥一斑而知全豹、一叶知秋，都是从某一表象的特征敏锐地觉察出事物的性质。

案例 2-1

“春江水暖鸭先知”“春风又绿江南岸”是名篇诗文里的佳句。水温的增加预示着春天的来临；春风又到江南岸，春风又吹江南岸，无论如何都没有“绿”字用得好，江堤微微泛绿了，田野微微泛绿了，春天脚步也就近了，写出如此诗句的诗人，他们的思维敏感性是令人赞叹的，正是这种敏感性使他们创作出不朽的名句。

很多科学发现，正是科学家在实验观察过程中，敏锐捕捉到细微的变化，观察出局部特征，从而有所突破，最终实现科学的飞跃。

案例 2-2

袁隆平的杂交水稻研究源于野外偶然发现--棵野生稻雄株，进而确定了研究方向，最终取得成功。1970 年 11 月 23 日，袁隆平的助手李必湖和三亚南红农场技术员冯克珊在三亚南红农场发现了野生稻雄性不育株。袁隆平带领科研人员，以这棵野生稻雄性不育株为祖本，育成不育系品种，与保持系、恢复系配套，并于 1973 年成功培育出三系杂交水稻。海南一株不起眼的野生稻改写了世界水稻育种史。正是袁隆平等研究人员这种可贵的敏感性，促成了杂交稻研究的成功。

（二）流畅性

流畅性又称非单一性，是思维对外界刺激做出反应的能力，它是以思维的“量”来衡量的，要求思维活动畅通无阻、灵敏迅速，能在短时间内表达较多的概念。思维是讲究效率的，在不少情况下，我们必须在极短的时间内想出对策。超过了限定时间，再好的方案也会变得毫无价值。

（三）变通性

变通性又称灵活性，是以思维的“质”来衡量的，指的是思路开阔，能迅速转换，举一反三，触类旁通，善于根据时间、地点、条件等的变化，迅速灵活地从一个思路跳到另一个思路，从一种意境进入另一种意境，从多角度、多方位进行探索，提出不同凡响的新观念或解决方案，产生超常的构想。

故宫文创的走红就是一个非常典型的思维变通的案例。以往，故宫“旅游纪念品”的经营并不受到重视，运营费用多数依赖政府补贴，缺乏活力和自我“造血”能力。而经过思维变通，让原本庄重、严肃、高冷的故宫及所收藏的文物“活”了起来。故宫文创“带着雍正卖萌”、故宫口红、“紫禁城里过大年”、“我在故宫修文物”等这些标志性的、引爆热搜的事件，改变了故宫在公众心目中高高在上的形象，让优秀传统文化与时代审美相结合，实实在在地让“文物”活了起来。

案例 2-3

解缙（明代大臣，学者）是一位读书人，小时家贫，住在他家对面的是当地的一位地主。地主家种了一片竹林，解缙作了副对联贴在自家门前：“门对千竿竹，家藏万卷书。”很多人看了称赞不已。

但是地主不乐意了，于是下令让人把竹子砍了，他心想，这样解缙就作不出来对联了，给他一个教训。谁知解缙又在门口贴了另外一副对联：“门对千竿竹短，家藏万卷书长。”这样一改，反而更有味道了。

地主看了，干脆叫人将竹子连根一起除去。可是令他没有想到的是，解缙又对出了“门对千竿竹短无，家藏万卷书长有”。地主哭笑不得，看热闹的乡亲们倒是对这件事津津乐道，纷纷称赞解缙的智慧。

解缙依靠敏捷的才思、别出心裁的应对，不仅巧妙化解了尴尬，而且获得了才子的称号。

（四）精致性

精致性是指能想象或描述事物或事件的具体细节，描述思维的缜密、详尽、准确的特点。科学技术发展日新月异，要想创新，必须有明察秋毫的眼力和缜密、准确的思维能力。望远镜、显微镜、纳米技术、大规模集成电路、云计算，这些高科技手段能够帮助人们进行更精细、准确的观察。

案例 2-4

祖冲之与圆周率

祖冲之计算了圆周率，并将其精确到小数点后 7 位数，比其他国家的数学家至少早 1 000 年，为世界科学发展做出了杰出的贡献，可谓我国古代的“最强大脑”。在没有计算机和算盘的帮助下，祖冲之用算筹来计算乘方和开方，硬生生地把圆周率的小数位算到了第 7 位，这需要极大的毅力和艰苦卓绝的付出，以及精致性的思维。

祖冲之按照刘徽的割圆术之法，设了一个直径为一丈的圆，在圆内切割计算。当他切割到圆的内接一百九十二边形时，得到了“徽率”的数值。但他没有满足，继续切割，作了三百八十四边形、七百六十八边形……一直切割到二万四千五百七十六边形，依次求出每个内接正多边形的边长。最后求得直径为一丈的圆，它的圆周长度在三丈一尺四寸一分五厘九毫二秒六忽到三丈一尺四寸一分五厘九毫二秒七忽之间（这些长度单位我们现在有的已不再使用），换句话说，如果圆的直径为 1，那么圆周小于 3.1415927，这一发现大大方便了计算和实际应用。

这样精密的计算，是一项极为细致而艰巨的脑力劳动。我们知道，在祖冲之那个时代，算盘还未出现，人们普遍使用的计算工具叫算筹，它由一根根几寸长的方形或扁形的小棍子组成，用竹、木、铁、玉等各种材料制成。通过对算筹的不同摆法来表示各种数目，叫作筹算法。计算数字的位数越多，所需要摆放的面积就越大。用算筹来计算不像用笔，笔算可以留在纸上，而筹算每计算完一次就得重新摆动以进行新的计算；只能用笔记下计算结果，而无法得到较为直观的图形与算式。因此只要一有差错，比如算筹被碰偏了或者计算中出现了错误，就只能从头开始。要求得祖冲之计算圆周率的数值，需要对九位有效数字的小数进行加、减、乘、除和开方运算等十多个步骤的计算，而每个步骤都要反复进行十几次，开方运算有 50 次，最后计算出的数字达到小数点后十六七位。今天，即使用算盘和纸笔来完成这些计算，也不是一件轻而易举的事。让我们想一想，在 1 500 多年前的南朝时代，一位中年人在昏暗的油灯下，手中不停地算呀、记呀，还要经常重新摆放数以万计的算筹，这是一件多么艰辛的事情，而且还需要日复一日地重复这种状态，一个人要是没有极大的毅力、思维没有极大的精致性，是绝对完不成这项工作的。这一光辉成就充分反映了我国古代数学高度发展的水平。

祖冲之，不仅受到中国人民的敬仰，同时也受到世界各国科学界人士的推崇。1960 年，苏联科学家们在研究了月球背面的照片以后，用世界上一些最有贡献的科学家的名字来命名月球的山谷，其中有一座环形山被命名为“祖冲之环形山”。

（五）独特性

独特性又称新颖性、求异性，是指“与别人看到同样的东西却能想到不同的事物”。以独立思考、大胆怀疑、不盲从、不迷信权威为前提，能超越固定、习惯的认知方式，用以前所未有的新角度、新观点去认识事物，提出不为一般人所有的、超乎寻常的新观念。

思维的独特性是流畅性和变通性等的归宿，是创新思维的最高层次。

案例 2-5

一场特殊的赛马比赛

1174 年某日，正在进行着一场特殊的赛马。比赛开始后，十几匹赛马离开起跑线磨磨蹭蹭地向前移动，有的甚至原地踏步。剽悍的骑士们身体后倾，拼命将马缰绳向后拽，谁也不希望自己的马超过别人。这究竟是怎么回事呢？

成吉思汗（1162—1227 年）的父亲统治的部落打了一个胜仗，夺回了大片领地和许多牲口。为了庆祝胜利，特意安排了一场赛马，但比赛规则不同往常——最后到终点的马才能得奖，以致出现了开头赛马的情景。

“谁有办法尽快结束比赛，给予重赏。但是，不能改变原定的优胜条件，跑得最慢的还是获胜。”

年仅 12 岁的成吉思汗跑到那些原地徘徊的赛马前，对每一个骑士耳语一番，进行了新的安排，然后发出号令：“跑！”只见骑士们一改刚才的拖沓状况，争先恐后地纵马向终点跑去。比赛在瞬息之间结束了，可跑得最慢的马依然得了优胜。

你知道成吉思汗是怎么做到的吗？

三、创新思维的过程

（一）准备阶段

这是提出课题、收集各种材料、进行思考的过程，也就是有意识地努力的时期。

要想从事创造活动，首先要提出有价值的问题。创造性思维就是围绕这些问题展开的，而且这些问题决定着思维的方向。 因此，提出有意义、有价值的问题成了这个阶段重要的一环。

接着，思维者有意识地收集资料、挑选信息，或同时进行一些初步的反复试验，认识课题的特点，通过反复思考和尝试来解决问题。

在处理问题时能做到触类旁通、举一反三，不仅要考虑一个东西是什么，还要考虑这个东西还可能是什么。

（二）酝酿阶段

假如不能立即解决问题，酝酿阶段随即来临。酝酿在其性质和持续时间上变化很大，它可能只需要几分钟，也可能要几天、几个星期、几个月，甚至几年。在这个时期，思维者不再解决问题，或者说已经暂时“放弃”了，在现象上看是有意识的中断的时期。但在这个时期，“无意识的大脑活动”仍在继续，即大脑的潜在意识仍在不知不觉地对收集到的材料进行着筛选和重组。

（三）启发阶段

这一阶段又称顿悟期或灵感期。这种“顿悟”并不是本人通过有意识的努力得来的。

它的出现大都是在疲倦极了、一度休息之后，或者是正当转而注意别的事情的时候。这种所谓的“顿悟”，不是由语言表达出来，而是通过视觉上的幻象表达出来的。这种顿悟一出现，就十分不同于别的许多经验，它是突然的、完整的、强烈的，以致会脱口喊出：“是这样的！”

（四）验证阶段

并非所有的问题解决都会以突然的、强烈的经验而告终，这种经验也可能是伴随问题的错误解决产生的。所以，这种灵感的成果还必须经历一个仔细琢磨、具体加工和验证的过程。这是对整个创造过程的反思，以使创造成果建立在科学的理论基础之上，并物化为能被他人所理解和接受的形式。这一阶段是在意识的支配下进行的。如阿基米德终于寻到了希腊王向他提出的检验王冠含金量问题的答案时，从浴缸里跳出来，狂喜地在大街上边跑边喊：“我找到它了！我找到它了！”

案例 2-6

一朝入梦，终身不醒

1987 年版电视剧《红楼梦》留下了 13 首经典歌曲，它们都出自著名作曲家王立平之手。王立平老师曾说：“我前后差不多写了四年多的时间，每天都在煎熬，这个纠结的过程，就是我不断地深入思考、品味、体味、解味的过程。”王立平创作的《红楼梦》歌曲中，许多都是描写人物命运的，如写香菱的《叹香菱》、叹晴雯的《晴雯歌》、惜探春的《分骨肉》、唱黛玉才情的《葬花吟》、写宝黛爱情的《枉凝眉》。如何让音乐表达出人物的性格和命运，是王立平在创作中一直思考的问题。他说：“写出好的音乐当然需要精准的技术，但最重要的还是用心去感受，只有在感情的刻画上细致入微，才能通过音乐使人物的内心刻画入木三分。”

王立平创作《葬花吟》耗时一年零九个月，是他写得最苦的一首。“我创作《葬花吟》时，百思不得其解。按现代人的观点，林黛玉是个个头不高、老爱生气、整天病恹恹的女孩，试问，哪个男孩会喜欢她？哪家人敢娶她当媳妇？可为什么曹雪芹会对她倾注那么多感情？我每天反复琢磨。有一天，我突然想到那一句：天尽头，何处有香丘？这哪里是低头葬花，分明就是一个女子在叩问苍天啊！这是一种悲鸣，是呼号，瘦弱的黛玉刹那之间，突然就高大了起来。顿时，激情来了，旋律也就油然而生。写着写着，我甚至泪流满面。最后，我在《葬花吟》中加入了几处闷鼓声，似乎是敲在人们心上的闷鼓，此时我感到我用我的音乐为曹雪芹笔下的人物出了一口闷气，我感觉这似乎不是我写出来的音乐，而是从《红楼梦》的字里行间挖出来的。”

小试牛刀

请同学们打开活动手卡 2，练练手吧！

任务二　突破常见的思维定式

一、思维定式与思维障碍

“思”就是思考，“维”就是方向或次序，思维可以理解为沿着一定的方向、按照一定的次序的思考。人的大脑思维有一个特点，就是一旦沿着一定的方向、按照一定的次序思考，久而久之，就形成了一种惯性。

思维惯性是指当遇到类似的问题或表面上看起来相同的问题时，不由自主地还是沿着上次思考的方向或次序去解决。思维定式是指多次以这种惯性思维来对待客观事物，形成非常固定的思维模式。思维惯性和思维定式合起来，称为“思维障碍”。

思维障碍具有积极作用。根据面临的问题联想起已经解决的类似的问题，将新问题的特征与旧问题的特征进行比较，抓住新旧问题的共同特征，将已有的知识和经验与当前问题情境建立联系，利用处理过类似的旧问题的知识和经验处理新问题，或把新问题转化成一个已解决的熟悉的问题，从而为新问题的解决做好积极的心理准备。

同时，思维障碍也具有消极作用，容易使我们产生思想上的惰性，养成一种呆板、机械、千篇一律的解决问题的习惯。当新旧问题形似质异时，思维定式往往会使解题者步入误区。大量事例表明，思维定式确实对问题解决具有较大的负面影响。当一个问题的条件发生质的变化时，思维定式会使解题者墨守成规，难以涌出新思维，做出新决策，造成知识和经验的负迁移。显然，思维障碍阻碍了我们创造性地解决问题，对于创新是非常不利的，要进行创新思维，首先必须突破思维障碍。

案例 2-7

毛毛虫实验

把毛毛虫放在一个花盆的边沿上，首尾相接围成一圈，并在花盆周围不到 10 厘米的地方撒一些毛毛虫最爱吃的树叶。毛毛虫开始一个跟着一个，绕花盆一圈圈地走。一个小时过去了……一天过去了……毛毛虫还在不停地团团转，最终饿死。从哲学上看，毛毛虫饿死的原因是毛毛虫有一种“跟随者”的习性，总是盲目地跟着前面的毛毛虫走。这其中只要任何一条毛毛虫不走寻常路，便会吃到树叶。所以，毛毛虫饿死的主要原因是“不停地团团转”，亦步亦趋，没有创新精神。

因循守旧，必然导致可悲的结局；生存发展，就要走创新之路。要保持一种开放的心态和多元的思维，绝不能封闭在一个惯性的思维模式里。当面对难以解开的难题时，更需要突破思维定式、打破常规，以超常思维来解决新问题，才能不断捕捉到新的机会，获得新的发展机遇，这是创新创业所必备的思维品质。

案例 2-8

“马屁股”的宽度

美国铁路两条铁轨之间的标准距离是 4.85 米。这是一个很奇怪的标准，究竟是从何而来的呢？

原来这是英国铁路的标准，因为美国的铁路最早是由英国人设计建造的。那么，为什么英国人用这个标准呢？

原来英国铁路是由建电车轨道的人设计的，而这个4.85米正是电车所用的标准。电车轨道标准又是从哪里来的呢？

造电车的人以前是造马车的，他们是以马车的轮宽做标准的。那么，马车为什么要用这样一个轮距标准呢？

这是因为，如果那时候的马车用其他轮距，马车的轮子会很快在英国的老路上被损坏。为什么呢？因为这些路上辙迹的宽度为4.85米。这些辙迹又是从何而来的呢？

答案是古罗马人定的，4.85米正是古罗马战车的宽度。如果任何人用与之不同的轮宽在这些路上行车，车轮的寿命都不会长久。

我们再问：古罗马人为什么用4.85米作为战车的宽度呢？原因很简单，这是两匹马拉战车的马屁股的宽度。

故事是颇有趣的。从一定意义上来说，今天美国的运输系统的设计，或许是由两千年前两匹战马屁股的宽度来决定的。历史惯性的力量是多么的强大，要冲破由惯性形成的规则又是多么的艰难！

二、常见的思维障碍

（一）习惯思维定式

习惯思维定式是指人们不自觉地用某种习惯了的思维方式去思考已经变化的问题。习惯思维定式会削弱大脑的想象力，造成创新能力下降，是创造发明的大敌。

有这样一个著名的试验：把六只蜜蜂和同样多的苍蝇装进一个玻璃瓶中，然后将瓶子平放，让瓶底朝着窗户，会发生什么情况？

蜜蜂不停地想在瓶底上找到出口，一直到它们力竭倒毙或饿死，苍蝇则会在两分钟之内，穿过另一端的瓶颈逃跑。

由于蜜蜂基于出口就在光亮处的思维方式，想当然地设定了出口的方位，并且不停地重复着这种“合乎逻辑”的行动。可以说，正是由于这种思维定式，它们才没能飞出玻璃瓶。

而那些苍蝇则对所谓的逻辑毫不留意，全然没有对亮光的定式，而是四下乱飞，终于飞出了瓶子。

（二）直线思维定式

直线思维定式是指人面对复杂多变的事物，仍用简单的非此即彼或者按顺序排列的方式去思考问题。在现实生活中，直线型思考问题是屡见不鲜的。面对复杂多变的事物，仍用简单的直线的方式（非此即彼或者顺序排列）去思考，如照搬类似的例题，死记硬背现成的答案。具有直线思维定式的人不善于从侧面、反面或迂回地去思考问题。

案例 2-9

如果你去吃早餐，老板问你要两个鸡蛋还是一个鸡蛋，大部分人会说两个或者一个；如果老板问你要不要鸡蛋，大部分人会说要或不要。这就是直线思维定式。人们往往在给定的两个选项中做出选择，却忽视了其实还有其他选择。

（三）从众思维定式

从众思维定式就是不加思索地盲从众人的认知与行为。从众心理与行为最大的特征是人云亦云，没有独立思考的品格。当一个人陷入盲从他人的心理状态时，必然与创新绝缘。可见，从众思维定式是创新思维的一大障碍。

骑着自行车来到十字路口，正好赶上红灯，本应停下来，但是看到大家都骑着车往前冲，自己也毫不迟疑地跟着往前冲，这样一种随大流，别人怎么做我也怎么做，别人怎么想我也怎么想的思维模式，就是从众思维定式。从众思维的产生，可能是屈服于群体的压力，或是认为随波逐流准没错。从众思维定式缺少独立性，难以产生创造性思维。

案例 2-10

结冰的启示

热水比冷水结冰快，这种自然现象是坦桑尼亚中学生埃斯托·姆佩姆巴第一个发现的。

1963 年，姆佩姆巴在热牛奶里加了糖，准备做冰激凌。如果要等热牛奶凉后再放入冰箱，恐怕别的同学把冰箱都占满了，所以他便把热牛奶塞进冰箱。令人惊奇的是：姆佩姆巴的热牛奶比别的同学的冷牛奶结冰要快得多。他的这一重要发现，当时被老师和同学们当成笑料。姆佩姆巴不顾人们的嗤笑，求教于达累斯萨拉姆大学物理教授奥斯博尔内博士。奥斯博尔内博士做了同样的实验，证实这种自然现象确实存在。

（四）书本思维定式

所谓书本思维定式，就是在思考问题时不顾实际情况，不加思考地盲目运用书本知识，一切从书本出发，以书本为纲的思维模式。当然，书本对人类所起的积极作用是显而易见的，但是，许多书本知识是有时效性的，随着社会的发展，有些书本知识会过时。知识是要更新的，当书本知识与客观事实出现差异时，受书本知识的束缚，抱住书本知识不放，就会成为思维障碍，失去获得重大新成果的机会。

案例 2-11

有一次，正在研制电灯泡的爱迪生想知道灯泡的体积，便让从大学数学系毕业的助手阿普拉去测量。阿普拉又是量直径又是量周长，然后列出公式进行计算。由于灯泡不是球形，计算起来十分复杂，算了密密麻麻几张纸，仍没有结果。过了个把小时，爱迪生催问结果，阿普拉还没有算好。爱迪生一看，算得太复杂了，便拿起灯泡沉在水里，让灯泡中灌满了水，然后把灯泡中的水倒在量筒中，看完量杯的读数，便轻而易举地算出了灯泡的体积。阿普拉大学毕业于数学系，学历不可谓不高，可在碰到测量灯泡体积这一并未超过他本专业范围的问题时，却让书本禁锢了自己的思维。

（五）经验思维定式

经验思维定式是人们不自觉地用已经获得的经验去思考已经变化的问题。通过长时间的实践活动所积累的经验，是值得重视和借鉴的，但是，经验只是人们在实践活动中取得的感性认识，并未充分反映出事物发展的本质和规律。人们受经验的束缚，就会墨守成规，失去创新能力。

经验是宝贵的，但经验有局限性，没有一种经验能完全适用现在的情况。

一方面，前人的经验及自己总结的经验会为我们带来方便，如品茶大师拿着茶叶一看一品，就知道茶叶的产地和等级，老农抓起一把土一看，就知道适宜种什么庄稼；另一方面，经验（习惯）也会经常成为发挥创新能力的障碍。

批判性思维

运用创新思维，突破经验的局限性会创造财富、创造奇迹，从而改变自己的命运。

案例 2-12

不再攻击的鲨鱼

用玻璃板把一条具有攻击性的大鲨鱼和一条小鱼隔开，刚开始，这条大鲨鱼不断撞击玻璃，企图捕食隔壁的小鱼。无奈，玻璃隔板太坚硬，无论大鲨鱼怎么发威，玻璃隔板丝毫未损。攻击了一段时间之后，它便放弃了。于是，科学家便把隔板悄悄地移开。意想不到的是，大鲨鱼再也没有攻击过小鱼。它们都温和地在各自的领域活动，互不侵犯。

在现实生活中，当我们长期处于某个环境，多次重复某一活动或反复思考同类问题时，人们根据以往的知识和经验积累，逐渐形成一种判断事物的思维方式和固定倾向，从而形成“经验型思维障碍”。

（六）自我中心思维定式

自我中心思维定式是指人想问题、做事情完全从自己的利益与好恶出发，不顾他人的存在和感觉。以自我为中心对一个人、一个家庭、一个组织、一个民族甚至一个国家是有危害的，它是文化创新、体制创新的最大障碍。

案例 2-13

军令在传递中

营长对值班军官说：“明晚 8 点钟左右，将可能在这个地区看到哈雷彗星，这种彗星每隔 76 年才能看到一次。命令所有士兵着野战服在操场上集合，我将向他们解释这一罕见的现象。如果下雨，就在礼堂集合，我为他们放一部有关彗星的纪录片。”

值班军官对连长说：“根据营长的命令，明晚8点钟哈雷彗星将在操场上空出现，这种彗星每隔76年才能看到一次。如果下雨，就让士兵穿着野战服列队前往礼堂，这一罕见的现象将在那里出现。”

连长对排长说：“根据营长的命令，明晚8点，非凡的哈雷彗星将身穿野战服在礼堂中出现。如果操场上下雨，营长将下达另一个命令，这种命令每隔76年才会出现一次。”

排长对班长说：“明晚8点，营长将带着哈雷彗星在礼堂中出现，这是每隔76年才有的事。如果下雨，营长将命令彗星身穿野战服到操场上去。”

班长对士兵说：“在明晚8点下雨的时候，著名的76岁的哈雷将军将在营长陪同下身着野战服，开着他那‘彗星’牌汽车，经过操场前往礼堂。”

小试牛刀

请同学们打开活动手卡3，练练手吧！

任务三　开拓多元思维方式

一、发散思维

（一）发散思维的概念

发散思维又称辐射思维、放射思维、扩散思维或求异思维，是指大脑在思维时呈现的一种扩散状态的思维模式，它表现为思维视野广阔，思维呈现出多维发散状，见图2-1。发散思维是一种促使创意产生的创造性思维，摆脱某种固有模式，从多角度、多侧面去观察和思考同一件事，善于捕捉偶然产生的构想，从而产生意料不到的创意，如“一题多解”“一物多用”等。

发散思维

发散思维的客观依据是，由于事物的内部及所处客观环境的复杂性，事物的发展往往不只具有单一的可能性，而是有多种可能性，而其中的每一种可能性都可以作为解决问题方法的依据。发散思维作为一种极具创造力的思维活动，能使人们在思维过程中不受任何条条框框的限制，充分发挥想象力，从标新立异出发，突破已知领域，无一定方向和范围，从一点向四面八方扩散，以便人们从已知的领域去探索未知的境界，从而找出更多、更新的答案、设想或解决办法。

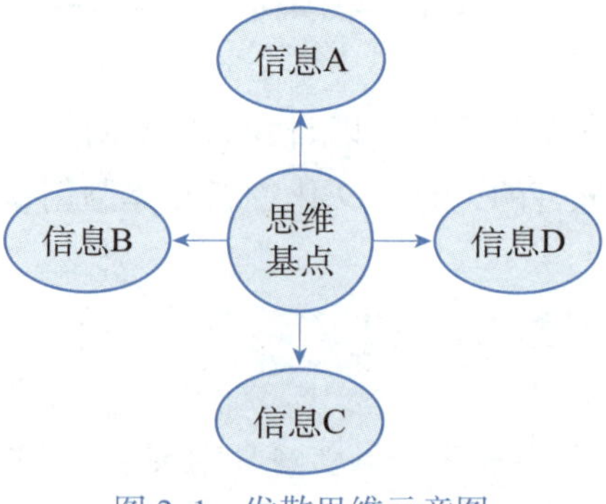

图2-1　发散思维示意图

知识链接

思维导图

思维导图是发散思维最有效的工具，也是思考与记忆的有效工具。思维导图运用图文并重的技巧，把各级主题的关系用相互隶属与相关的层级图表现出来，把主题关键词与图像、颜色等建立记忆链接。思维导图充分运用左右脑的机能，利用记忆、阅读、思维的规律，协助人们在科学与艺术、逻辑与想象之间平衡发展，从而开启人类大脑的无限潜能。

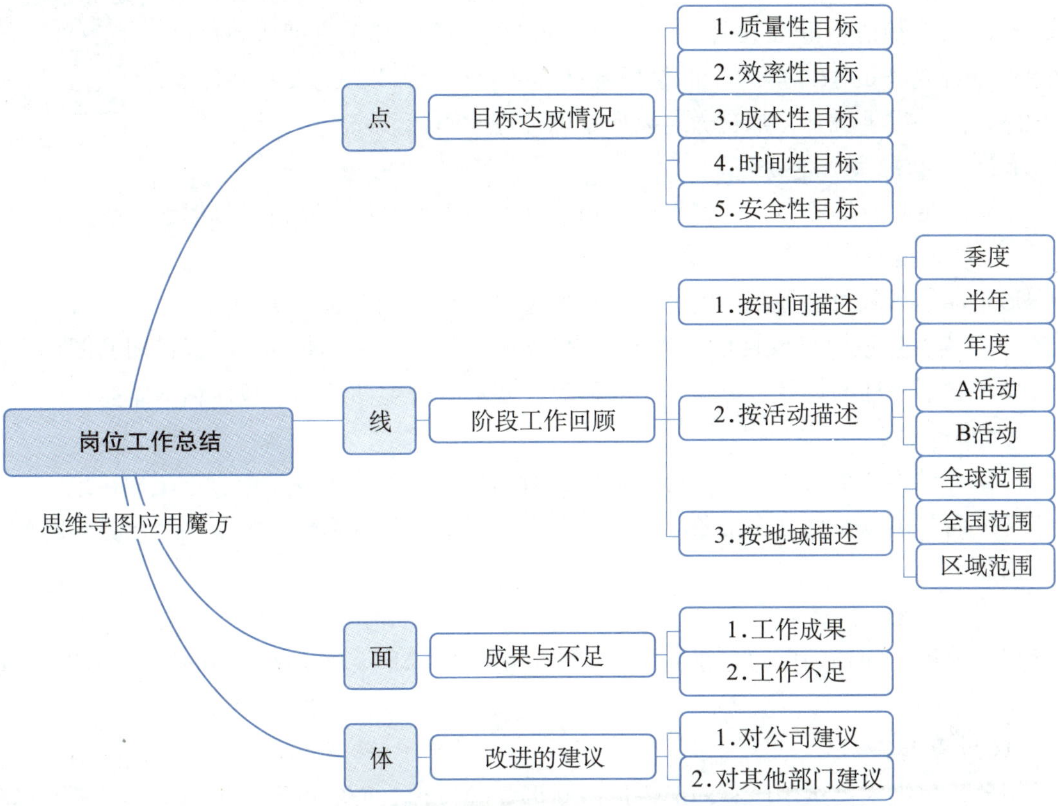

应用思维导图进行岗位工作总结的示意图

思维导图是一种将思维形象化的方法。我们知道放射性思考是人类大脑的自然思考方式，每一种进入大脑的资料，不论是感觉、记忆还是想法——包括文字、数字、符号、香气、食物、线条、颜色、意象、节奏、音符等，都可以成为一个思考中心，并由此中心向外发散出成千上万的关节点，每一个关节点代表与中心主题的一个连结，而每一个连结又可以成为另一个中心主题，再向外发散出成千上万的关节点，呈现出放射性立体结构，而这些关节点的连结可以视为人的记忆，就如同大脑中的神经元一样互相连接，也就是个人数据库。

（二）发散思维的常见形式

1. 多路思维

多路思维就是根据研究对象的特征，人为地分成若干线路，然后一条线路一条线路地考虑，以取得更多解决方案的发散思维。

2. 立体思维

立体思维就是考虑问题时突破点、线、面的限制，从上下左右各个方向去思考问题，即在三维空间解决问题。立体思维在日常生活和生产中是非常有用的，例如，在养鱼时，根据各种鱼的习性，合理搭配饲养的鱼种，就可以充分利用鱼塘的空间，提高单位面积产量；在农业生产中，采取间作、套种等多种措施。

二、形象思维

（一）形象思维的含义

形象思维是对形象信息传递的客观形象进行感受、储存的基础上，结合主观的认识和情感进行识别，并用一定的形式、手段和工具创造和描述形象的一种基本的思维形式。形象思维又称“直感思维”，是人的一种本能思维，人一出生就会无师自通地以形象思维考虑问题。

形象思维

（二）形象思维的特征

形象思维具有形象性、非逻辑性、粗略性、想象性等四个特征，具体如下所述。

1. 形象性

形象性是形象思维最基本的特点。形象思维所反映的对象是事物的形象，思维形式是意象、直感、想象等形象性的观念，其表达的工具和手段是能为感官所感知的图形、图像、图示和形象性的符号。形象思维的形象性使它具有生动性、直观性和整体性。

2. 非逻辑性

形象思维不像抽象（逻辑）思维那样，对信息的加工一步一步地、首尾相接地、线性地进行，而是可以调用许多形象性材料，合在一起形成新的形象，或从一个形象跳跃到另一个形象。

3. 粗略性

形象思维对问题的反映是粗线条的，对问题的把握是大体上的，对问题的分析是定性的或半定量的。

4. 想象性

想象是思维主体运用已有的形象形成新形象的过程。形象思维并不满足于对已有形象的再现，它更致力于追求对已有形象的加工，而获得新形象产品的输出。富有创造力的人通常都具有极强的想象力。

案例 2-14

手摇手机充电器

手机充电受时间、空间的限制，在不具备充电条件时，手机没电了便无法使用。运用创新思维，将原始机械发电方式与手机便携设备相结合，发明出手摇手机充电器。

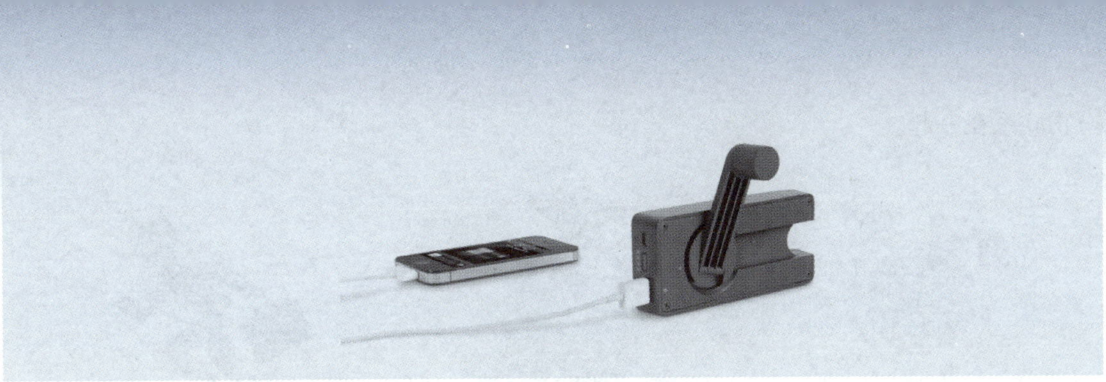

三、形象思维的分类

形象思维可具体分为四种基本类型：想象思维、联想思维、直觉思维、灵感思维。

（一）想象思维

1. 想象思维的定义及特征

想象思维就是把大脑中的记忆表象进行加工、改造、重组形成新的表象的思维过程。想象思维具有形象性、概括性、超越性等特征。想象思维可以说是形象思维的具体化，是人脑借助表象进行加工操作的最主要形式，是人类进行创新活动的重要的思维形式。

想象思维有再造想象思维和创造想象思维之分。再造想象思维是指主体在经验记忆的基础上，在头脑中再现客观事物的表象；创造想象思维则不仅再现现成事物，而且创造出全新的形象。文学创作中的艺术想象属于创造性想象，是形象思维的主要形式，存在于整个过程之中，即作家根据一定的指导思想，调动自己积累的生活经验，进行创造性的加工，进而形成新的完整的艺术形象。

2. 想象思维的作用和类型

想象在创新思维中起着主导主干作用，想象力的发展是智力发展十分重要的一个方面。爱因斯坦说："想象力比知识更重要，因为知识是有限的，而想象力概括着世界的一切，并且是知识的源泉。"想象力反映人们的一种向往渴求，这是借助创意性的思维达到内心渴望已久的目标的一种快捷方法。想象力的实质，是沉积在大脑深处的信息被激活、被调动起来，重新进行编码组合，从而得到一种意想不到的超越现实的结果。想象力能把现实中没有的事物和信号通过想象显示出来，帮助人类实现思维的极度跨越。

想象思维主要分为无意想象和有意想象两大类。

无意想象是指没有特定目的、不需做出意志努力的想象。有意想象是受主体意识支配的，还需做出一定意志努力的想象，这种想象活动具有一定的预见性、方向性。有意想象分为再造型想象、创造型想象和幻想型想象。再造型想象是根据他人的言语叙述、文字描述或图形示意，形成相应形象的过程。如读小说、诗歌想象出人物的形象和场面；看舞蹈、听音乐想象出的画面。再造型想象是理解和掌握知识必不可少的条件，但再造型想象不具有创新性。

（二）联想思维

1. 联想思维的含义

联想思维是指根据当前感知到的事物、概念或现象，想到与之相关的事物、概念或现象的思维活动。例如，提到"表"你能联想到什么？可能是"时间""装饰物"等，此时充分展开联想，"时间→金钱→迟到扣钱→快跑"等，则可以把很多看似风马牛不相及的事物联系在一起。

由钟表展开联想

知识链接

心理学家曾用实验证明，任何两个词语都可以经过四五个联想的步骤建立起关系。如：高山和面子，在含义上相差甚远，但通过联想可以找到其中的联系。如：高山→平地→平面→面子。

这就是有名的五步联想法。实际上，在五步联想法中，经常是几种联想方法混在一起使用。从“高山→平地”是对比联想法，从“平地→平面”是相似联想法，从“平面→面子”也是相似联想法。

再比如，电脑和自行车，可以联想为：电脑→电动→电动车→自行车。这里，从“电脑→电动”是相似联想法，从“电动→电动车”是相似联想法，从“电动车→自行车”也是相似联想法。

五代十国时期南唐后主李煜的《虞美人·春花秋月何时了》：春花秋月何时了，往事知多少？小楼昨夜又东风，故国不堪回首月明中！雕栏玉砌应犹在，只是朱颜改。问君能有几多愁？恰似一江春水向东流。这里“问君能有几多愁？恰似一江春水向东流”，就将亡国离别的惆怅与滚滚东去的江水作比，成为千古名句。

2. 联想思维的种类

联想思维可以分为相似联想、相关联想、对比联想、因果联想、接近联想、强制联想等。

相似联想是指由某一事物或现象的刺激而想起在形状、功能或结构等方面相似的其他事物，并由此受到启发，产生新的思路的思维方式。

提问：看到鸟，你能联想到什么？ 提示：鸟具备飞行技能。 答案：飞机（具备相似的飞行能力）。	提问：看到鸡，你能联想到什么？ 答案：鸡→鸟（禽类，会飞）→飞机（会飞）→宇宙飞船（飞行设备）（此种方式为“相似联想链”）。

相关联想是指联想物和触发物之间存在一种或多种相同而又具有极为明显属性的联想。例如：鸡→蛋→鸡蛋面。

由鸡→蛋→鸡蛋面的相关联想

对比联想是指对某事物的性质、特点、形状、结构等方面进行相反、对立或差异的比较而形成的联想。

案例 2-15

金刚石与石墨的相互转化

18 世纪，人们在通过煅烧金刚石转变成二氧化碳的实验中，了解到金刚石的成分是碳。1799 年摩尔沃成功地把金刚石转化为石墨。利用对比联想的方法，既然金刚石可以转化为石墨，那么石墨是否也可以转化为金刚石呢？后来科研人员经过反复实验研究，终于在实验室里将石墨合成为人造金刚石，并广泛应用于机械加工的刀具制造中。

因果联想是指由事物可能存在的因果联系引发的联想或由原因联想结果、由结果联想原因。例如，蚕蛹→飞蛾（破蛹），鸡蛋→小鸡（孵化）。

接近联想是指发明者联想到时间、空间、形状、结构或功能等方面比较接近的事物，从而产生发明的联想思维方式。例如，看到学生，想到教室、实验室及课本等相关事物。

强制联想是一种把无关的事物强制性地联系起来进行创造性思考，从而产生新观点、新思想和新方案的联想方法。

需要说明的是，在实际的思维过程中，这几种联想往往不是孤立进行的，而是交叉存在的。例如，山→河（对比联想）→鱼（接近联想）→虾（相似联想）。

善于综合运用多种联想，才能使联想具有较高的灵活性、广阔性和独创性。

（三）直觉思维

1. 直觉思维的定义

直觉思维是一种跳跃的思维形式。它是根据对事物的生动的直觉印象，跳过循序渐进的思维过程，直接把握事物的本质与规律，是一种浓缩和省略的思维形式。

案例 2-16

救命的直觉思维

有一个直觉救命的真实案例：一位一级方程式赛车手正在赛道上驾车狂奔，转急弯时，他突然做出了一个让自己吃惊的动作——猛踩刹车。刹车的冲动远远超过了他赢比赛的冲动。事后他才明白，有几辆车堵死了他转弯后的赛道，这一脚刹车救了自己的命。心理学家借助录像资料帮助他在脑海中重现当时的心理过程，他才醒悟，当时自己瞬间感到一个不同寻常的现象：观众本该欢呼但没有欢呼，本该注视他，却惊愕地注视前方。他感受到了这个异象，并迅速采取了正确行动。

2. 直觉思维的特征

直觉思维具有直观性、豁然性与快速性、跳跃性等特征。

（1）直观性。

直觉是对具体对象的直观、整体上的感觉。没有直观的对象，是难以产生直觉的。它既不同于灵感，也不同于逻辑思维。直觉是人们对思维对象从整体上考察，调动自己的全部知识经验，通过丰富的想象做出的敏锐而迅速的假设、猜想或判断。

（2）豁然性与快速性。

人们利用直觉，凭以往的经验、知识，直接猜度问题的精要。直觉思维的过程极短，稍纵即逝，其所获得的结果是突如其来和出乎意料的。人们对某一问题苦思冥想，却不得其解，反而往往在不经意间突然顿悟，获得问题的答案，或瞬间闪现具有创造性的设想。如著名的"万有引力定律"就是牛顿在苹果园休息时，观察到苹果掉落的现象而突然发现的。

（3）跳跃性。

直觉产生的形式是突发的和跳跃式的。它省去了一步一步分析推理的中间环节，而采取"跳跃式"的形式。它是一瞬间的思维火花，是长期积累的一种升华，是思维者的灵感和顿悟，是思维过程的高度简化，它可以清晰地触及事物的"本质"。

3. 直觉思维的类型

直觉思维按直觉产生的对象可分为艺术直觉和科学直觉两类；按直觉产生的方式可分为预见性直觉、发现性直觉、记忆性直觉及顿悟性直觉。

（四）灵感思维

1. 灵感思维的定义

灵感思维又称顿悟思维，是指人们在长期思考同一问题而不得其解、处于高度紧张状态时，突然受到外来信息的刺激或诱导而"恍然大悟"，从而解决问题的超常思维形式。

2. 灵感思维的特征

灵感思维最突出的特征是突发性。突然发生，没有预兆，与长期的思维过程活动有关，但发生时是突发的，与潜意识有关。

案例 2-17

小约翰·施特劳斯与《蓝色多瑙河》

奥地利作曲家小约翰·施特劳斯，有一次他站在海边，望着碧波掠岸、浪花"盛开"的优美环境，不知不觉中同乐曲联系起来，突然来了灵感，产生了妙不可言的音乐旋律。他赶忙取出笔想记录下来，但却没带纸，于是他毫不犹豫地脱下衬衣，在衣服上及时记下这个旋律。这就是后来举世闻名的《蓝色多瑙河》的旋律基础。

小试牛刀

请同学们打开活动手卡 4，练练手吧！

项目自测

一、单选题

1. 创新思维是指以（　　）独创的方法解决问题的思维过程，这种思维能突破常规思维的界限，以超常规甚至反常规的方法、视角去思考问题，提出与众不同的解决方案，从而产生新颖、独到、有社会意义的思维成果。

A. 标准　　B. 新颖　　C. 特殊　　D. 合理

2. 灵感思维又称（　　），是指人们在长期思考同一问题而不得其解、处于高度紧张状态时，突然受到外来信息的刺激或诱导而“恍然大悟”，从而解决问题的超常思维形式。

A. 定式思维　　B. 非逻辑思维　　C. 综合性思维　　D. 顿悟思维

二、多选题

1. 创新思维的过程包括（　　）等几个阶段。

A. 准备阶段　　B. 酝酿阶段　　C. 启发阶段　　D. 验证阶段

2. 创新思维的特征包括（　　）。

A. 敏感性　　B. 流畅性　　C. 变通性　　D. 精致性

E. 独特性

3. 精致性是指能想象或描述事物或事件的具体细节，是指思维的（　　）特点。

A. 缜密　　B. 详尽　　C. 准确　　D. 标准

三、判断题

1. 思维惯性是指当遇到类似的问题或表面上看起来相同的问题时，不由自主地还是沿着上次思考的方向或次序去解决。（　　）

2. 思维定式是指多次以某种惯性思维来对待客观事物，形成了非常固定的思维模式。（　　）

3. 思维惯性和思维定式合起来，称为“思维障碍”。（　　）

复盘反思

1. 知识盘点：通过对本项目的学习，你掌握了哪些知识？请画出思维导图。

2. 方法提炼：在完成本项目学习和实训的过程中，你掌握了哪些提升思维能力的方法？

3. 行动影响：完成本项目学习和实训之后，你能对身边的事物、事件进行有意识的思维障碍突破吗？

项目三

掌握创新技法

项目目标

知识目标

1. 了解组合创新法的概念及分类。
2. 理解和掌握六种颜色的思考帽代表的不同思维模式。
3. 熟悉头脑风暴法及其活动规则，理解头脑风暴法的基本原理。
4. 熟悉六顶思考帽的使用方法。

能力目标

1. 会用和田十二法的方法进行创新。
2. 会用组合创新法进行创新。
3. 会用头脑风暴法解决现实问题。
4. 会用六顶思考帽解决现实问题。

素养目标

1. 能运用创造技法进行有意识的创新活动。
2. 感受头脑风暴法和六顶思考帽的思考方法，树立团队协作意识。
3. 全面提升创新创业能力，促进自身全面发展。

思维导图

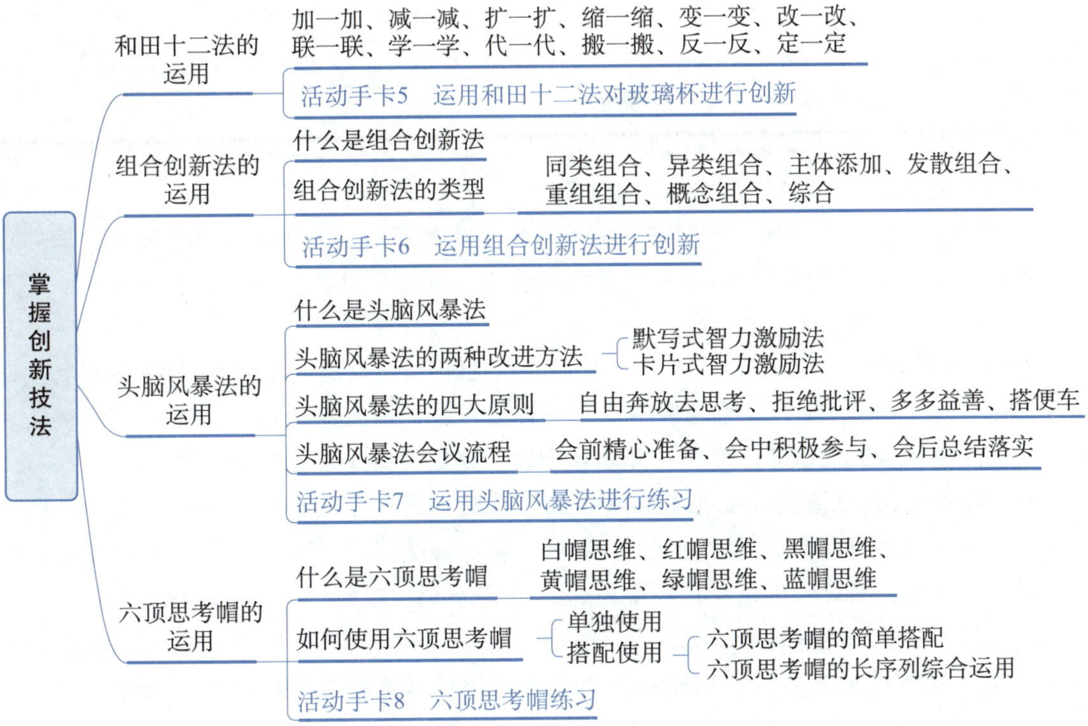

大疆在美国市场份额高达 77%，如何做到的？

你可能听说过大疆无人机，它是一款可以在空中飞行的小型机器，可以拍摄美丽的照片和视频，也可以用于农业、安防、救援等多种场景。

大疆不仅是一家无人机企业，还是中国最硬核的科技企业之一。它有着令人惊叹的创新能力、强大的市场竞争力、无畏的国际挑战力和坚韧的抗压能力。它就像一只飞天神龙，在全球无人机领域横扫千军，让世界为之震撼！

创业史

大疆创始人汪滔从小痴迷于航模，16 岁得到了人生中第一架遥控直升机，但和想象中差别太大。它不仅难操控，起飞后没一会儿就掉下来了，螺旋桨还划伤了他的手，替换零件好几个月才从香港发来，这激发了汪滔要“造一架像精灵一样随意操控的直升机”的梦想。

汪滔后来进入香港科技大学电子与计算机工程学系。2005 年，汪滔决定将遥控直升机的飞行控制系统作为毕业课题，这个决定改变了他的人生轨迹。2006 年，汪滔在香港科技大学毕业后继续攻读研究生。在此同时，他和一起做研究的两位同学创立大疆，汪滔将他在大学获得的奖学金拿出来研发生产航模直升机的飞行控制系统。

公司最初只有五六个人，在深圳的民房办公，因为办公环境简陋，他们无法招到特别优秀的人，就连一起创业的两位同学，在历经两年的艰难期后也相继离开。

但汪滔没有放弃，他研发的第一款成熟航模直升机飞行控制系统，终于在 2008 年问世。2010 年，大疆每月的销售额已经达到人民币几十万元，也正是在这一年，香港科技大学向汪滔团队投资了 200 万元人民币。

到这个时候，汪滔可以说已经创业成功，大疆可以存活下去。

原来汪滔只希望能养活一个 10 到 20 人的团队就行了，但是渐渐的，他发现这个行业市场前景很广阔。当时多轴无人机已经兴起，大疆在新西兰的一位代理商告诉汪滔，他每个月售出 200 多个云台（安装、固定摄像机的支撑设备），90% 的购买者会将云台悬挂到多轴无人机上。比较起来，这位代理商每月只能售出几十个航模直升机飞行控制系统，这说明多轴无人机市场比航模直升机市场大得多。

汪滔很快就把在航模直升机上积累的技术，运用到多轴无人机上，并且迅速打响品牌，市场占有率在一年后就超过了 50%。

2013 年 1 月，“大疆精灵”发布，这是第一款随时可以起飞的预装四旋翼飞行器：它在开箱一小时内就能飞行，而且第一次坠落不会造成解体。得益于简洁和易用的特性，“大疆精灵”撬动了非专业无人机市场，正式进入大众消费市场。

2011 年到 2015 年，大疆创新销售额增长近 100 倍。全球消费级无人机市场中，大疆的产品占据了 70%，更令“中国制造”在高科技领域崭露头角。

大疆几乎和 3D Robotics 在同一起跑线出发，彻底打败了美国竞争对手

3D Robotics 是克里斯·安德森和霍尔迪·穆尼奥斯在 2009 年一起创办的。穆尼奥斯是一个年轻的墨西哥移民，当时才 20 岁的他在等待美国绿卡之际，在加州自家的车库里玩遥控直升机，同时利用电脑游戏主机的遥控器造了一架无人机，是一个标准的创客。

克里斯·安德森是《连线》杂志的前主编，也是《纽约时报》畅销书《长尾理论》的作者。2006 年他提出著名的长尾理论，之后又陆续提出免费模式和创客时代等概念。他的几本著作《长尾理论》《免费！揭开零定价的获利秘密》《创客时代：启动人人制造的第三次工业革命》，几乎被创客和互联网创业者视为教科书。

3D Robotics 成立之初，穆尼奥斯负责经营公司的业务，出售自制无人机的套件和自动驾驶仪的电路板。起初公司业务对安德森来说只是一个副业，直到 2012 年 11 月公司获得一轮 500 万美元的风险投资之后，他辞去了《连线》杂志主编的工作，全心投入担任全职 CEO。

2015 年初，3D Robotics 是北美最大的消费级无人机制造商；在鼎盛时期，3D Robotics 曾在旧金山湾区、加州圣地亚哥、德州奥斯汀和墨西哥蒂华纳设有办事处，共有员工 350 多人；高通风投、理查·布兰森（英国富豪，Virgin 集团执行长）和 True Ventures 等投资者给该公司的估值是 3.6 亿美元。

但是现在，这家公司彻底退出了无人机制造领域，在与中国无人机厂商大疆的竞争中败下阵来，沦为一家软件公司。

美国制裁

大疆的无人机飞得越来越高，越来越远，让全世界都看到了中国科技的实力。

大疆无人机在美国的市场份额高达 77%，这意味着每十台在美国销售的无人机中就有七台是大疆生产的。这样的成绩让其他无人机厂商担忧，也让美国政府感到惊慌失措，因为它们担心大疆无人机会威胁到国家安全和商业利益。美国政府用各种手段对大疆进行制裁和打压。

比如，美国不让本国的企业给大疆提供技术和零件，也不让本国的投资者买卖大疆的股票或债券。还有，美国要求所有无人机注册者必须告诉它是否用过中国制造的无人机或相关设备，甚至连一个设计软件 Figma 也不让大疆用了。

美国为什么要对大疆进行制裁和打压呢？它是不是嫉妒大疆的成功，或者是害怕大疆对其产生威胁？美国对大疆的制裁和打压有两个主要的理由：一个是经济利益。美国想要保护自己的无人机产业，阻止大疆在全球市场上占据优势。美国也想削弱大疆的竞争力，让自己的企业和产品更有吸引力。另一个是安全担忧。美国担心大疆的无人机会收集和传输敏感数据，给中国政府提供情报。美国也担心大疆的无人机会被用于军事或恐怖活动，给自己带来威胁。

但是，这些理由都站不住脚。因为大疆在无人机领域的成功并不是靠偷窃或者倾销，而是靠创新和质量。它为用户提供了高性能、低成本、易操作、多功能的无人机产品和服务，满足了各种需求和场景。

大疆各种款式和型号的无人机，从小到大、从便携到专业、从玩具到工具、从摄影到测绘、从消费到商用……应有尽有！

大疆对用户数据的保护非常严格，遵循了相关法律法规和行业标准。它让用户自主选择是否上传数据，并且采用了加密技术保障数据安全。它还通过第三方审核机构验证了其数据的安全性。

2019 年 12 月，一家叫 Booz Allen Hamilton（简称 BAH）的公司对大疆进行了一次审计，结果没有发现任何问题。

大疆也对无人机使用者的身份和目的进行了严格审查，并且遵循了联合国武器禁运决议等相关规定。它还通过软件更新、地理围栏等技术手段防止无人机被用于非法用途。

所以说，美国对大疆的制裁和打压根本没有道理，只是出于霸权主义和双重标准。它既不能阻挡大疆的发展步伐，也不能改变中国科技企业在世界舞台上发光发亮的事实。

大疆反击

遭遇了美国的无理制裁，站在正义一方的大疆没有服软。相反，它更加努力地创新和发展，用智慧和韧性应对各种挑战。

首先，它加强了自主创新能力，在芯片、传感器、电池等方面都做到了自己生产自己用。这样就不怕被别人断供或者监控。

其次，它拓展了新兴市场和合作伙伴，在欧洲、亚洲、非洲等地区推广无人机在农业、环保、教育等领域的应用，体现了中国企业的社会责任。

再次，它积极维护自身合法权益，在美国就专利侵权等问题与 GoPro、Autel Robotics 等公司进行诉讼，并取得胜利。这样就能保护自己的知识产权和市场份额。

最后，它增强社会责任感和品牌形象，在救援山火灾难、保护野生动物等方面发挥无人机的优势，并且通过公益活动赢得用户信任。

讨论

1. 大疆之所以能够成功，你认为最重要的因素是什么？
2. 在和美国的竞争中，大疆具有什么优势？

任务一　和田十二法的运用

和田十二法是上海创造教育工作者许立言、张福奎在世界流行检核表的基础上，结合青少年小发明、小改革的特点提炼出来的创造技法，原名叫“十二个聪明的办法”，有时也称为动词提示检核表法、思路提示法。

其中的动词分别是：加一加，减一减，扩一扩，缩一缩，变一变，改一改，联一联，学一学，代一代，搬一搬，反一反，定一定。

和田十二法源于检核法的原理，同样也给发明创造提供了若干种考虑的方向。

和田十二法

一、加一加

加一加是从添加、增加、附加、组合等角度考虑。如将电灯和电扇组合，形成灯扇，既美观，又节省了空间，一举两得。

案例 3-1

自行车的“加一加”创新

多辆自行车可以组合为多人自行车；自行车和雨伞结合可以组合为带防雨棚的自行车；为防止儿童摔倒，童车增加了辅助轮。

双人自行车

多人自行车

带防雨棚的自行车

增加辅助轮的自行车

二、减一减

减一减是从删除、减少、减小、拆散、去掉等角度考虑。比如，降低一些、减轻一些、减小一些，行不行？可以减少次数吗？可以减轻重量吗？可以减少时间吗？例如为使建筑管道安装工人省力、安全和高效率，现在广泛采用合成树脂制成的水管，这种水管的重量比原来水管的重量减轻很多。

案例 3-2

自行车的“减一减”创新

轻质材料、减去所有不必要组件的公路赛自行车，创意独轮车等，儿童平衡车，都是运用减一减创新技法的作品。

轻质赛车

独轮车

儿童平衡车

三、扩一扩

扩一扩从加大、扩充、延长、放大等角度考虑。例如，将彩色照片的版面扩大，这样可以更好地欣赏人物和风景。功能上能扩大吗？一物多用的工具和生活用品是一个典型的例子。比如多用剪刀、多用刀等，都是功能方面的扩展。

案例 3-3

自行车的“扩一扩”创新

扩展自行车的使用场景，就有了山地自行车、沙滩雪地自行车；扩展速度变化范围，就有了变速自行车等。

山地自行车

变速自行车

四、缩一缩

“缩一缩”是从改小、缩短、缩小等角度考虑。例如，把这件东西压缩一下会怎样？例如将大型电子管变为晶体管，制成丰富多样的电器元件。

案例 3-4

自行车的“缩一缩”创新

为方便携带，制作小型、微型、折叠自行车。

折叠自行车

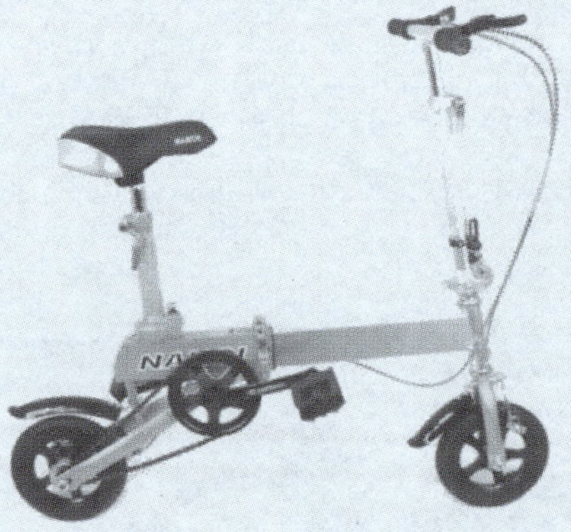
小型自行车

五、变一变

变一变是从改变形状、颜色、声响、味道、顺序等角度考虑。例如，最初的电扇都是黑颜色的，一个职员提出建议，将黑色改为浅色，公司采纳了这个建议。市场上掀起了一股抢购热潮，电扇从此也一改清一色的黑“面孔”，变得多姿多彩。

案例 3-5

自行车的“变一变”创新

专门为下肢残疾人士设计的手摇自行车；慢速骑行更具平衡性的前轮大后轮小自行车。

手摇自行车

前轮大后轮小自行车

六、改一改

改一改即对原有的事物进行修改，使它消除缺点，变得更方便、更合理、更新颖。例如以前的饮料大多是玻璃瓶装，运输、保管和饮用都不方便。改变一下它的包装，使用塑料、纸制软包装极大地方便了人们的生活；固体胶水更容易携带和使用；液体肥皂是浓缩的，用量少，多人使用时也更加卫生。

案例 3-6

自行车的“改一改”创新

使骑行更为舒适地躺着骑自行车；使自行车更具流线型的俯卧式自行车。

躺着骑自行车

俯卧式自行车

七、联一联

联一联是寻找某个事物（事情）的结果和起因，从事物的联系中找到解决办法或提出新方案。

案例 3-7

自行车的“联一联”创新

运输自行车、电助力自行车。

运输自行车

电助力自行车

八、学一学

学一学别人的做法，可以模仿现有事物的形状、结构、原理等。例如，模仿海豚皮肤的特殊结构制成鱼雷的外壳，在航行中将阻力减到最小；鲁班被草割伤了手，他模仿草边缘的小齿发明了锯。

案例 3-8

自行车的“学一学”创新

学一学摩托车的减震方式，于是有了减震自行车。

减震自行车

九、代一代

代一代即用一种事物（材料、零件、方法等）代替另一种事物。例如，用激光这把纤细的“手术刀”代替原来的金属手术刀，在电子计算机的控制下作矫正近视的手术，获得了极大的成功。

案例 3-9

自行车的“代一代”创新

简单改装后的自行车可以在水上骑行。

水上自行车

十、搬一搬

搬一搬是将新事物移到别的领域，寻找新用途等。例如，将医学的 CT 技术运用到地下探矿中等。

案例 3-10

自行车的“搬一搬”创新

自行车运动具有健身功能，但需要专用场地，可将自行车的骑行方式搬到室内健身器材上。

健身自行车

十一、反一反

反一反是把一种东西或事物的正反、上下、左右、前后、横竖、里外等颠倒。例如人们常用的泡茶方法是，把茶叶放到茶碗（茶杯或茶缸）里直接用开水泡开，茶叶在水中四散漂开，喝茶时茶叶有时会被喝到嘴里。有人反其道想，把茶叶留在小袋内泡，茶水里就没有散开的茶叶了。

案例 3-11

自行车的“反一反”创新

人悬在车梁下的自行车。

人悬在车梁下的自行车

十二、定一定

定一定是为了解决某一问题或改造某件东西，或提高学习、工作效率和防止可能发生的事故或疏漏等，做出一些规定。

案例 3-12

自行车的“定一定”创新

将一些比赛用的自行车设计成前后轮可以快速拆装的样式，便于快速更换规格固定的车轮。

不同尺寸的轮胎

知识链接

奥斯本检核表法

奥斯本检核表法是根据需要解决的问题或者进行创造发明的对象列出有关问题，逐个对它们进行分析，从中获得解决问题的方法和创造发明设想的一种创新方法。它主要包括有无其他用途、能否借用、能否改变、能否扩大、能否缩小、能否代用、能否调整、能否颠倒、能否组合九个问题。由于奥斯本检核表法是先提出问题，再逐个进行分析、检验，因此它不仅有利于全面思考问题，而且有利于新思想的产生。奥斯本检核表法是一种能够大量开发创造性设想的创造技法。

奥斯本检核表

序号	检核项目	新设想名称	新设想概述
1	有无其他用途		
2	能否借用		
3	能否改变		
4	能否扩大		
5	能否缩小		
6	能否代用		
7	能否调整		
8	能否颠倒		
9	能否组合		

奥斯本检核表法从九个不同的角度，启发我们提出与思考问题，使思路向正向、侧向、逆向、合向发散开来。奥斯本检核表法主要有以下优点：

（1）奥斯本检核表有助于人们打破各种思维定式，以问题的形式激发人们的想象力。

（2）奥斯本检核表提醒人们从各个角度去看问题，避免了单一化的思维方式。

（3）奥斯本检核表内容丰富，可启发人们应用于各个方面，如开发新产品，进行设计、销售、广告等，它为解决创造发明问题提供了很好的解决问题的思路。

（4）经常使用奥斯本检核表法能提高人们的创新思维，有利于突破不愿提问的心理障碍，会使人们善于提问、思考、想象和变换思考角度。

（5）奥斯本检核表法的适应性强，对任何对象和专业都能提出问题。

但是，奥斯本检核表法存在如下缺点：问题过细、过多，实施起来比较复杂，有学者认为使用该方法一般很难取得较大的突破性成果。

当然，奥斯本检核表法是一种非常实用的方法，但使用时有一些地方值得注意：

（1）不应过分拘泥于这一种方法。如果拘泥于这一种方法，过分依赖它，反而会把它变成束缚自己的条条框框，妨碍自由想象，使本来为防止思考漏洞而采用的检核表变成制造漏洞的根源。

（2）检核的内容可作适当改变。具体使用时应灵活掌握，根据活动的主要目的，结合对象的主要特点、周围环境来设计检核表。

（3）奥斯本检核表法主要提供的是一种思路。由于奥斯本检核表法比较强调创造发明主体的心理素质的改变，借助克服心理障碍产生更多的思路，因而忽略了对技术对象的客观规律性的认识。所以，在使用该方法解决较复杂的技术发明问题时，只是提供一个大概的思路，还需进一步与技术方法结合。

奥斯本检核表法

奥斯本检核表的特点及使用注意事项

小试牛刀

请同学们打开活动手卡5，练练手吧！

任务二　组合创新法的运用

一、什么是组合创新法

组合创新法是指从两种或两种以上事物或产品中抽取合适的要素重新组织，构成新的事物或新的产品的创造技法。

中国古代的“龙”就是以蛇为主体，结合兽脚、马头、鹿角、鱼鳞等其他特征的超现实想象。狮身人面的斯芬克斯和传说中的美人鱼都是人类组合思维的杰作。

龙的形象

狮身人面的斯芬克斯

美人鱼

从广义来看，组合创新法是指不受学科、领域限制的信息的汇合、事物的结合、过程的排列等，例如，儿童的积木游戏、产品新功能的设计、文学艺术形象的创作、建筑学和电影中的“蒙太奇”等。从狭义来看，组合创新法是指在技术发明范围内，将多个独立的技术因素（如现象、原理、材料、工艺、方法、物品等）进行重新组合。组合创新法不是简单的罗列、机械的叠加。例如，一支饮料吸管和一把小勺放在一起并不是创造组合，而把小勺固定在吸管的一端，满足人们的实用和审美要求时，就可以称为创造组合。

组合创新法

二、组合创新法的类型

（一）同类组合

同类组合是若干同类事物的组合。同类组合的目的是在保持事物原有功能或原有意义的前提下，通过数量的增加来弥补功能的不足或产生新的功能，如双头剃须刀、双向拉锁、双排订书机、子母灯、情侣表、多缸发动机、双头液化气灶、双层文具盒、三面电风扇、双头绣花针等。

案例 3-13

群钻

群钻，是将标准麻花钻的切削部分修磨成特殊形状的钻头。群钻是倪志福于1953年创造的，原名倪志福钻头，后经本人倡议改名为“群钻”，寓群众参与改进和完善之意。标准麻花钻的切削部分由两条主切削刃和一条横刃构成，最主要的缺点是横刃和钻心处的负前角大，切削条件不利。群钻是把标准麻花钻的切削部分磨出两条对称的月牙槽，形成圆弧刃，并在横刃和钻心处经修磨形成两条内直刃。这样，加上横刃和原来的两条外直刃，就将标准麻花钻的“一尖三刃”磨成了“三尖七刃”。

倪志福发明的群钻

（二）异类组合

异类组合是两种或两种以上不同领域的技术思想的组合、两种或两种以上不同功能物质产品的组合。异类组合是异类求同的创新，创新性很强。如将海泥与酶（催化剂）处理结合开发出一种洁面乳。

异类组合又包括元件组合、功能组合、材料组合、方法组合、技术与原理组合等。

1. 元件组合

元件是具有某项功能的器件或物品。元件组合不是简单的零部件装配，而是把具有相互独立功能的两种或两种以上的东西以适当的方式结为一体，从而使组合后的事物具有多种功能。

元件组合的例子是瑞士军刀。此外，还有具有多功能的复读机、音乐卡、音乐玩具，具有收音机、电视机、万用表、计算器功能的手表，带微型电扇的太阳帽等。

瑞士军刀

2. 功能组合

功能组合法就是将不同功能的物品组合在一起创造多功能产品的方法，如智能手机。

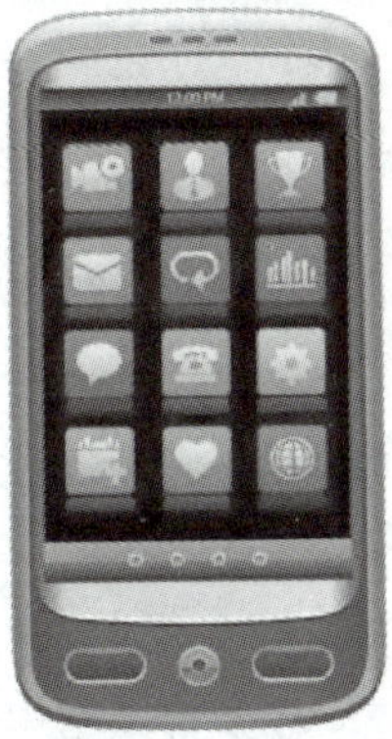

智能手机

3. 材料组合

材料组合是利用各种化学、物理原理，将不同的材料组合起来，从而获得新材料的方法。

组合成的新材料较原来的材料表现出更好的强度、轻度和更低的成本等诸多方面的优异特性。从家居装修中的铝合金门窗到航空航天中的特殊合金材料等，各种材料组合的现象很常见。

4. 方法组合

方法组合是指在生产工艺和加工处理，以及组织管理中，把两种以上的方法组合起来使用，产生新的效果。例如，在对水进行灭菌处理时，如果单独使用激光或超声波，都只能杀死部分细菌。如果同时采用两种方法处理，就可以杀死全部细菌。

与此类似，美国戴维德等人把超声波和静电场结合，设计出一种硬水软化装置，代替了以往在水中添加化学药剂的做法，降低了成本，扩大了水的使用用途。

5. 技术与原理组合

可以把已有的技术原理同某些技术手段结合起来，创造出新产品。

案例 3-14

皮肤“拉链”

伤口愈合能像“拉拉链”一样简单了。一家公司发明了一种皮肤“拉链”，只需轻轻一拉，伤口就能闭合，不缝针不留疤，对生活毫无影响。这是一种高强度无创皮肤缝合器，使用它不仅可以提高手术的效率，而且能帮助患者的伤口快速恢复。皮肤“拉链”操作起来非常简单：只需要贴合后在伤口处轻轻一拉，受伤的地方就能闭合在一起，为缝合手术带来巨大的便利，极大降低了风险，加强了可控性，医生的心理压力也会明显降低。

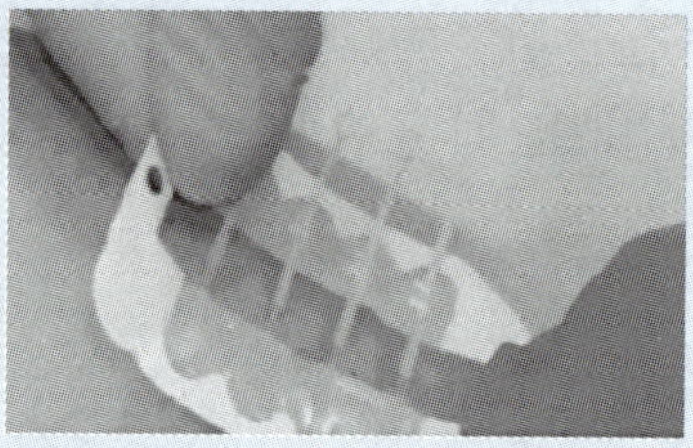

皮肤拉链的外观

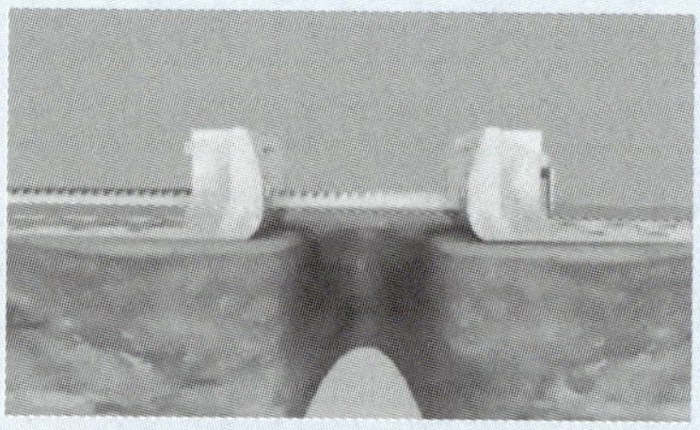

皮肤拉链的作用原理

（三）主体添加

主体添加就是给一个选定的事物添加别的东西。这个东西可能是已经有的，也可能是从来都没有的。

一般情况下要确定添加的目的、添加体、添加的方式，但也有不确定的试探添加。

案例 3-15

以枕头为主体，可以添加什么，形成新功能枕头？

添加物品 / 功能	新功能枕头
加音乐	催眠枕
升降温	保温枕
加弹性体	弹性枕
加草药或磁石	医疗枕
加按摩器	按摩枕
加竹子或草席	凉枕
加水	液态枕
加橡胶	橡胶枕
加气体	气枕

（四）发散组合

发散组合就是选定一个主题，可以是已有的事物或新事物（技术），以它为焦点，运用发散、联想思维，寻找它可能与哪些事物组合在一起构成一个新事物。

案例 3-16

杯子可以与哪些东西组合在一起，成为一个新杯子

和小电炉组合在一起，成为电热杯；

和强磁铁组合在一起，成为磁化杯；

与真空组合在一起，成为保温杯。

（五）重组组合

重组组合又称分解组合，是指在事物的不同层次上分解原来的组合，然后再根据新的目的进行重新组合。其特点是在一个事物上进行，不增加新的事物，重组主要是改变事物各组成部分间的关系。

在日常生活中，随处可见这样的例子，企业“资产重组”、飞机的螺旋桨装在顶部成为直升机、儿童玩具“变形金刚”、分体组合家具等。

（六）概念组合

概念组合是以词类或命题进行的组合，如绿色食品、音乐餐厅。

绿色食品

音乐餐厅

（七）综合

综合是将不同领域、不同方面、不同类型的事物以某个目的为中心通过一定的方法和手段有机地组合在一起。与以上几种组合方式相比，综合是一种更为高层次的组合，例如爱因斯坦综合了物理、数学知识提出相对论。在知识和信息飞速增长的时代，综合方法在科技发明创造中应用得越来越广泛。类似的创新方法还有 5W1H 法、移植创新法、列举创新法等，感兴趣的读者可以通过扫码观看微视频学习。

5W1H法　　移植创新法　　列举创新法

小试牛刀

请同学们打开活动手卡6，练练手吧！

任务三　头脑风暴法的运用

一、什么是头脑风暴法

头脑风暴法出自“头脑风暴”（Brain Storming）一词。头脑风暴法又称脑力激荡法、智力激励法、BS法、自由思考法。头脑风暴法是快速、大量寻求解决问题构想的集体思考方法，目的是通过找到新的和异想天开的方法来解决问题。

头脑风暴法

简单来讲，头脑风暴就是一群人围绕一个特定的兴趣领域畅所欲言、互相启迪，产生新观点。由于无拘无束，人们能够更自由地思考，进入思想的新区域，从而产生很多新观点和新方法。

实践经验表明，头脑风暴法可以排除折中方案，对所讨论问题通过客观、连续的分析，找到一组切实可行的方案，因而头脑风暴法在多种决策中得到了较广泛的应用。大至政治和社会问题的解决、尖端科技的创新，小至家庭或个人疑难问题的解决、物品性能的改良等。

案例3-17

这个世界充满着伟大的创意和产生伟大创意的人们。每个人都有想象力，同时也有思考的能力和创造力。

下面一起来看几个很小但很实用的发明。

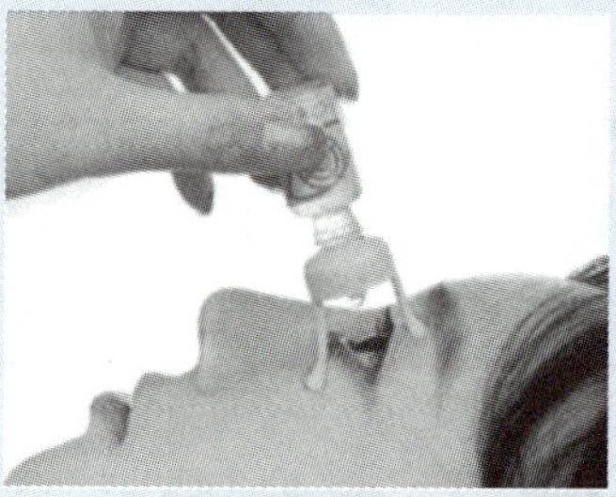
眼药水架

牙膏滚轮夹

雨伞接水帽

刷子挂钩

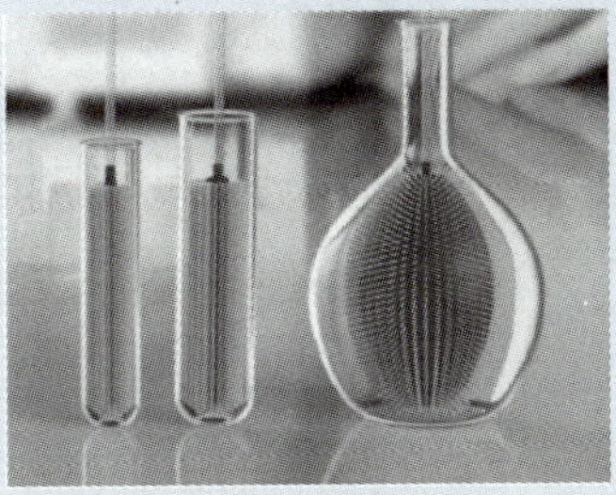

充气刷瓶器

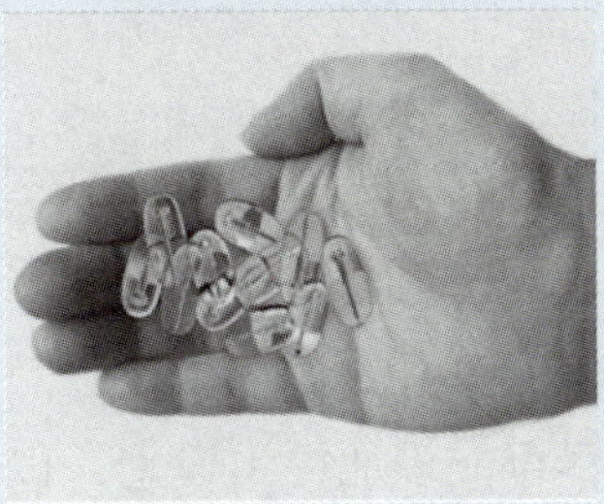

扣钉胶囊

看了以上这些很小但很实用的发明，你应该能够感受到每个人都有产生创意并最终取得成功的潜质，人人皆可创新。

二、头脑风暴法的两种改进方法

（一）默写式智力激励法（635法）

它是由德国学者鲁尔巴赫根据人们善于沉思的性格，以及由于数人争着发言易使点子遗漏的缺点，对头脑风暴法进行改造，创立的用书面畅述的方法。这种方法是6个人参加，每人3张卡片，每次5分钟，因此得名“635”法。具体操作方法如下：

（1）召开由6人参加的会议，主持人在会上阐明议题，发给与会者每人3张卡片。

（2）在第一个5分钟内，每人针对议题在3张卡片上各写上一个点子，然后传给右邻。

（3）自第二个5分钟，每人从传来的卡片上得到启发，再在3张卡片上各写出一个点子，之后再传给右邻。

（4）这样继续下去，经过半小时可传递6次，共得$6\times3\times6=108$个点子。

（二）卡片式智力激励法（CBS法）

它是由日本创造开发研究所所长高桥诚创立的，其特点是可以对每个人提出的设想进行质询和评价。具体操作方法如下：

（1）召开由3人至8人参加的会议，会前宣布讨论话题，会议时间为1个小时。会上发给每人50张卡片，桌上放200张卡片备用。

（2）在前10分钟，与会者独自在卡片上填写设想，每张卡片填写一个设想。

（3）接着用30分钟，按座次每位与会者轮流宣读自己的设想，一次只能介绍一张卡片（宣读时将卡片放在桌子中央，让大家能看清楚）。

（4）其他与会者可质询，也可将受启发所得的新设想填入备用卡片。最后20分钟，大家可以相互评价和探讨各自的设想，以便从中启发出新设想。

三、头脑风暴法的四大原则

（一）自由奔放去思考

该原则要求与会者尽可能解放思想，无拘无束地思考问题并畅所欲言，不必顾虑自己的想法或说法是否“离经叛道”或“荒唐可笑”；欢迎自由奔放、异想天开的意见，与会者必须毫无拘束，广泛地想。

（二）拒绝批评（会后评判）

禁止与会者在会上对他人的设想评头论足，排除评论性的判断，也不允许自谦。对设想的评判留在会后进行。在头脑风暴会上，需要注意8个忌讳的语句。

太新奇了！ 不实际！

没意义（无聊）！ 无法成功！

不符合目标！ 成本会增加！

不合道理！ 想法陈旧！

（三）多多益善（以量求质）

鼓励与会者尽可能多地提出设想，以大量的设想来保证质量较高的设想的提出，设想多多益善，不必顾虑构思内容的好坏。

（1）由量可以产生质；

（2）需要的是创意；

（3）要求量则没有批评的时间。

以量求质的诀窍如下：

（1）接连不断地发言；

（2）指名发言方式也有效；

（3）一想到马上开口发言；

（4）1分钟出1个创意；

（5）累了就休息。

（四）"搭便车"（见解无专利）

鼓励"盗用"别人的构思，借题发挥，根据别人的构思联想另一个构思，即利用一个灵感引发另外一个灵感，或者把别人的构思加以修改。

"搭便车"的要求如下：

（1）珍惜"如此说来……"；

（2）领导的构思一样可以"盗用"；

（3）为得到更好的创意进行变化；

（4）把两个创意结合起来。

四、头脑风暴法会议流程

（一）会前精心准备

（1）选定讨论的主题；

（2）选定参会者（一般不超过10名，其中记录员1名）；

（3）确定会议时间和场所；

（4）准备好海报纸、记录笔等工具；

（5）布置场所：将海报纸（大白纸）贴于白板上，座位的安排以"凹"字形为佳；

（6）会议主持人应掌握使用头脑风暴法的一切细节问题，彻底了解头脑风暴法的基本原理、原则、要求等（如表3-1所示）。

（二）会中积极参与

1. 明确阐述主题和介绍头脑风暴法

（1）介绍主题。

（2）介绍基本原理、原则、要求等。

（3）如参会者感到困惑，可先做简单练习。

表 3-1　头脑风暴法会议会前准备要求

	应该	不应该
召集人	1. 拟订明确的研讨主题和目标 2. 确定合适的参会者 3. 有合适的时间分配计划 4. 事先对参会者知会相关的会议内容	1. 漫无边际或主题不明确 2. 让无关人员参与，关键人物或可能提供特殊信息的人物未出席 3. 一视同仁地平均分配时间，忽视重点问题 4. 搞突然袭击，让临会人员措手不及
参会者	1. 阅读相关材料 2. 积极思考相关问题	对会议内容一无所知

2. 主持人引导，记录员在白板上记录，参会者提出构思

（1）主持人引导参会者提出各种构思。

（2）记录员在白板上记录所有构思。

（3）鼓励参会者自由提出构思。

3. 结束会议

到各个参会者都无法再提出构思时，立即结束会议。

会议中的参与要求如表 3-2 所示。

表 3-2　头脑风暴法会议中的参与要求

	应该	不应该
召集人	1. 紧紧围绕研讨主题展开讨论 2. 在讨论过程中保持中立 3. 认真地倾听、归纳参会者的观点 4. 发现积极的和消极的参会者，保证每个人都为讨论做贡献 5. 适当地使用召集人的权力 6. 保证研讨会有明确的结果	1. 漫无边际或不控制会议内容 2. 以个人的主观判断选择、限制参会者的发言 3. 议来议去，没有结果和时间控制 4. 需要做出决定时不能领导会议 5. 让无意义的争论影响会议进展 6. 没有适当的归纳总结，让会议不明不白地结束
参会者	1. 对参加会议有积极的心态 2. 事先对研讨主题有一定的思考 3. 围绕会议主题积极发言 4. 倾听发言（用耳、身体语言）	1. 事不关己，高高挂起 2. 不知所云，发言空洞，或批评他人的想法 3. 在无关的问题上高谈阔论 4. 表现出消极的身体语言

（三）会后总结落实

会后以鉴别的眼光看待所有列出的构思，也可以让另一组人来评价。将会议记录整理分类后展示给参会者，从效果和可行性两个方面评价和构思；选择最合适的构思，尽可能采用会议中讨论出来的构思。会议后的落实要求如表 3-3 所示。

表 3-3　头脑风暴法会议后落实要求

	应该	不应该
召集人	1. 对会议结果有书面总结 2. 将会议结果与有关领导沟通 3. 关注任务的落实进展	对会议结果不管不问
参与人	1. 按会议分配的责任行动 2. 会后的言行与会议决定保持一致	1. 不履行职责 2. 发表不负责任的言行

案例 3-18

小鸡吃虫子的故事

马路对面的草丛里有很多美味的虫子，小鸡很想吃虫子，但是现在马路晒得很烫，还有很多车来来往往。如果你是小鸡，你会用什么方法过马路呢？

案例解析：

比较常见的小鸡过马路的办法有：

1. 利用过街天桥；
2. 地下挖隧道；
3. 爬到树上，扑腾过去；
4. 借助树枝，弹射过去；
5. 请燕子姐姐背过去；
6. 打车；
7. 另外修条路让车子走，再解决路面发烫的问题，比如用滑板；
8. 用栏杆、红绿灯挡住车，铺上沙，安安全全过马路；
9. 等到天黑没车时再过；

…………

有创新潜质的办法：

1. 在马路这边种草，把虫子引过来；
2. 将大吸尘器管子伸过去吸虫子；
3. 像钓鱼一样钓虫子；
4. 自己养殖虫子 ；
5. 让大水淹没马路，自己坐船；
6. 网上订购，让快递送；
7. 制造堵车，从车底下过去；

…………

能改变问题性质的人是具备优秀创新潜质的人。

办法总比困难多，更多的办法如下：

1. 荡秋千，用柳树枝荡过去；
2. 乘滑翔伞，乘热气球；
3. 建索道、滑道；
4. 用马戏团大炮，把自己打过去；
5. 缠着妈妈买虫子吃；
6. 捡别的小鸡吃剩的虫子；

…………

超现实版本的办法：

1. 让别的小鸡拿虫子做智力题打赌，中间抽成；
2. 让小鸡们把虫子存放在自己这里，用更多的虫子作为利息，想吃的时候可随时借；

3. 号称研发更美味的虫子，让小鸡们拿手里的虫子交换未来享用权利；

4. 号称有比更美味的虫子还美味100倍的虫子养殖配方，卖给其他小鸡；

…………

还有创新办法——攻略秘籍办法：

1. 把以上方法编成培训讲义；

2. 让每个想吃美味虫子的小鸡来接受培训；

3. 让每个来接受培训的小鸡交一只虫子完成作业；

4. 想出新办法的免交虫子，老师高兴了还奖励一只虫子；

…………

小试牛刀

请同学们打开活动手卡7，练练手吧！

任务四　六顶思考帽的运用

一、什么是六顶思考帽

六顶思考帽是一种具体的操作方法而不是理论。六顶思考帽的提出者是爱德华·德·波诺博士（Dr. Edward de Bono），2002年入选21世纪尚健在的全球前50位管理大师，在全球企业界和教育界拥有举足轻重的影响。

六顶思考帽是一种具体的操作方法，它只允许思考者在同一时间内做一件事情。思考者要学会将逻辑与情感、创造与信息等区分开来，用平行思维替代对抗性思维。

平行思维能让每个人都参与讨论。它的优点是：避免浪费时间的争论和漫无目的的讨论。现在绝大多数重要的创新都需要多个有经验的人共同完成，因为每个人在目标和管理上都有本质的区别，同时，文化背景和知识结构也有差异，所以把这些有经验的人组织在一起进行主题讨论时，往往会出现不必要的争论，每个人只关注自己的研究领域，也许他们每个人的观点都是正确的，但就是达不成一个具有建设性的共识，不能很好地完成团队中的智力资源整合，因此我们需要一个培育体系、平衡系统和支持系统来实现行为目标。波诺博士的研究成果给了我们实现这一目标的工具——六顶思考帽。

知识链接

如何避免会议中浪费时间的争论和漫无目的的讨论

思考最大的问题在于混乱。人们总是试图一次解决太多的问题。情感、信息、逻辑、希望和创意在头脑中挤作一团，回想一下，我们在会议中是否经常遇到这样的问题：

（1）建议很多，但很乱；

（2）大部分时间在争论、争吵；

（3）最后的解决方法是最好的吗？

（4）大家都同意会议决策吗？

（5）老板说了算；

（6）会议成员都发挥思考力了吗？

上述问题确实在会议中大量存在，那么造成上述问题的原因是什么？可能的原因如下：

（1）接收太多信息；

（2）考虑很多的因素；

（3）站在自己的立场，形成观点；

（4）解答别人的疑问；

（5）评判其他人的观点；

（6）考虑他人的感受；

……

总之，我们总是在同一时刻用一种“对抗性思维”在思考问题。

当我们运用传统性思维时，总是会同时考虑很多因素，同一时刻既考察信息、形成观点，又要评判其他人的观点。“对抗性思维”使我们总是站在自己的角度去看问题，并提出异议或意见，即使有时争论的双方常常都是对的，但他们只看到事物的不同侧面而不是全面，这就使得会议讨论的效率很低，会议的最终讨论结果也不一定是最优的。

要想解决在会议中的对抗性思维混乱问题，我们就必须帮助思考者一次只处理一件事，这样一来，思考者就能够区分情感和逻辑、创意和信息等。这种同一个时间、同时从一个角度和侧面进行思考的思维叫“平行思维”，利用平行思维思考从而实现避免浪费时间的争论和漫无目标的讨论则需要一种工具，即六顶思考帽。

六顶思考帽将使得我们指导自己的思考如同指挥一个乐队一般，我们可以唤起自己想要的创意和方法。同样，在任何会议上，六顶思考帽都有助于使人们脱离思维的俗套而对事物产生新的看法。六顶思考帽的顺序使用，可以让我们了解如何将创新由无意识的自发行为变成有意识的自觉行为。

案例 3-19

麦当劳公司应用六顶思考帽案例

1999 年初，参加了“六顶思考帽”研讨班的麦当劳高级经理人认为这种思维方法是一种提高创造力、改善会议质量和效率的方法，而创造力、会议质量和效率又是实现企业目标的两个关键因素。公司确定了几个主要的问题，对此，“六顶思考帽”思维方法给出了解决办法：

1. 环境的改变，比如 IT 开发和业务系统的快速变革。

2. 雇员职能交叉的工作需要，开展了“群体创造最佳”活动。

3. 提高生产力的活动，这是麦当劳总部提高效率的要求。

4. 激烈的竞争，不仅来自其他快餐店，也来自一些方便小店。

2000 年 1 月，麦当劳公司内部进行“六顶思考帽”思维培训，对所有董事会成员进行课程介绍。“六顶思考帽”思维培训被定为内部公共课程，员工自愿报名参加，原计划第一年有 120 名员工参加课程学习，而结果参加人数大大超过预定计划。在最初 10 个月的“六顶思考帽”思维培训中，700～800 名员工参加了培训。到 2001 年 2 月，全部员工都参加了该项培训。通过参加“六顶思考帽”思维培训，得到如下结果：

1. 开会时间缩短 25%。

2. 通过减少黑帽思维的比例，员工们工作起来更加积极了。

3. 每个员工都采用多种思维方式，坦诚的交流增多了。

麦当劳快餐店迅速发展，其成功的部分原因在于公司对员工培训的重视，“六顶思考帽”思维方法是公司的众多成功培训之一。

那么，下面让我们详细学习六顶思考帽。

六顶思考帽中的每一顶帽子都有一种特定的颜色：白色、红色、黑色、黄色、绿色、蓝色。颜色就是帽子的名称，每顶帽子的颜色与它的职能和作用密切相关，戴上任意一顶帽子都代表着一种特定类型的思考方式：

白帽子是数据帽，每个人都只说有关的事实和数据。

红帽子是情感帽，每个人都表达自己的直觉判断。

黑帽子是谨慎帽，每个人都只说风险和困难（支持的人，一定要发言）。

黄帽子是乐观帽，每个人都只说乐观的想法（反对的人，一定要发言）。

绿帽子是创新帽，人们可以说如何改进和创新。

蓝帽子是指挥帽，负责决定大家戴什么帽子。

很多人会有疑问，为什么要用帽子？答案是：帽子为组织思维提供了框架，思维变得更加集中，更有组织性、创造性。不同颜色的帽子代表不同的思考规则。戴帽子的仪式感使人们更加容易转换思考方式。

实践经验表明，六顶思考帽的价值在于：它对即将扮演的角色做了明确规定；设立了游戏规则，成为一种思维的语言；它能够将注意力集中于一个思维方向，方便、实用、高效。六顶思考帽的最大价值在于它非常便于思考。

六顶思考帽代表了六种思维角色，几乎涵盖了思维的整个过程，既可以有效地支持个人的行为，也可以支持团体在讨论中的互相激发。它通过形象化的手段轻松驾驭复杂的思维，使我们将思考的不同方面分开，这样可以依次对问题的不同侧面给予足够的重视和充分的考虑，用全新的思维来进行每一次会议、每一次讨论和每一个决定。

六顶思考帽在持有不同意见的部门和个人之间架起了沟通的桥梁，让各种想法发生激烈碰撞后，最终形成一个有建设性的共识，每一种观点都能参与其中并有所贡献，从而避免了浪费时间的无谓争执，建立起像乐团那样具有高度协调性的团队，形成高效的思维方式。

（一）白帽思维——事实和数字

白色显得中立而客观。白帽思维代表客观的事实和数字。白帽思维最重要的规则就是不得引入与事实不符的东西，只要中立、客观地举出事实就可以，不要加以解释。

白色思考帽

戴上白帽之后需要思考：我们需要哪些信息和数据？我们现在有哪些信息和数据？我们还缺少哪些信息和数据？我们怎样获得缺少的信息和数据？

案例 3-20

目击者：张某在清晨 6 点半回到公寓，他应该整夜都在赌博。

警察：王先生，被告 6 月 30 日夜里赌博是你亲眼看见的，还是他告诉你的？

目击者：不是我看见的，但他几乎每夜都去赌博。

警察：王先生，如果你戴上白色思考帽，那你会怎么说？

目击者：我观察到被告张某在 7 日凌晨 6 点半回到他的公寓。

案例 3-21

公交车的座椅——白帽思维

大城市中公交车很拥挤，为此有人提出一个有趣的问题："把公交车上的座椅全部去掉会怎样？"

白帽思维：

1. 据调查，公交车拥挤出现在早、晚上下班时段。

2. 经测算，去掉座椅后，公交车面积增加××%。

3. 在拥挤时段，乘车老年人约占××%，中小学生约占××%，其余为成年人。

（二）红帽思维——情绪和感觉

红色暗示愤怒、激动等情感特征，红帽思维代表情绪上的感觉、直觉和预感，无须给出证明，无须提供理由和根据。

同情、愤怒、嫉妒或害怕等这些背景情感会限制思维，并使思维带有各种色彩。如果背景情感被排斥于整个思维过程之外，那么它们就会隐藏起来并以一种潜在的形式影响整个思维活动。

红色思考帽

红帽思维允许人们将感觉与直觉表达出来，不需要道歉，不用解释，也不必想办法为自己的行为辩解。戴上红色思考帽，用红帽思维来思考，从来不需要对感觉加以证明，这顶帽子为从纯粹情绪到强烈预感等一系列感觉的表达开了绿灯，如：

1. 我现在有什么感受？

2. 我的感觉告诉我什么？

3. 我的直觉反应是什么？

4. 我反对他担任这个职位，因为他晋升得这么快，让人嫉妒。戴上红色思考帽就可以说："我反对他担任这个职务"。（不需要任何解释）

与红帽思维相关的是情感、感觉、预感和直觉。

（1）戴上红帽我可以直接表达不喜欢这个计划。

（2）我的红帽思维告诉我，这个做法行不通。

（3）我不喜欢你们处理这件事情的方式。

（4）我的直觉告诉我，价格很快就会跌下来。

案例 3-22

公交车的座椅——红帽思维

1. 如果只是几站地的距离，我可以接受没有座椅；但如果需要乘坐很远，站着肯定会很累；我想我是不会坐这辆公交车的。

2. 没了座椅的公交车，老人、孩子，还有残疾人和孕妇乘坐肯定不便。

3. 更多的人可以乘坐。

4. 急刹车时很危险。

（三）黑帽思维——它什么地方错

黑色是阴沉、负面的。黑帽思维考虑的是事物的负面因素，它对事物的负面因素进行逻辑判断和评估。黑帽思维只看事物的阴暗面，但是它是理性的阴暗面，黑帽思维给出的理由一定要站得住脚，提供一种理性的否定，因此黑帽思维是建立在理性或逻辑基础上的。

黑色思考帽

戴上黑帽，我们需要对可能存在的问题、会遇到的困难和风险等进行思考。可以像这样来提问：

（1）它会起作用吗？

（2）它的缺点是什么？

（3）它为什么不能这样做？

（4）这样做会存在什么危险？

黑帽思维需要对事实和数据提出质疑，指出不符合经验的方面，指出未来的危险与可能发生的问题，此外，黑帽思维还是对黄帽思维的制衡。

案例 3-23

公交车的座椅——黑帽思维

1. 座椅本身有保障安全的作用，拆除座椅不符合公交客运安全要求。

2. 拆除座椅实际上是忽视了老年人、残疾人等特殊人群的权益。

3. 大城市可以通过合理的网络布局规划、智能大数据实时调配、大力发展地铁交通、建立高架专用车道的空中公交、错峰上下班等手段，多措并举来解决公交拥堵问题，没有必要搞无座椅公交车。

（四）黄帽思维——推测的和肯定的

黄色代表阳光的、乐观的，黄帽思维包含希望与正面的思想，积极寻找事物的闪光点。从态度上讲，黄帽思维和黑帽思维正好相反。黑帽思维和否定评价相关，而黄帽思维则是从肯定方面看问题。

黄色思考帽

戴上黄帽我们需要思考为什么可以做这件事情，这样做的优点是什么，这样做会带来哪些积极正面的影响。

黄色思考帽给我们积极乐观的思考机制，但是，乐观会变成愚蠢和空想吗？黄色思考帽有没有限度？下面来看这样一个对比：

【例 1】随着中国经济社会的发展，社区医疗具有广阔的前景。

评价：这种正面的评估建立在可靠的消息和经验之上，有理由相信，然而关键在于乐观后的行动。

【例 2】总有一天我会中奖 500 万元。

评价：这一积极乐观的想法极有可能沦为空想，它满怀期望，但中奖概率过低，如果没有过硬的逻辑依据，除非发生奇迹，否则不可能实现。

案例 3-24

杯子里有半杯水，不同颜色的帽子思维怎么描述？

白帽思维：杯子里有半杯水。

黑帽思维：哎呀！不够了，只剩下半杯水了！

黄帽思维：这杯水并不是半空的，而是半满的。

案例 3-25

公交车的座椅——黄帽思维

1. 可以有效缓解高峰期的拥挤状况。
2. 可以减少高峰期线路上车辆的数量，节约成本，节能减排。
3. 对于只乘坐 1 站或几站的短途乘客，去掉座椅并不会感到有什么不方便。
4. 去掉座椅，公交车的自重减轻了，多运送的乘客重量可能与座椅重量相抵，运力大了而运营成本未增加，所以可以降低票价。

（五）绿帽思维——改进和创新

绿色是植物的颜色，一讲到绿色，脑海里可能会浮现一棵嫩绿的幼苗，它代表生命力和创造力。所以绿色思考帽的思考方向就是创新思维、解决方案。

绿色思考帽

与绿帽思维有关的是创造力、创新想法、可选方案。戴上绿色帽子后，我们需要思考新的想法、建议和假设，我们是否还有其他创新的方法做这件事情。

1. 创意与绿帽思维

（1）绿帽思维本身无法使人们变得具有创造力。

（2）在绿帽思维下，我们不能要求任何成果，我们只能要求一种心力的付出。

2. 绿帽思维的用途

（1）产生初始想法。

（2）产生进一步的想法或更好的想法。

（3）不断产生新想法。

3. 绿帽思维使用要点

（1）寻求多种新想法。

（2）改正缺点，克服思维定式。

（3）防止从上、从众、从习惯的倾向。

（4）认真对待所有建议。

（5）关注点在提高而不是判断。

（6）将荒谬转为诱因，顺势思考。

（7）平衡黑帽思维的主导地位。

4. 绿帽思维单独使用

（1）向自满挑战。

（2）寻求改进。

（3）寻求更多新方法和新理念。

（4）摆脱束缚。

案例 3-26

公交车的座椅——绿帽思维

1. 设计成可以在高峰期拥挤时快速方便移除的公交座椅。

2. 可以在两侧安装可收起的折叠座椅，既可以实现无座椅状态，又可以方便特殊人群。

3. 所有座椅都折叠在站位之下，公交车可智能识别有需要的人，自动弹出座椅。

（六）蓝帽思维——组织讨论，控制其他帽子

蓝色思考帽

蓝色是天空的颜色，也是冷静的颜色。蓝帽思维代表思维过程的控制与组织，它可以控制其他思考帽。

与蓝帽思维有关的是对其他思维的思考、主持、组织、过程控制。戴上蓝帽需要思考我们的议程是怎样的、我们下一步该戴上哪顶帽子、我们怎么总结现有结论等问题。

戴上蓝色帽子，可以告诉自己或者别人，该戴其他五顶帽子中的哪一种。蓝帽思维告诉我们什么时候应该转换帽子。如果思维是一段正式的程序，那么蓝帽就是对这种约定的控制。

一般来说，任何会议的主持人都自动地发挥其蓝帽的功能，维持会议的秩序，保证会议议程得到执行。任命会议主持人以外的人扮演蓝帽角色也是可行的，这个蓝帽思考者将

在主持人规定的范围内执行监督任务。

蓝帽思维在思维过程中或结束的时候，必须做出概要、纵览和结论。

蓝帽思维的一个重要作用就是打断争论，并要求争论者们使用某个特定的思考帽。

1. 蓝帽使用要点

（1）蓝帽是一顶主持人的帽子，要引导讨论、控制过程。

（2）任何成员都可以戴。

（3）集中和再集中。

（4）满足对特定种类思考的需求。

（5）指出不合适的讨论现象。

（6）随时总结。

（7）促使团队做出决策。

（8）引导成员达成结果。

2. 蓝帽思维的用途

（1）我们应当从哪里开始？

（2）我们的目标是什么？

（3）会议议程是怎样的？

（4）应该戴哪种帽子？

（5）我们怎样去总结？

（6）下一步该怎么做？

3. 蓝帽思维的使用原则

（1）在蓝色思考帽下，我们不再思考讨论的主题，我们考虑的是那些与主题有关的思维。

（2）蓝帽经常使用在思维的开始、中间和最后阶段。

（3）会议主席一般都有蓝帽思考功能，但也可以指定另外的人戴蓝帽。

（4）蓝帽思维有一个重要的工作就是打断争论。

4. 蓝帽思维单独用途

（1）在争论中提供思维框架。

（2）探寻主题。

（3）保持思维轨迹。

（4）要求结果。

（5）设定时间限制。

…………

案例 3-27

公交车的座椅——蓝帽思维

1. 现在请大家戴上红色思考帽，用一两分钟的时间谈谈公交车去掉全部座椅会怎样。

2. 现在让我们戴上黄色思考帽，思考一下去掉公交车座椅会带来什么样的好处。

3. 现在我们都戴上绿色思考帽，围绕着去掉公交车座椅问题看看有什么好的想法和创意。

4. 现在有必要运用黑帽思维思考一下了。请大家戴上黑色思考帽，分析一下去掉公交座椅会带来什么样的结果。

5. 到目前为止大家提出的观点和想法还缺乏事实和数据支持，让我们戴上白色思考帽，查找一下相关的事实和数据吧。

6. 我认为大家有必要再戴上黄色思考帽，进一步谈谈去掉公交车座椅的正面作用。

二、如何使用六顶思考帽

（一）单独使用

正如前面每个颜色帽子后面的案例一样，我们可以单独使用某一个颜色的帽子去解决相应的问题。

（二）搭配使用

六顶思考帽不仅定义了思维的不同类型，而且可以通过确定思考帽的使用序列定义思维的流程结构。我们需要根据会议的具体内容与目的，选择不同思考帽连续使用。搭配使用时，可以全部使用，也可选择其中部分思考帽使用，也可以对部分思考帽反复使用。

案例 3-28

如果你是一家企业的招聘经理，你需要对前来应聘的人员进行面试，并决定是否聘用他。

如果你小学时的班长前来应聘，那你要不要聘用他呢？这时你就需要评估一下，看他是否适合到你的公司来工作。可以运用六顶思考帽的方法帮助你进行决策。

第一，使用蓝帽，确定讨论的焦点问题，即“对他进行评估，看其是否适合到公司任职”。焦点确定以后，就要针对这个焦点排序列。

第二，使用白帽。需要收集他的基本信息、学历背景、工作经历、工作成就等。

第三，使用黄帽。对一个人进行客观评估时，需要戴上黄帽来发掘他身上的优势以及能给公司带来的价值。

第四，使用黑帽。这是一个客观评估的过程，你不能只看他的优点，也要看看是否有风险、问题，跟公司是否匹配。

第五，使用绿帽。绿帽直接关系到能否针对黑帽提出的问题找到解决方案，因此，也就直接关系最终是否聘用他。

第六，使用红帽。这时要说出是否聘用他的直观感受（要或者不要）。

第七，使用蓝帽。需要对讨论过程进行总结并给出结论。

关于时长的分配，波诺博士认为，除了红帽，每顶帽子的时长在两分钟左右，红帽则不要超过 30 秒。

在搭配使用时，不管选择哪些帽子，蓝帽是必不可少的，并且是以蓝帽开始、以蓝帽结束；所有的人同一时间戴同一顶帽子；帽子的使用序列并不唯一；针对焦点只选需要的帽子。

1. 六顶思考帽的简单搭配

（1）黄 + 黑：权衡利弊。

（2）黑 + 绿：克服困难，采用多种解决方案。

（3）黄 + 绿：发散思维，不断创新。

（4）绿 + 白：现实约束，验证，批判。

六顶思考帽的简单搭配如表 3-4 所示。

表 3-4　六顶思考帽的简单搭配

用途	序列
初步方案	蓝、白、绿
快速评价	蓝、黄
评估	黄、黑
设计	蓝、绿、红
改进工作	黑、绿、蓝、绿
选择	绿、黄、黑、红
举例说明： 1. 初步方案 蓝帽：思维任务是什么？ 白帽：对这个情况我们都知道什么？ 绿帽：我们能想出什么主意？ 2. 快速评价 蓝帽：我们的目标是什么？ 黄帽：这个想法的利益有哪些？有多少价值？ 3. 设计 蓝帽：设计任务是什么？ 绿帽：可能的设计是什么？ 红帽：我们如何看待每种可能的设计？	

2. 六顶思考帽的长序列综合运用

六顶思考帽的长序列综合运用如表 3-5 所示。

表 3-5　六顶思考帽的长序列综合运用

用途	序列
解决问题	蓝、白、绿、黄、黑、白、蓝
探索	蓝、白、绿、白、蓝
创造性地尝试	蓝、白、绿、黄、黑、绿、红、蓝
交流	蓝、白、绿、红、黑、蓝
决策	蓝、白、黄、黑、绿、白、红、蓝
举例说明： 1. 决策 蓝帽：定义我们需要做的决策； 白帽：关于决策的相关信息；	

续表

用途	序列
黄帽：决策的好处； 黑帽：决策的风险；绿帽：如何解决缺点问题； 白帽：解决方案是否与事实相符； 红帽：决策； 蓝帽：结论，下一步行动。 2. 解决问题 蓝帽：定义问题； 白帽：考虑已有信息； 绿帽：提出可能的解决方案； 黄帽：评估各方案的优点； 黑帽：检查各方案的缺点； 白帽：检查方案和信息是否匹配； 蓝帽：最终的解决方案，下一步行动。	

小试牛刀

请同学们打开活动手卡 8，练练手吧！

项目自测

一、单选题

1. 和田十二法是由（　　）的学者提出。

A. 中国　　B. 美国　　C. 英国　　D. 德国

2. 重数量而非质量，指的是头脑风暴法基本原则中的（　　）。

A. 多多益善　　B. 搭便车　　C. 自由奔放去思考　　D. 拒绝批评

3. 头脑风暴法的会议流程包括（　　）个步骤。

A. 3　　B. 4　　C. 5　　D. 6

4. 六顶思考帽中的白色帽子代表（　　）类型的思考方式。

A. 数据　　B. 情感　　C. 谨慎　　D. 乐观

5.（　　）是指从两种或两种以上事物或产品中抽取合适的要素重新组织，构成新的事物或新的产品的创造技法。

A. 和田十二法　　B. 组合创新法　　C. 头脑风暴法　　D. 六顶思考帽

二、多选题

1. 头脑风暴法又称（　　）。

A. 智力激励法　　B. BS 法　　C. 自由思考法　　D. 脑力激荡法

2. 以下（　　）是典型的头脑风暴会议常见的对话。

A. “这根本行不通。”　　B. “这不符合某某定律。”

C. “让我们集思广益，各抒己见。”　　D. “我想听听大家的意见。”

三、判断题

1. 六顶思考帽是一种水平思考法。(　　)

2. 田忌赛马是重组组合的一个典型例子。(　　)

3. 在进行头脑风暴时应当随时进行批评。(　　)

复盘反思

1. 知识盘点：本项目我们学习了几种不同的创新方法，你能试着将这些方法归纳总结一下吗？请画出思维导图。

2. 方法提炼：在本项目知识和实训技能的学习过程中，使用不同的创新方法在过程中需要注意什么呢？

3. 行动影响：完成本项目知识和实训技能的学习后，你能尝试用这些方法对日常生活中的事物、事件进行创新吗？

项目四

捕捉创业商机

项目目标

知识目标

1. 掌握创业商机的内涵，了解创业商机的类型。
2. 掌握创业商机的评估方法。

能力目标

1. 能够运用多种方法搜寻并甄别创业商机。
2. 能够具备一定的创业风险防范能力。

素养目标

1. 养成良好的交流沟通能力，能够大胆、有效地表达自己的观点和见解。
2. 具备良好的信息素养和信息搜索能力，能主动适应“互联网+”等社会信息化发展趋势。
3. 具备一定的创业风险防范意识和商业敏感。
4. 充分理解党的二十大报告中提到的创新驱动发展战略，从满足美好生活需要和解决不平衡不充分的发展中寻找创业机会，从增进民生福祉、提高人民生活品质的角度挖掘创业商机。

思维导图

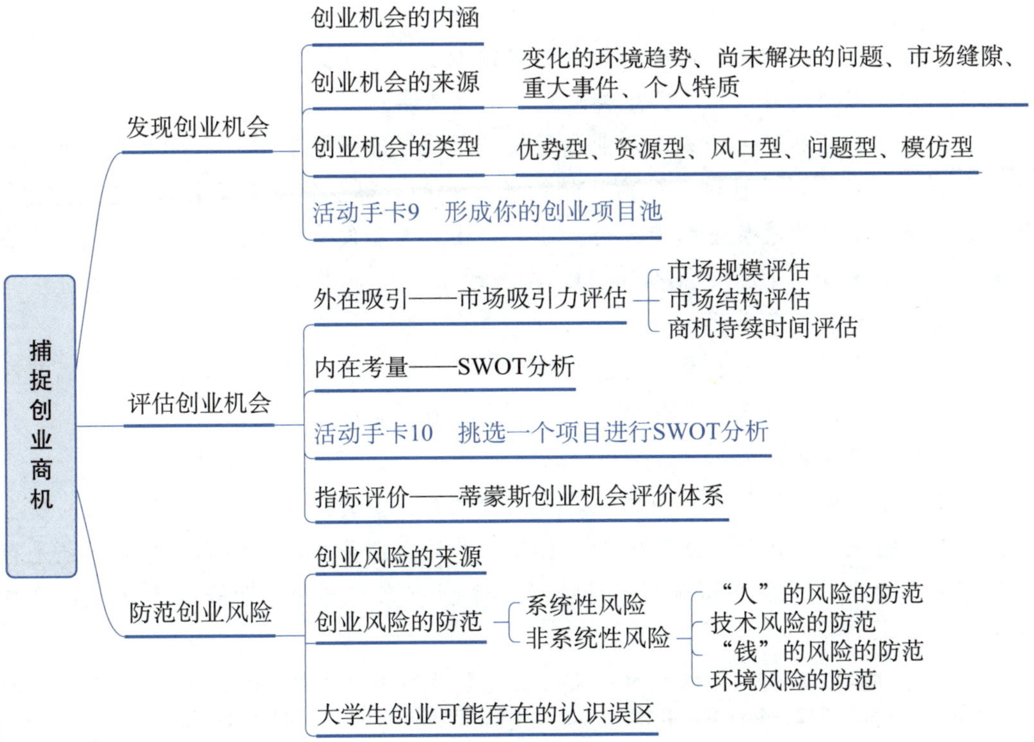

预制菜是懒人的春天，还是资本的陷阱

如同豆腐脑的咸甜之争，预制菜如同野火般燎原，引发消费者激烈讨论，爱与不爱各执一词。但其实预制菜只是换了个马甲，我们从小吃到大。

根据中国食品工业协会发布的团体标准《预制包装菜肴》规定，预制菜为以一种或多种农产品为主要原料，运用标准化流水作业，经预加工、预烹调等制成，并进行预包装的成品或半成品菜肴。预制菜按食用方式可以分为即食、即热、即烹、即配四类。即食如腌制熟食、即热如快餐料理包、即烹如调味牛排、即配如生鲜配菜。以此标准看，方便面、火锅丸子、酱牛肉……陪伴消费者长大的食品很多是预制菜，不过现在加了一些配菜、多了一些使用场景，还换了一个新名字。

一、预制菜市场保持高速增长

艾媒咨询数据显示，2021 年中国预制菜市场规模为 3 459 亿元，同比增长 19.8%，预计未来中国预制菜市场将保持较高的增长速度，2026 年预制菜市场规模将达 10 720 亿元。调研数据显示，每天购买预制菜品的用户占比为 8%，每周购买预制菜的用户占比达 86%。艾媒咨询分析师认为，八成用户已经形成每周购买预制菜品的习惯，用户对预制菜需求量大，市场将进一步扩容。

此外，消费者对于预制菜的认知正在逐步提升。其中，正大、安井、三全品牌认知排名前列。2022 年，有 53.6% 的中国消费者消费预制菜次数增多。资料显示，消费者做饭时间少、没有完善的厨房设备也想好好做饭的需求、一人食的兴起，以及聚餐中“露一手”的需求，让预制菜收获了一大批消费群体。

二、预制菜赛道成资本吹捧热点

据媒体统计，2021—2022 年，中国预制菜行业融资事件 20 余起，融资金额达数百亿元。

从产业链来看，预制菜上游有养殖业、种植业、水产等；中游则主要是食品加工、复合调味料等；下游则是餐饮企业、生鲜超市、电商等渠道。

近日，连格兰仕和格力等家电企业也纷纷“下海”布局预制菜，不是做菜，而是研发家庭用预制菜设备，以及预制菜厂商运销设备。例如，格兰仕发布了首款预制菜微波炉，格力则表示要成立预制菜装备制造公司。此外，山东潍坊发布了《潍坊市预制菜产业高质量发展三年行动计划（2022—2024 年）》，在此之前，广东省还出台了《加快推进广东预制菜产业高质量发展十条措施》。

从某种程度上来说，预制菜的概念的确带动了一波市场躁动，引发了从企业到政府社会各方联动的局面，但是鱼龙混杂的行情还是需要谨慎对待。

三、预制菜现存问题

口味差、不健康、食品安全问题，是压在预制菜身上的三座大山。广东省食品安全保障促进会副会长朱丹蓬认为，从整体看，目前产业端跟消费端之间的博弈与矛盾还是存在的，仍需时间去沉淀。掘金预制菜行业，引导企业有序发展和产业升级才是一条可持续之路。

资料来源：庄怡．预制菜，懒人的春天还是资本的陷阱？．(2022-09-29) [2024-03-15]. https://www.360kuai.com/pc/9c7526944ab44ec4b?cota=3&kuai_so=1&sign=360_57c3bbd1&refer_scene=so_1.

讨论

1. 你觉得制作预制菜是一门好生意吗？是“大市场”还是“伪需求”？

2. 请思考：什么是创业商机？如何甄别创业商机？如何防范其中蕴藏的风险？

任务一 发现创业机会

一切创业活动都始于创业机会的发现与挖掘。聪明的创业者善于抓住稍纵即逝的机会并果敢付诸行动。

一、创业机会的内涵

创业机会是指那些具有较强吸引力、较为持久、有利于创业的商业机会，又称创业商机，创业者据此可以为客户提供有价值的产品或服务，并同时使创业者自身获益。

创业机会具有以下特征：

（1）普遍性。凡是有市场、有经营的地方，客观上就存在着创业机会。创业机会普遍存在于各种经营活动过程之中。

（2）偶然性。创业机会的发现和捕捉带有很大的不确定性，任何创业机会的产生都有“意外”因素。

（3）消逝性。创业机会存在于一定的时空范围之内，随着产生创业机会的客观条件的变化，创业机会就会相应的消逝。

二、创业机会的来源

生活中，不断有人提出这样的疑问：“我特别想创业，但是一点想法也没有，商机都被别人占了。”不知道同学们是否也有这样的疑问，下面介绍几种创业商机的来源。

创业商机来源

（一）变化的环境趋势

环境的变化，会给各行各业带来良机，人们透过这些变化，可能发现新的前景。在分析环境趋势以识别商业机会时，有两点需要注意：第一，区别趋势与流行；第二，综合考虑各种趋势的关联。

变化的环境趋势可以包括：（1）产业结构的变化；（2）科技进步；（3）通信革新；（4）政策变化；（5）经济信息化、服务化；（6）价值观与生活形态化；（7）人口结构变化。

头脑风暴

2021 年 5 月 31 日，我国三孩政策开始实施。请从衣、食、住、行、用等生活的各个方面讨论三孩政策放开蕴含的商机。

衣：______________________________

食：______________________________

住：______________________________

行：______________________________

用：______________________________

（二）尚未解决的问题

生活中的问题大多隐藏着商业机会。这个问题就是用户“痛点”，它能启发我们从多种角度观察市场上的产品和服务，尤其要关注那些没有解决的问题和用户的负面情绪（如愤怒、挫折、不满、孤独、恐惧等），因为用户的负面情绪往往决定产品未来的发展方向。

案例 4-1

能养电子宠物的水壶，让喝水成为习惯

让小朋友们记得喝水并不是一件容易的事情，这让广大家长头痛不已。设计师们受到电子宠物的启发，利用组合创新法，创造出“电子宠物＋水杯”的智能水壶，让喝水变得快乐有趣。通过不断喝水，该款智能水壶既可以饲养电子宠物，还能让孩子们在游戏中进行探索。除此之外，水壶还内置了感应器，小朋友们只要抚摸瓶身就可以和宠物互动。同时，通过算法自动侦测饮水模式（喝掉或倒掉），水杯能准确地记录孩子的喝水量。如果想了解孩子的饮水状况，家长只要使用配套的应用即可，该应用还会根据输入的年龄、体重等参数，定制出最佳的饮水方案。

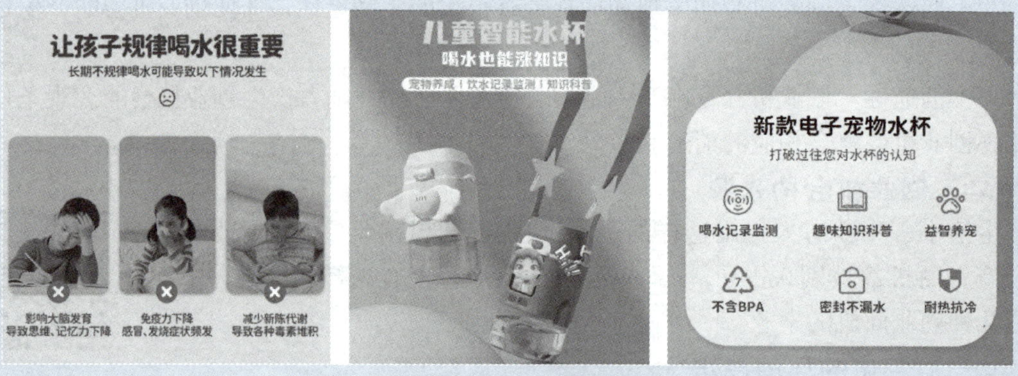

某智能水杯商品宣传页

可见，从用户需求出发，切实解决用户痛点，已经成为创意的重要来源之一。

头脑风暴

生活中，你有过什么“痛点”？和同学分享，讨论一下蕴藏着哪些商机。

____

____

（三）市场缝隙

市场缝隙，即商品在特定地区或市场上存在的空白。一般地，可以从产品和市场两个维度，将整体市场分为 4 个板块，市场缝隙则是利用现有产品开拓新市场，或是在现有市场投放新产品，如图 4-1 所示。

	现有产品	新产品
现有市场	1	2
新市场	3	4

图 4-1　产品、市场组合下的潜在市场缝隙

在图 4-1 的 4 个区域中，一般认为区域 1 商家太多，竞争激烈；区域 4 最复杂，实施成本最高，风险大，一般要避开；区域 2、区域 3 对于大部分新创企业来说是最为切实可行的市场缝隙。

案例 4-2

鲁国夫妇该不该去越国做生意

古代鲁国有一对巧手夫妻，男的能编制麻鞋，女的则善织生绢，他们的产品质量都非常好。当时，他们准备靠自己的这套本领到越国去谋生。这时，一个好心人对他们说："如果你们到越国去，很可能成为穷光蛋，无法生活下去。"这对夫妻听了后，大为不解，就问为什么。那人说："道理很简单。因为鞋子是穿在脚上的，但是越国人却喜欢光着脚走路；生绢是用来做帽子的，而越国人却习惯于披发，不戴帽子。因此，尽管你们有一手精巧的技艺，但在越国却派不上用场，怎么会不成为穷光蛋呢？"这对夫妻就反问他："我们可以引导他们穿鞋戴帽，随着用途的不断推广，我们怎么会受穷呢？"

这对鲁国夫妇的命运究竟如何，故事并没有告诉我们。我们在创业时也会遇到"鲁人徙越"这个见仁见智的问题。它既告诫我们凡做一事，须先做调查研究，从实际出发，万不可纯凭主观，改变消费者偏好从来不是一件简单的事情；又启发我们换一种思路考虑问题，善于从不同角度、不同方面进行思考，从而得出独特见解，找到市场缝隙，勇于创新，把握时机。

如果你是"鲁国夫妇"，你会到越国做生意吗？

（四）重大事件

重大事件包括但不限于重大活动（如奥运会、世界杯、国家进出口博览会等）、重大社会事件、重大经济事件、重大自然灾害（如地震）等。重大事件会使人们对某些产品产生大量需求，进而为创业者带来创业机会。

（五）个人特质

创业者的先前经验、创造性、个人认知、原生家庭、社会网络等个人因素也能驱使其创业。

三、创业机会的类型

根据创业机会的来源和特征，创业机会可以分成不同的类型。

（一）优势型创业机会

优势型创业又叫专业性创业，一般在行业内有一定的权威性，例如有专业优势的创作、专利、商标等知识产权的优势，别人很难复刻，甚至不能抄袭。拥有优势型创业机会的人，创业容易成功。

（二）资源型创业机会

具备一定资源的人能够更早地接触到创业机会。这些人一般有较广的人脉，掌握的信息也比别人多。资源型创业机会为创业起步提供了好时机，但资源的可持续时间的长短不一，现有资源的规模大小不同，信息差距较大。

（三）风口型创业机会

风口型创业机会一般是指新兴事物，如公众号、自媒体、短视频、直播等。风口覆盖领域广，往往是创业者们的首选。风口型创业机会的风险也较大，有不少新兴事物很难把握，如果创业者们不能很好地定位，可能会创业失败。

对于一般人来说，风口型创业机会较有吸引力，但风险较大，需要有锐利的眼光和独到的见解。

案例 4-3

在“银”中掘“金”，银发经济或成经济发展新亮点

所谓“银发经济”，是指围绕老年人群体展开的一系列产品与服务行为。2023年底，我国明确提出要发展银发经济。2024 年 1 月出台的《关于发展银发经济增进老年人福祉的意见》是中国首部银发经济政策，养老金融产品、旅居养老、智慧健康养老、抗衰老产业进入决策层视野。

人口老龄化趋势加剧，催生了相当规模的银发经济。目前，中国是世界上老年人口规模最大的国家，60 岁以上人口近 3 亿，预计到 2035 年将突破 4 亿，占全国总人口的三分之一。据测算，2023 年中国银发经济规模在 7 万亿元左右，占经济总量比重约 6%。预计到 2035 年，银发经济规模占比将提升到 10%，形成 30 万亿级市场规模。

当下，银发经济不仅是长周期的增长点，同时也是重要的服务型制造行业延伸和提升企业产品价值链。以广东省为例，深圳市打造了首个老龄智慧科技产业园，首届深圳国际智慧养老产业博览会促成意向交易及投融资额超 7 亿元；东莞发挥自身制造业优势，选取松湖智谷产业园、数字谷产业园试点智能康复辅具生产。

“发展银发经济契合我区从传统制造向智能制造转型的发展策略，有助于推动优势产业向上下游延展。”广州开发区政策研究室副主任熊卫国表示，争取通过 3 年时间，集聚银发经济企业超 1000 家，实现产业规模破千亿元。银发经济正在成为我国经济发展新亮点。

资料来源：张熹珑．广州黄埔猛攻银发经济．（2024-03-19）[2024-03-30]. https://k.sina.com.cn/article_6192937794_17120bb4202002655u.html.

头脑风暴

你觉得身边有哪些潜在的创业风口？和同学们分享一下吧！

（四）问题型创业机会

这种创业主要是帮助客户解决问题，这样的创业相对比较靠谱。往往某些领域长期存在的问题和痛点不容易找到答案，为了解决这些问题，创业机会就出现了。问题型创业机会适合有自己专长领域、有一定专业基础的创业者，可以形成自己的创业优势。

（五）模仿型创业机会

模仿别人的技术，优化产品，降低成本，形成竞争力，或者利用自己已有的用户群。模仿学习并不是一件可耻的事情，相反地，模仿创新具有积极跟随性、市场开拓性、学习积累性和中间聚积性等特征。

模仿创新省去了新技术探索性开发的大量早期投入和新市场开发建设的大量风险投入，因而能够集中力量在创新链的中游环节投入较多的人力和物力，使得创新链上的资源分布向中部聚积。这样一方面保证了模仿创新企业并不丰富的创新资源的集中利用，另一方面保证了在工艺改进、质量控制、成本控制、大批量生产管理等方面形成强势技术积累，造就了模仿创新竞争力的又一重要根基。

创新是企业持续发展的根本所在，而中小企业因其经营环境及自身能力的制约，常常陷入需要创新以推进企业发展却又难以承担创新风险与投入的两难困境。因此，模仿创新是中小企业创新模式的一种理性选择。

小试牛刀

请同学们打开活动手卡 9，练练手吧！

任务二　评估创业机会

有价值的创业机会必须具备吸引力、持久性、时效性和可行性的特征，并且这个机会涉及的产品或服务能够为用户带来一定的价值。有研究披露，以创业后企业坚持存活 10 年以上为估算标准，目前中国的个人创业成功率不高于 1%。创业者如果盲目选择创业，可谓“百死一生”。因此，正确评估和把握创业机会就显得至关重要。

如何评估创业机会？建议创业者可以参考以下几个维度进行考量。

一、外在吸引——市场吸引力评估

毋庸置疑，创业项目的价值由市场说了算。到底有没有市场吸引力是评估创业项目好坏的关键标准。项目的市场需求如何？规模大不大？发展空间和盈利潜力怎么样？有无竞争对手？有多大的议价能力和话语权？这些问题都属于项目的市场吸引力范畴。

（一）市场规模评估

市场规模的大小是影响创业成败的重要因素，也是投资人考量的核心因素之一。市场前景广阔能够给投资人大胆想象的空间，使之更容易脱颖而出。

案例 4-4

中式零食："走出去"步伐加快"站稳脚"标准先行

"当前，中国休闲零食行业市场规模巨大，增长空间巨大，支持中式零食高质量发展正当其时。"近日，全国人大代表、盐津铺子董事长张学武提出关于推动中式零食行业做大做强、支持中式零食高质量发展、培育全球消费者领导品牌等建议。

近年来，我国零食市场规模一直呈稳定增长态势。中商产业研究院发布的《2022—2027年中国零食行业深度分析及发展趋势预测报告》显示，2022年中国零食行业的市场规模达到8 437亿元，近5年年均复合增长率为4.24%。预计2024年中国零食行业市场规模将达到10 093亿元。

一、中式零食走向海外市场

伴随全球经济复苏和政策逐步放开，"出海"成为中式零食追逐的新目标。例如，洽洽食品在2019年开始实施全球化战略，于全球多地投产建厂，目前产品远销欧美、东南亚50余个国家和地区；2023年，卫龙专门成立海外事业发展中心；三只松鼠已有上百款产品进入美国、马来西亚、泰国、新加坡等市场，在多个主流跨境电商平台上建立了品牌旗舰店；良品铺子已在20个国家和地区布局销售网点……

其中，不少零食品牌已经试水成功，实现海外市场的收入规模增长。洽洽食品2023年第三季度财报数据显示，海外市场收入增长超过10%，目前海外市场收入占公司总营收的10%左右；2023年，卫龙的海外收入规模显著增长；2023年前三季度，劲仔食品的海外市场营收保持约50%的增长，出口国家数量也在增加。

"味道是中式零食'出海'的关键抓手。"2024年，在美国最大的连锁会员制仓储量贩店开市客（Costco），一批徐福记经典年货产品酥心糖桶、牛轧糖桶成功上架。据介绍，徐福记在东南亚市场的营收也取得了明显增长，糖果及年货产品在马来西亚本地连锁超市Lotus's和Aeon均有上架，橡皮糖在越南大受欢迎。

二、标准需进一步接轨

在业内看来，拓展海外市场有利于中式零食品牌可持续地发展，但同时也需要看到，中式零食企业"出海"还面临着其他挑战，如国内外零食的标准、原材料、供应链、消费习惯等方面不同，须从企业端、政策端等多方面发力。

中国食品产业分析师朱丹蓬认为，当前中式零食"出海"的困难主要是在国内外产品标准不适配的问题上。"有很多中式零食的标准可能不适合也不匹配欧盟、美国、日韩的标准，零食品牌真正步入规范化、专业化、品牌化、规模化发展之路，才能更好地走向海外市场。"朱丹蓬举例说明，现在国内坚果类零食产品多是采购于世界各地的食材，但像蜜饯这类具有我国特色的产品，就存在着我国标准与海外标准难以匹配的问题。

"美味虽无国界，但长期以来中国美食因标准化程度不高，走出国门并不容易。"张学武认为，中式零食已具备较高标准化程度，加之消费场景的碎片化、丰富化和普世化，最有机会打破这种格局。因此，他建议相关企业积极参与国际标准的制定与修订，推动中式零食标准与国际先进标准接轨，并在中国文化传播中积极推介中式零食；探索供应链“出海”，支持有实力的企业加大对核心原材料的掌握，在全球原料产地布局生产基地，并通过并购、合资等方式扩充品类，推进在地化改造及营销，培育全球消费者领导品牌。

资料来源：贾润梅．中式零食：“走出去”步伐加快“站稳脚”标准先行．(2024-03-15)[2024-03-20].https://www.cqn.com.cn/zt/content/2024-03/15/content_9036843.htm.

（二）市场结构评估

市场规模并不是判断创业机会价值的唯一标准。如果某个项目的市场规模可观，但是所处的行业已经呈现出竞争激烈的红海状态，那么对其市场结构需要进行全方位的综合评估。这里可以借助迈克尔·波特的五力分析模型。这五力分别是：行业竞争者现有的竞争程度、供应商的议价能力、消费者的议价能力、潜在竞争者进入的威胁、替代产品或服务的威胁。波特五力模型属于战略分析层面的工具，可以有效评估创业项目的竞争环境，如图 4-2 所示。

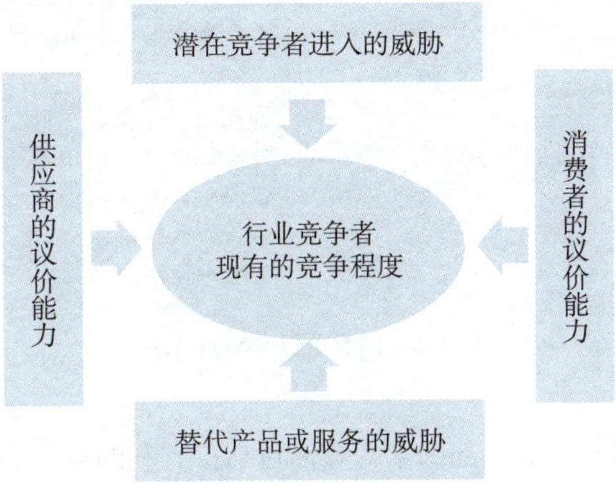

图 4-2　波特五力模型

行业竞争者现有的竞争程度：目前有多少人在做这个项目？他们实力如何？是否形成了一定的竞争结构？

供应商的议价能力：项目需要哪些原材料作为支撑？供应商的实力如何？在交易中拥有多大的话语权？

消费者的议价能力：消费者的购买能力能否支撑你推出的产品或服务？在交易中是否占主导权？

潜在竞争者进入的威胁：还有多少人在盯着你这个项目？这些窥视者中是否有实力雄厚的企业？项目的专业 / 资金 / 技术壁垒高不高？

替代产品或服务的威胁：市面上有没有能够替代你的项目的产品或服务？它们能够在多大程度上对你的项目形成替代？

（三）商机持续时间评估

不同的商机的持续时间各不相同，有的转瞬即逝，有的则会持续相当长的时间。如共享经济概念在我国兴起，从共享交通工具到共享衣柜、医疗资源等，方兴未艾。一般而言，商机的持续时间主要体现在机会之窗的总体大小和机会之窗已经打开的时间长短上。

二、内在考量——SWOT 分析

筛选创业项目时，不能一味追求“高大上”的项目，还要考虑匹配性问题，即我们手上已有多少资源，还可以调动多少资源。资源不匹配时不如转做可以驾驭的“小而美”的项目。我们可以用 SWOT 分析方法，来帮助自己明确项目池中各个项目和自身的契合度。

（一）什么是 SWOT 分析

SWOT 分析方法于 20 世纪 80 年代初由美国旧金山大学管理学教授韦里克提出，其中 S（Strengths）代表优势、W（Weaknesses）代表劣势、O（Opportunities）代表机会、T（Threats）代表威胁。按照企业竞争战略的完整概念，战略应是一个企业“能够做的”（即组织的优势和劣势）和“可能做的”（即环境的机会和威胁）之间的有机组合，如图 4-3 所示。

优势（Strengths） 与竞争对手相比，企业具有的“长处” • 人力资源优势 • 创业经验 • 技术资源等	劣势（Weaknesses） 与竞争对手相比，企业存在的“短处” • 创业资金相对不足 • 产品经验相对不足 • 管理经验欠缺等
机会（Opportunities） 外部环境变化给企业带来的发展机遇 • 产业风 • 创业扶持政策 • 信贷政策宽松等	威胁（Threats） 外部环境变化使企业面临的风险和挑战 • 同类产品的出现 • 恶意竞争的影响 • 管理风险等

图 4-3　创业项目 SWOT 分析

具体来说：

S（优势），是组织机构的内部因素，具体包括：有利的竞争态势；充足的财政来源；良好的企业形象；技术力量；规模经济；产品质量；市场份额；成本优势；广告攻势等。

W（劣势），也是组织机构的内部因素，具体包括：设备老化；管理混乱；缺少关键技术；研究开发落后；资金短缺；经营不善；产品积压；竞争力差等。

O（机会），是组织机构的外部因素，具体包括：新产品；新市场；新需求；外国市场壁垒解除；竞争对手失误等。

T（威胁），也是组织机构的外部因素，具体包括：新的竞争对手；替代产品增多；市场紧缩；行业政策变化；经济衰退；客户偏好改变；突发事件等。

（二）创业项目的 SWOT 策略组合

SWOT 分析方法的优点在于考虑问题全面，是一种系统思维，而且可以把对问题的“诊断”和“开处方”紧密结合在一起，条理清楚，便于检验。把 S、W 与 O、T 进行两两组合，可以分别得到 S-O 策略、S-T 策略、W-O 策略、W-T 策略，如图 4-4 所示。

将结果在 SWOT 分析图上进行定位，可以帮助决策者理清思路，做出更加科学全面的判断。

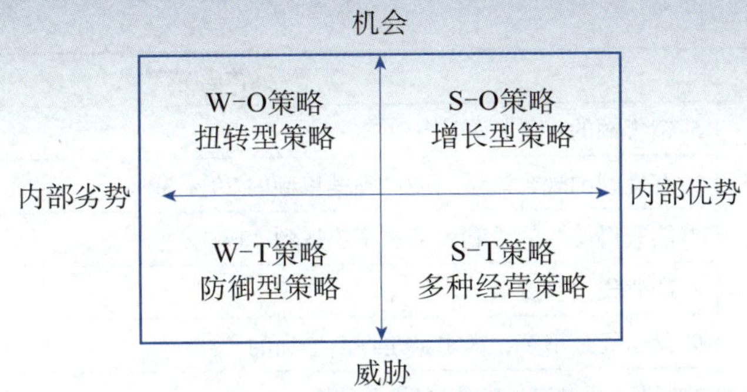

图 4-4　SWOT 策略组合

小试牛刀

请同学们打开活动手卡 10，练练手吧！

三、指标评价——蒂蒙斯创业机会评价体系

上述提到的波特五力模型和 SWOT 分析均为定性评价工具，除定性工具外，蒂蒙斯（Timmons）教授总结出一个包括 8 大项、53 分项的创业机会评价体系。该体系采用量化评价方式，分别从行业与市场、经济因素、收获条件、竞争优势、管理团队、创业者个人标准、理想与现实的战略性差异、致命缺陷等方面对创业机会做出评价，具体如表 4-1 所示。

表 4-1　蒂蒙斯创业机会评价体系

指标类别	具体含义
行业与市场	1. 市场可以识别，可以带来持续收入
	2. 顾客可以接受产品或服务，愿意为此付费
	3. 产品的附加价值高
	4. 产品对市场的影响力大
	5. 将要开发的产品生命长久
	6. 项目所在的产业是新兴产业，竞争不激烈
	7. 市场规模大，销售额潜力达到 1000 万 ~10 亿美元
	8. 市场成长率在 30%~50%，甚至更高
	9. 现有厂商的生产能力几乎完全饱和
	10. 在 5 年内能占据市场的主导地位，占有率达到 20% 以上
	11. 拥有低成本的供应商，具有成本优势
经济因素	1. 达到盈亏平衡点的时间为 1.5~2 年，甚至更短
	2. 盈亏平衡点不会逐渐提高
	3. 投资回报率在 25% 以上
	4. 项目对资金的要求不是很高，能够获得融资

续表

指标类别	具体含义
经济因素	5. 销售额的年增长率高于 15%
	6. 有良好的现金流量，能占到销售额的 20%~30%
	7. 能获得持久的毛利，毛利率要达到 40% 以上
	8. 产业集中程度低
	9. 营运资金不多，需求量是逐渐增加的
	10. 研究开发工作的资金需求不高
收获条件	1. 项目带来的附加价值具有较高的战略意义
	2. 存在现有的或可以预料的退出方式
	3． 资本市场环境有利，可以实现资本的流动
竞争优势	1． 固定成本和可变成本低
	2. 已经获得或可以获得对专利所有权的保护
	3. 竞争对手尚未觉醒，竞争力弱
	4. 拥有专利，具有某种独占性
	5. 拥有杰出的关键人员和管理团队
管理团队	1. 创业团队是一个优秀管理者的组合
	2. 行业和技术经验达到了本行业内的最高水平
	3. 管理团队的正直廉洁程度能达到最高水平
	4. 管理团队知道自己缺乏哪方面的知识
创业者个人标准	1. 个人目标与创业活动相符合
	2. 创业者可以做到在有限的风险下实现成功
	3. 创业者能承受薪水减少等损失
	4. 创业者渴望创业，喜欢这种生活方式，而不只是为了赚大钱
	5. 创业者可以承受适当的风险
	6. 创业者在压力下状态依然良好
理想与现实的战略性差异	1. 理想与现实情况相吻合
	2. 管理团队已经是最好的
	3. 在客户服务管理方面有良好的理念
	4. 所创办的事业适应时代潮流
	5. 采取的技术具有突破性，不存在许多替代品或竞争对手
	6. 具备灵活的适应能力，能快速地进行取舍
	7. 始终在寻找新的机会
	8. 定价与市场领导者几乎持平
	9. 能够获得销售渠道或已经拥有现成的网络
	10. 能够允许失败
致命缺陷	不存在任何致命缺陷

创业者可以对蒂蒙斯创业机会评价体系进行适当简化，并设计成问卷，通过德尔菲法

对创业项目进行评价。

当然，蒂蒙斯创业机会评价体系是一种理想状态，它考虑到了创业活动的种种可能，为创业者做了全方位的提示，但现实生活中好的创业机会仍然需要我们“边做边完善”，而不是对照表格等待“完美机会”的出现。

任务三　防范创业风险

创业风险来自与创业活动有关的不确定因素。在创业过程中，创业者要投入大量的人力、物力和财力，要引入和采用各种新的生产要素与市场资源，要建立或者改革现有的组织结构、管理体制、业务流程、工作方法。在这一过程中必然会遇到各种意想不到的情况和各种困难，从而有可能使结果偏离创业的预期目标。

一、创业风险的来源

创业环境的不确定性，创业机会与创业企业的复杂性，创业者、创业团队与创业投资者的能力与实力的有限性，都是创业风险的根本来源。研究表明，创业的过程往往是将某一构想或技术转化为具体的产品或服务的过程，在这一过程中，存在着几个基本的、相互联系的缺口，它们是上述不确定性、复杂性和有限性的主要来源，也就是说，创业风险在给定的宏观条件下，往往就直接来源于这些缺口。

（一）融资缺口

投资资金能将概念转化为有市场的产品原型（这种产品原型有令人满意的性能，创业者对其生产成本有足够的了解，并且能够识别其是否有足够的市场）。创业者可以证明其构想的可行性，但往往没有足够的资金将其实现商品化，从而给创业带来一定的风险。通常，只有极少数风险基金或投资基金愿意鼓励创业者跨越这个缺口。

（二）研究缺口

研究缺口主要存在于仅凭个人兴趣所做的研究判断和基于市场潜力的商业判断之间。当一个创业者最初证明一个特定的科学突破或技术突破可能成为商业产品基础时，他仅仅停留在自己满意的论证程度上。然而，这种程度的论证后来不可行了，在将预想的产品真正转化为商业化产品（大量生产的产品）的过程中，即产生有效的性能、低廉的成本和高质量的产品，或者在能从市场竞争中生存下来的过程中，需要大量复杂、耗资巨大的研究工作（有时需要几年时间），从而形成创业风险。

（三）信息和信任缺口

信息和信任缺口存在于技术专家和管理者（投资者）之间。也就是说，在创业中，存在两种不同类型的人：一是技术专家；二是管理者（投资者）。这两种人接受不同的教育，对创业有不同的预期、信息来源和表达方式。技术专家知道哪些内容在科学上是有价值的，哪些内容在技术层上是可行的，哪些内容根本就是无法实现的。在失败类案例中，技术专家要承担的风险一般表现为在学术、声誉上受到影响，以及没有金钱回报。管理者（投资者）通常比较了解将新产品引进市场的程序，但当涉及具体项目的技术部分时，他们不得不相信技术专家，可以说管理者（投资者）一般是在拿别人的钱冒险。如果技术专家和管理者（投资者）不能充分信任对方，或者不能够进行有效的交流，那么信息和信任缺口将会变得更深，带来的风险更大。

（四）资源缺口

资源与创业者之间的关系就如颜料和画笔与艺术家之间的关系。没有了颜料和画笔，艺术家即使有了构思也无从实现。创业也是如此。没有所需的资源，创业者将一筹莫展，创业也就无从谈起。在大多数情况下，创业者不一定也不可能拥有所需的全部资源，这就形成了资源缺口。如果创业者没有能力弥补相应的资源缺口，要么创业无法起步，要么在创业中受制于人。

（五）管理缺口

管理缺口是指创业者并不一定是出色的企业家，不一定具备出色的管理才能。创业活动主要有两种：一种是创业者利用某一新技术进行创业，他可能是技术方面的专业人才，但却不一定具备专业的管理才能，从而形成管理缺口；另一种是创业者往往有某种“奇思妙想”，可能是新的商业点子，但在战略规划上不具备出色的才能，或不擅长管理具体的事务，从而形成管理缺口。

案例 4-5

大学生高调开公司　9 天宣告“破产”

23 岁的舒某从西安某大学电子信息专业毕业，和许多毕业生一样开始找工作。通过家人介绍，舒某来到一家事业单位。他认为自己只是做基础性的工作，不能很好地施展拳脚，于是选择了辞职。

一次偶然的机会，舒某见有人销售一种不用电池的环保手电，他如获至宝，赶紧和厂家联系要求代理该产品，在他再三恳求下，对方答应一次进货 3 万元以上便授权他做陕西总代理。

有了自己的想法，舒某召集了 7 位有意愿的同学和朋友合伙干，他多方筹集了 4 万多元，其中有 2.5 万元是承诺一个月后还 4 万元的高利贷，其他人共拿出两万多元。公司主营域名注册、网站建设开发等项目，并做环保防水手电陕西总代理的业务。

为了取得政府网站的一个招标项目，舒某急于注册公司，在他去工商局咨询的路上，刚好碰到有人在发宣传单，并称只要出 1 万元即可代办注册公司，注册资本想要多少都行。于是，舒某付了对方 5 000 元订金，开始正式筹备自己的公司，可几天后对方的电话就打不通了。

舒某租了办公室，添置了 2 000 多元的工艺品，以及办公桌椅、打印机、传真机、笔记本电脑等办公用品。有媒体记者鼓动舒某做广告，他未听朋友的劝阻，投入了 2 000 元的广告费。

公司的准备工作还没有完全结束，借款人提前催款，并搬走了他大部分办公用品。他求助银行贷款，但因没有资产抵押及担保而被拒绝。结果，公司开业（事实上并未成功注册）9 天后因资不抵债宣告“破产”。

二、创业风险的防范

（一）系统性风险

系统性风险是由全局性的共同因素引起的，创业者或者创业企业本身对其控制不了或者无法施加影响，并难以采取有效措施予以消除。对于系统性风险，创业者可以从以下几个方面做好风险防范。

1. 充分调研，谨慎上马

投资创业不能意气用事，必须做好充分的市场调查，对项目前景认真分析，在多次论证确实无误的基础上谨慎上马。创业者首先应充分了解创业环境，对创业环境进行合理评估，通过层层细化、逐级分析来熟悉创业的宏观环境和微观环境，以求准确、深入地理解创业过程中可能遇到的系统性风险。

2. 未雨绸缪，制定预案

对创业项目进行充分论证后，对于创业后出现的风险要有正确的评估和心理准备，对于可能出现的问题要有应对措施。一旦出现不利局面，才有可能从容面对。

3. 加强内部控制，打铁还需自身硬

创业伊始必须重视制度建设，加强创业团队内部控制，完善各项制度，防范员工、资金、流程等内部原因造成的风险。

（二）非系统性风险

非系统性风险是由特定的创业者或创业企业自身因素引起的，属于个性化风险。因此，创业者可以在某种程度上对其进行控制，通过一定的手段予以防范和分散。

1. “人”的风险的防范

人是创业过程中最复杂多变的因素，创业者本身的性格和能力是影响创业结局的关键因素。因此，创业者应该不断充实自己，有针对性地进行自我性格完善，使自己的知识和能力与创业活动相匹配。创业不是“单打独斗”，而是需要团队的配合与支持。创业者可以通过沟通、协调、激励、目标管理等多种手段管理团队，形成良好的组织文化氛围和企业文化，使关键核心队伍保持稳定。

2. 技术风险的防范

经验表明，技术是提升项目壁垒的最有效因素，技术创新能够给创业者带来丰厚的回报，但掌控不当也可能使创业者颗粒无收。面对可能出现的技术风险，可以通过以下几个方面进行防范和管理：第一，加强对技术创新方案的可行性论证，减少技术开发与技术选择的盲目性，并在企业中建立专利信息管理制度，预防技术风险；第二，组建技术联合研发小组或创新联盟，以“自研”和“授权”相结合的方式，弱化技术垄断的风险；第三，高度重视专利申请、关键技术标准申请等保护性措施的采用，通过聘用有经验的专业技术人员或法律顾问的方式，降低损失发生的可能性。

3. “钱”的风险的防范

筹资困难和资本结构不合理是很多创业企业明显的财务特征和财务风险来源。有效规避财务风险需做到以下几点：第一，对项目所需资金进行合理估计，筹资金额要准确；第二，现金规划要细致，企业每个月的现金收入与支出记录情况要非常细致，不能出现大额的“其他”项目；第三，资本结构要合理，资产负债率控制在40%～60%，科学管理现金流，避免现金流断裂出现的财务拮据甚至破产；第四，扩张节奏要合理，不要盲目扩张；第五，重视创业者自身和创业企业的信用记录，诚信经营。

4. 环境风险的防范

创业者要正视创业环境的动态变化，在平时工作和生活中养成时时关注各界新闻的习惯，不断更新关于政府政策、行业动态、商界资讯、社会新闻、科技发展等各个领域的信息，让自己时刻处于时代的“风口浪尖”。

三、大学生创业可能存在的认知误区

大学生作为青年群体中的优秀代表，有丰富的知识储备和火热的激情，但由于社会经验、阅历等方面的匮乏，大学生创业存在很多的风险和误区。

（一）盲目选择项目

很多大学生创业时仅凭兴趣和想象就确定了创业的方向和具体的项目，有些项目只是课堂讨论的结果或者突发奇想，仅凭一时心血来潮，缺乏前期市场调研和论证。如果并不清楚自己的能量在哪里，可以借助图 4-5 所示的三度交集法则来筛选创业项目。三度交集法考虑的是兴趣度、擅长度和财富度。兴趣度考虑的是创业者感兴趣的事物，“擅长度”考虑的是创业者擅长的事务，“财富度”考虑的是项目蕴含的商业价值，三者的交集就是创业者的优势能量领域。

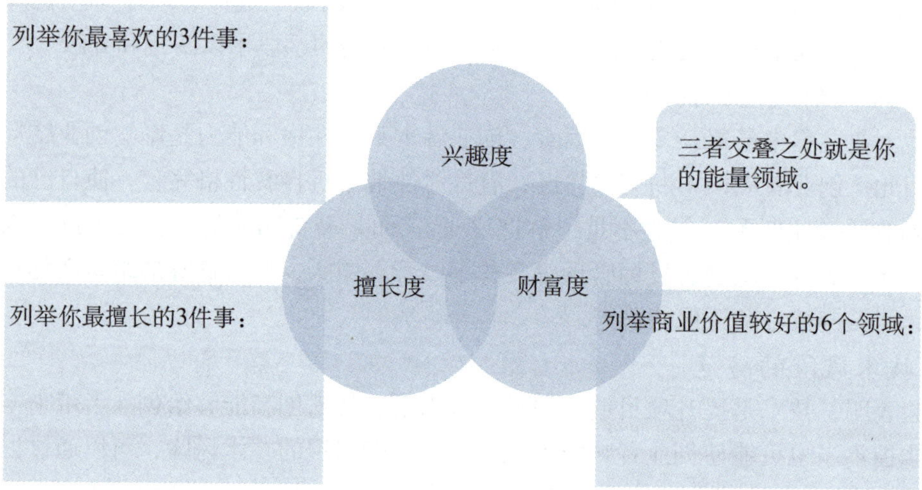

图 4-5　三度交集法则筛选创业项目

（二）缺乏创业技能

很多大学生创业者眼高手低，当创业计划转变为实际操作时，才发现自己根本不具备解决问题的能力，这样的创业无异于纸上谈兵。一方面，大学生应去企业打工或实习，积累相关的管理和营销经验；另一方面，积极参加创业培训，积累创业知识，接受专业指导，提高创业成功率。

（三）资金风险

资金风险在创业初期会一直伴随在创业者的左右。是否有足够的资金创办企业是创业者遇到的第一个问题。企业创办起来后，就必须考虑是否有足够的资金支持企业的日常运作。对于初创企业来说，连续几个月入不敷出或者现金流中断，都会给企业带来极大的威胁。相当多的企业会在创办初期因资金紧缺而严重影响业务的拓展，甚至错失商机而不得不“关门”。

另外，如果没有广阔的融资渠道，创业计划只能是一纸空谈。除银行贷款、自筹资金、民间借贷等传统方式外，还可以充分利用风险投资、创业基金等融资渠道。

（四）社会资源贫乏

企业创建、市场开拓、产品推介等工作都需要调动社会资源，大学生创业者在这方面会感到非常吃力。平时应多参加各种社会实践活动，扩大自己人际交往的范围。创业前，可以先到相关行业领域工作一段时间，通过这个平台，为自己日后的创业积累人脉。

（五）管理风险

一些大学生创业者虽然技术出类拔萃，但理财、营销、沟通、管理方面的能力普遍不足。要想创业成功，大学生创业者必须技术、经营两手抓，可从合伙创业、家庭创业或虚拟店铺开始，锻炼创业能力，也可以聘用职业经理人负责企业的日常运作。

创业失败者，基本上都是管理方面出了问题，其中包括：决策随意、信息不通、理念不清、患得患失、用人不当、忽视创新、急功近利、盲目跟风、意志薄弱等。特别是大学生知识单一、经验不足、资金实力和心理素质明显不足，更会增加管理上的风险。

（六）竞争风险

寻找蓝海是创业的良好开端，但并非所有的新创企业都能找到蓝海。更何况，蓝海也只是暂时的，所以，竞争是必然的。如何面对竞争是每个企业都要随时考虑的事，新创企业更是如此。如果创业者选择的行业是一个竞争非常激烈的领域，那么在创业之初极有可能受到同行的排挤。一些大企业为了把小企业吞并或挤垮，常会采用低价销售的手段。对于大企业来说，由于规模效益或实力雄厚，短时间的降价并不会对它造成致命的伤害，而新创企业则可能有彻底毁灭的危险。因此，考虑好如何应对来自同行的残酷竞争是创业企业生存的必要准备。

（七）团队分歧的风险

现代企业越来越重视团队的力量。创业企业在诞生或成长过程中最主要的力量来源一般都是创业团队，一个优秀的创业团队能使创业企业迅速地发展起来。但与此同时，风险也蕴含其中，团队的力量越大，产生的风险也就越大。一旦创业团队的核心成员在某些问题上产生分歧不能达到统一时，极有可能对企业造成强烈的冲击。事实上，做好团队的协作并非易事，特别是与股权、利益相关联时，很多初创时很好的伙伴也会闹得不欢而散。

（八）核心竞争力缺乏的风险

对于具有长远发展目标的创业者来说，他们的目标是不断地发展壮大企业，因此，企业具有自己的核心竞争力就很关键。一个依赖别人的产品或市场打天下的企业是永远不会成长为优秀企业的。核心竞争力在创业之初可能不是最重要的因素，但要谋求长远的发展，就是最不可忽视的问题。没有核心竞争力的企业终究会被淘汰出局。

（九）人力资源流失风险

一些研发、生产或经营性企业需要面向市场，大量的高素质专业人才或业务队伍是这类企业成长的重要基础。防止专业人才及业务骨干流失应当是创业者时刻注意的问题，在那些依靠某种技术或专利创业的企业中，拥有或掌握这一关键技术或专利的业务骨干的流失是最主要的风险源。

（十）意识上的风险

意识上的风险是创业团队最内在的风险。这种风险无形，却有强大的毁灭力。风险性较大的意识有投机心态、侥幸心理、试试看的心态、过分依赖他人、回本的心理等。

特别提醒，大学生创业过程中所遇到风险并不只是以上这些。在企业发展过程中，随时都可能遇到各种风险。保持积极的心态，多学习，多汲取优秀经验，结合大学生既有的特长优势，我们相信，大学生创业的脚步会越走越远、越走越稳。

知识链接

短视频教“创业”，小心陷阱

短视频博主依托流量走红，是网络信息技术飞速发展的时代特征之一。做一名“博主”，成为不少年轻人甚至在校大学生就业求职的方向。然而，当大学生憧憬着“上学赚钱两不误”“轻轻松松月入数万元”时，不法分子也开始钻起空子，打着“教”大学生创业的名义实施传销、诈骗等犯罪行为。最近一则新闻就揭露了这样的“短视频造富”骗局，大学生被所谓的短视频创业导师忽悠，不断拉人头付费加盟“流量王”创业项目，陷入传销陷阱而不自知。

其实，在各大短视频平台上搜索“校园创业”就不难发现，类似“流量王”这样的项目账号不在少数，而且阅读量很高。在自媒体时代，人们“在线”时间变长了。作为短视频高频用户的在校大学生，被各类短视频“年入百万”创业项目的广告所吸引，他们中有的希望增加收入减轻家庭负担，有的想当“网红”实现经济自由。

短视频创业骗局为何会套住那么多人？一方面，身处象牙塔的大学生获取信息渠道太过单一，加上近年来网红经济走红后，利用“流量”暴富的网红成为不少人艳羡的对象；另一方面，尽管这几年短视频平台都在加大可疑账号的监管，但网络传销本身更具有隐蔽性、裂变性，较难被甄别。

鼓励大学生创新创业并不是坏事，学生愿意尝试更是好事，不能因噎废食。要避免大学生陷入类似的“创业造富”骗局，政府、学校、企业应多方协力。学校在鼓励创新创业的同时，要做好科学有效的引导，尤其是引导大学生树立正确的“财富观”“风险观”，不要不切实际地追求“年入百万”的财富神话，提高大学生创业的风险意识。政府部门要推动法律的完善、奖惩机制的建设，让执法部门有法可依。短视频、社交电商平台等要保有“科技向善”的良知，协助相关部门把好网络传销活动的“源头关”，通过数据筛选、人工审核等技术手段，及时探测到可疑账号，防患于未然。

资料来源：马丹．短视频教“创业”？小心陷阱！．(2022-05-12) [2024-03-19]. http://news.xinmin.cn/2022/05/12/32164572.html.

项目自测

一、单选题

1. 创业过程的起点是（　　）。

A. 创业者　　B. 创业资源　　C. 商机　　D. 创业环境

2. 由于三孩政策的放开，不少乘用车企业开始注重研发七座的家庭用车，这属于（　　）带来的商机。

A. 技术变革　　B. 解决问题　　C. 社会和人口结构　　D. 个性驱使

3. 创业机会存在于一定的时空范围内，产生创业机会的客观条件产生变化，创业机会就会相应地消逝和流失，这体现了创业机会的（　　）。

A. 普遍性　　B. 偶然性　　C. 消逝性　　D. 营利性

4. 请使用 SWOT 分析法进行战略选择：某创业型物流公司缺乏自有资金，在信贷收紧背景下，缩减质押物种类、控制物流金融业务规模，属于（　　）。

A.S-O 战略　　B. W-O 战略　　C. S-T 战略　　D. W-T 战略

二、多选题

1. SWOT 分析是指综合评估项目的（　　）。

A. 优势　　B. 劣势　　C. 机会　　D. 威胁

E. 盈利

2. 评估创业机会的市场吸引力，可以从评价（　　）方面进行。

A. 市场规模　　B. 市场结构　　C. 筹资能力　　D. 商机持续时间

E. 拥有的专利和发明情况

3. 创业机会可以分为（　　）类型。

A. 优势型创业机会　　B. 资源型的创业机会

C. 风口型的创业机会　　D. 问题型的创业机会

E. 模仿型创业机会

三、判断题

1. 创业是一项高风险的活动，必须等到完美创业机会出现才能行动。（　　）

2. 资源的存量需求越大，对创业者而言越有利。（　　）

3. 在创业过程中，要科学管理现金流，资产负债率最好控制在 40%～60%。（　　）

4. 创业活动由创业机会激活并受其驱动，创业机会是创业过程的核心。（　　）

四、简答题

1. 请阐述创业机会的主要来源。

2. 请简要阐释波特五力模型。

复盘反思

1. 知识盘点：通过对本项目的学习，你掌握了哪些与创业机会相关的知识？请画出思维导图。

2. 方法提炼：在完成本项目学习和实训的过程中，你学会了哪些评估创业商机的方法和工具？

3. 行动影响：在完成本项目学习和实训的过程中，你认为自己还有哪些地方需要改进？

项目五

组建创业团队

项目目标

知识目标

1. 了解并挖掘创业者应该具备的素质。
2. 掌握创业团队组建的方法。
3. 掌握创业团队维系的方法。

能力目标

1. 能够正确认识自身职业性格与特质。
2. 能够有意识地组建创业团队。
3. 能够开展核心团队建设和维系工作。

素养目标

1. 培养敢于挑战、勇于创新、百折不挠的创业者素质。
2. 培养团队合作精神和协作能力，积极向上，勇担责任。
3. 培养对他人、集体、社会和国家的责任意识和信念，将创新创业活动与祖国需要和中国梦相结合。

思维导图

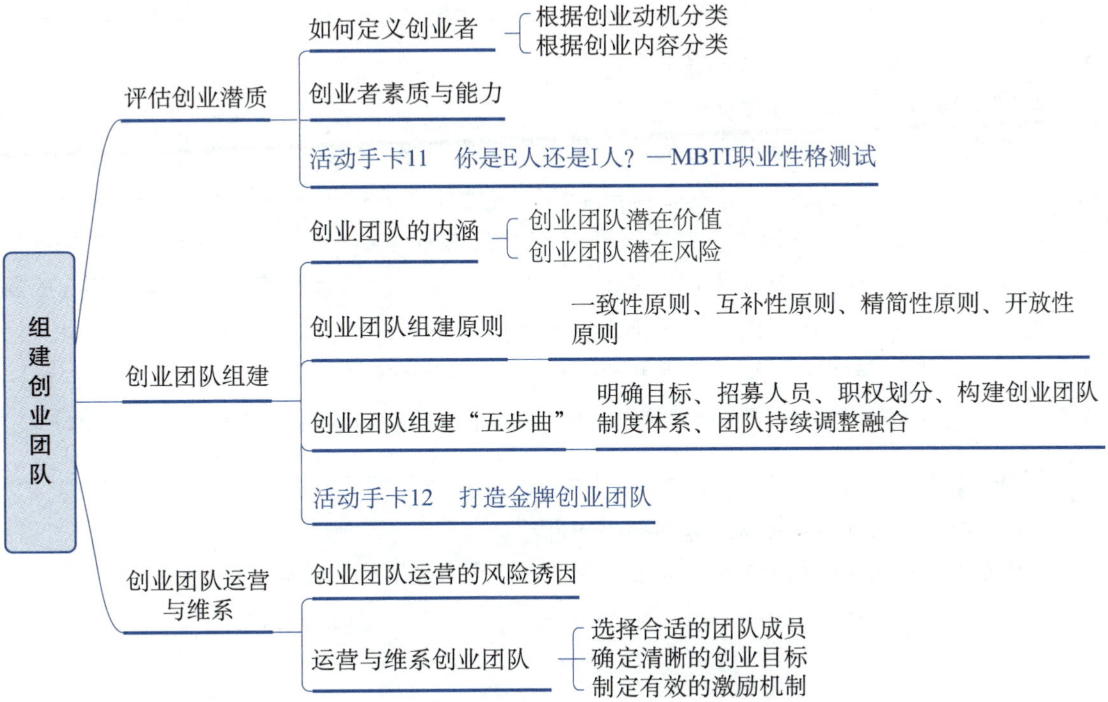

项目导入

谁在让字节跳动

字节跳动的创业故事是一部充满创新、坚持与成长的传奇。

1. 创业初期，千方百计“挖人”

创业初期，字节跳动公司面临诸多挑战，招人特别难。为了吸引优秀人才，团队尝试了多种独特的招聘渠道。他们参照 ACM 论文发表列表，寻找匹配的“算法工程师”；在 Github 上搜索公司所有工程师的关注列表，不放过任何一个潜在的“牛人”。此外，好公司创始人更是不放过任何一个可能的场合，他每天出门“戴”两副眼镜，“一副眼镜用来看人，一副眼镜用来看岗位”，判断人的特质及岗位需要什么样的人，甚至连参加婚礼也不忘物色人才。办公室选址更是以方便招人为第一优先级，选在了北京高校云集的知春路。

2. 小步快跑推广策略

在产品方面，字节跳动最初在两个星期内发布了 12 个产品进行试水，最终发现今日头条这款产品具有较大潜力，于是集中力量进行打造。公司创始人等敏锐地察觉到了信息爆炸时代人们获取有价值信息的痛点，提出了通过推荐算法来帮助用户快速获取感兴趣内容的开拓性思路。为了实现这一目标，他们亲自学习相关知识，在网上找资料并敲出了今日头条第一版的推荐算法。

随着今日头条的发展，字节跳动不断壮大。团队迅速扩张，办公地点也从锦秋家园搬到了盈都大厦，之后又搬到了更大的中航广场。在发展过程中，字节跳动始终坚持创新，不断探索新的业务领域和机会。

3. 贴近用户，精益求精

2016 年 9 月，抖音上线，其对产品细节有极高的要求。例如，在刚上线时，即使是两三百毫秒的声音和画面不同步的延迟，团队也决定要解决它，并且通过每周发布小版本迭代的方式不断优化产品。抖音运营团队还专门建立技术答疑群，与用户直接沟通，甚至邀请用户到办公室，以更好地了解用户需求和反馈。

4. 字节出海，产品风靡全球

字节跳动的国际化战略也非常成功。其海外产品 TikTok 多次登顶各大应用市场和全球社交媒体下载量排行榜榜首，在全球多个国家和地区都取得了优异的成绩。

如今，字节跳动已经成为一家在全球具有广泛影响力的公司，旗下拥有众多知名产品，如今日头条、抖音、西瓜视频、火山小视频、剪映、番茄读书等，业务覆盖 150 多个国家和地区。它的成功不仅源于创新的技术和产品理念，还得益于团队的拼搏精神、对用户需求的精准把握及不断探索和进取的态度。在发展过程中，字节跳动也面临着各种挑战和竞争，但其始终保持着“始终创业”的精神，不断推动自身的发展和行业的进步。

讨论

1. 请讨论创始人在创业团队中起到哪些作用？
2. 请思考创业团队一般分为哪些角色，是“人”更重要还是“项目”更重要？

任务一　评估创业潜质

创业者都是伟大的梦想家，他们以超乎常人的毅力奋战在创业道路上，敢于挑战，勇于创新，且百折不挠。如何定义创业者？创业者需要具备什么素质？

一、如何定义创业者

在日常生活中，许多人认为创业就是做生意、做买卖。学术上，众多专家学者给出了多种解释。创业者一词由法国经济学家坎蒂隆（Cantillon）于1755年首次引入经济学，当时用来描述“执行某个项目的人”。1800年，法国经济学家萨伊（Say）首次给出了创业者的定义，他将创业者描述为将经济资源从生产率较低的区域转移到生产率较高区域的人，并认为创业者是经济活动过程中的代理人。著名经济学家熊彼特（1934年）认为创业者应为创新者。美国经济学家斯蒂文·马里奥（Steve Mariotti）认为，创业者的界定应该与就业者对应。我们认为，创业是开创基业或事业，创业者是开创基业或事业的人。

创业与创业者

创业者能够发现机会，整合资源，将商业资源价值变为现实。现实中的创业者不是书面上冷冰的定义，他们怀揣梦想，在条件不具备的情况下整合资源，向着梦想不断追逐，是怀揣梦想的“疯子”。

根据不同的标准，创业者可以划分为不同的类型。

（一）根据创业动机分类

根据创业动机可以分为生存型创业者、变现型创业者、主动型创业者三类。其中，生存型创业者多为下岗工人、失去土地或因种种原因不愿留守乡村的农民，以及刚刚毕业找不到工作的大学生，这类创业者是数量最大的创业群体。变现型创业者一般是手中掌握了一定的资源，在机会适当的时候将过去的权利和市场关系变现，将无形资源变成有形的货币。主动型创业者大致可以分为两类：盲动型创业者和冷静型创业者，前者大多极为自信，做事冲动。这样的创业者很容易失败，可一旦成功，往往能成就一番大事业。冷静型创业者是创业者中的精英，往往谋定而后动，不打无准备之仗，他们或掌握资源，或拥有技术，一旦行动，成功的概率通常很高。

（二）根据创业内容分类

按照创业者切入的内容分类，创业者可以分为生产型创业者、管理型创业者、市场型创业者、科技型创业者和金融型创业者五种类型。其中生产型创业者与科技型创业者较为类似，都是依托产品进行创业，但科技型创业者往往与高校或者科研机构相关联，如北大方正、清华同方等，前身是校办企业或科研院所所办的企业。管理型创业者和市场型创业者往往专业知识并不十分精通，他们依托管理手段或市场机会进行创业。金融型创业者实际上是一种风险投资家，他们可以为创业项目发展提供资金、专业特长或者管理经验等，有些还参与企业的经营战略制定、资本运营或人力资源管理等。

二、创业者素质与能力

创业这条路有千难万险，失败的原因或许各不相同，但成功的创业者身上往往具备一些相似的素养与特质。了解和提炼这些特质，创业者可以反观自身，寻找差距，有意识地培养自己的创业素质与能力。其实，创业素质是一个综合性很强的概念，其内涵深刻丰富，而且具有广泛的外延，对其的界定也是见仁见智。本书提供几种观点供读者参考学习。

（一）拜格雷夫创业 10D 模型

管理专家 W.D. 拜格雷夫将创业者的素质和行为特征归为 10 个“D”：

Dream: 梦想　　Decisiveness: 果断

Doers: 实干　　Determination: 决心

Dedication: 奉献　　Devotion: 热爱、为之献身

Detail: 周详、全面　　Destiny: 命运

Dollar: 金钱　　Distribution: 分享、分配

（二）创业者最重要的 20 项素质与能力

20 世纪末，美国一家研究机构对数千名企业老板及高层管理人员进行调查，对创业者（企业家）最重要的 20 项素质与能力按重要程度进行了排序，如表 5-1 所示。

表 5-1　创业者（企业家）素质与能力排序

序号	素质与能力内容	序号	素质与能力内容
1	财务管理经验与能力	11	行业及技术知识
2	交流与人际关系能力	12	领导与管理能力
3	激励下属的能力	13	对下属选择及培养的能力
4	远见与洞察能力	14	与重要客户建立关系的能力
5	自我激励与自我突破	15	创造性
6	决策与计划能力	16	组织能力
7	市场营销能力	17	向下级授权能力
8	建立各种关系的能力	18	个人适应能力
9	人事管理水平	19	工作效率与时间管理能力
10	形成良好企业文化的能力	20	技术发展趋势预测能力

（三）大学生创业素质指标体系及权重

众多专家学者结合我国国情对创业者的素质和能力要求进行了深刻研究，如我国《科学投资》杂志在研究了国内上千例创业者案例后提出，中国成功创业者十大素质是：欲望、忍耐、眼界、明势、敏感、人脉、谋略、胆量、与他人分享的愿望、自我反省的能力。

西安交通大学张悦目、高山行等人对在校大学生进行创业素质抽样调查后，提出大学生创业的八种基本素质是：创业意识、冒险精神、创新意识、敬业精神、自制能力、管理意识、竞争意识和应变能力，并给出了对应的指标体系和权重，如表 5-2 所示。

表 5-2 大学生创业素质指标体系与权重

指标体系	创业意识	冒险精神	创新意识	敬业精神	自制能力	管理意识	竞争意识	应变能力
指标权重	19%	18%	16%	15%	9%	9%	8%	6%

知识链接

你适合创业吗

第一题：有一天，你接到三个邀请，但恰好都是在同一个周末的下午，请问你会参加哪个活动？

1. 中国的首富在某报告厅讲他成功的辉煌经历，听了让人热血沸腾；

2. 一个知名老板讲述一个几起几落的失败故事，不讲辉煌、专讲失败的经历；

3. 十多年未见的一群同学聚会，不能错过。

第二题：你付出了很多智慧和心血，为公司谈成了一笔又一笔生意，但很多同事对你很嫉妒，背后经常说你的坏话，并造谣说你拿了回扣等。

1. 一有机会你就跟人解释；

2. 有些沮丧；

3. 一笑了之；

4. 枪打出头的鸟，以后少卖力，跟大家一样。

第三题：由于工作中的应酬很多，你经常在外面的酒店用餐。你平时喜欢吃东北菜。一次，一个客户招待你，但他招待你的饭店你没来过，菜肴是贵州风味，你以前从没吃过。该饭店特色虽然是贵州菜，但也有东北菜。客户让每人点一个菜，你会点：

1. 平时最喜欢吃的东北菜；

2. 没吃过的贵州特色菜；

3. 请服务员随便推荐一个菜；

4. 犹犹豫豫，不知道点什么好，不愿自己点菜，最后让对方代劳，点什么吃什么不挑剔。

第四题：坐在你对面的一个同事，平时工作上很多方面需要他的配合。他很有才华，但是他不拘小节、性格孤僻不合群，单位组织集体活动他经常不参加。这次单位组织集体游玩活动，你是组织者之一。到了活动地点，大家有说有笑地三五成群地走，唯独他一个人溜边儿、没人搭理。看到这个情况，你会：

1. 既然是出来玩儿，怎么高兴怎么玩儿，不用管他；

2. 发动几位同事照顾一下他，带着他一起玩儿；

3. 心想：他让人扫兴，类似的活动他不来更好。

第五题：下班了，你正在公司加班。突然一个客户来到办公室又摔又嚷，情绪十分激动，而此时客户服务经理已经下班走了，公司领导也在外开会一天没回，公司里只有十几个跟你一样加班的同事。你会：

1. 拿起桌上的电话报警，让警察或者保安出面处理；

2. 公司分工很明确，不是自己部门的事不必多管；

3. 代表公司出面临时接待一下，周旋、处理、安抚客户。

测试结果分析，请扫右侧微课二维码。

你适合创业吗

小试牛刀

请同学们打开活动手卡 11，练练手吧！

任务二　创业团队组建

互联网时代下半场，信息大爆炸，竞争白热化，越来越多的经验表明：一个人单打独斗的创业时代早已是过去式，团队型创业企业的成长性远远高于独自创业型企业。

一、创业团队的内涵

创业团队是指创业初期（包括企业成立前和成立早期），由少数才能互补、责任共担、为共同目标而奋斗的创业者组成的团队。创业团队的基本作用包括制订商业计划、募集关键人力资源、筹措创业资本、创办公司等。

（一）创业团队潜在价值

创业团队的整体素质和实力直接决定了新创企业的发展潜力，甚至决定了新创企业能否成功。相对于个人而言，创业团队大多由不同背景和经历的成员组成，能够促进多元化思考，提高新创企业决策的科学性，同时分散风险，减轻压力。

（二）创业团队潜在风险

成熟的公司可以在既有的路径上扩大规模，但创业团队只能不断试错，小步快跑，快速迭代，才能活下来。巨大的生存和竞争压力，往往让创业团队显得特别“拧巴”，既要求团队成员具有共同的目标和相似的价值观，又强调成员的差异性；既要齐心协力、彼此信任，又需要通过合理的股权结构彼此牵制。管理学大师熊彼特在谈到创业团队时曾说：“你把大量的驿路马车或邮车连续相加，也决不能得到一条铁路。”因此，创业团队绝不是单个创业者的简单组合，创业团队想要收到“1+1>2”的效果，需要密切注意潜在风险，如个性压抑、角色冲突、目标扭曲等。

创业团队的潜在价值与风险如图 5-1 所示。

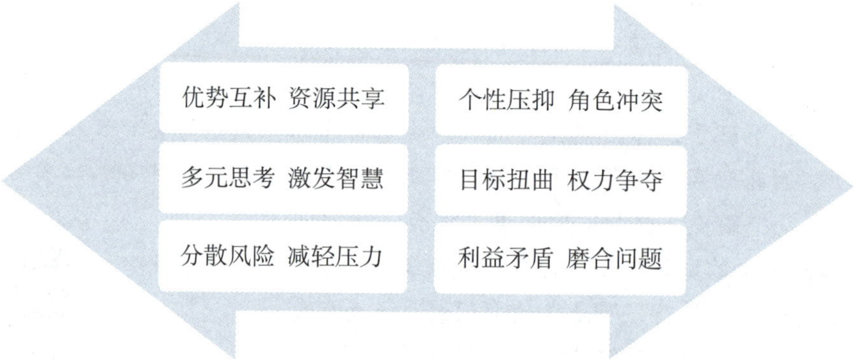

图 5-1　创业团队的潜在价值与风险

二、创业团队组建原则

创业团队的组建是一个看起来简单、做起来却十分费力的工作，需要长时间磨合和经验积累。在组建团队时，我们必须遵循以下几个原则。

（一）一致性原则

目标一致是创业团队能够坚持下去的核心动力和力量源泉。这句话说起来容易，但实现起来很难。创业团队中的每一位成员都扮演着不同的角色，承担着可能完全不同的任务，尤其在创业初期资源有限、前途迷茫的时候，更容易出现各自的“小心思”，导致个人小目标与团队目标偏离。此时，整个创业团队尤其是核心人物必须详细解释并反复强化团队的创业目标，使创业团队始终处于高度一致的状态。

（二）互补性原则

创业者之所以寻求团队合作，其目的就在于弥补创业目标与自身能力间的差距。只有当团队成员在知识、技能、经验等方面实现互补时，才有可能通过相互协作，发挥“1+1>2”的协同效应。

（三）精简性原则

组建创业团队时务必摒弃“多多益善”的观点。兵不在多在精，“小而精”的团队既能够压缩人力成本、最大比例地分享成果，又能避免过多的团队冲突，提高决策的效率。今天很多被人们熟知的大型公司的初创团队当时只有几个人。

（四）开放性原则

创业过程是一个充满不确定性的过程，由于能力、观念等多种原因，团队中可能不断有人离开，同时也有人加入。因此，在组建创业团队时，应注意保持团队的动态性和开放性，使真正完美匹配的人员能被吸纳到创业团队中来。

打造金牌创业团队

三、创业团队组建“五步曲”

创业团队的组建是一个相当复杂的过程，不同类型的创业项目所需的团队不一样，创建步骤也不完全相同。创业团队组建流程如图 5-2 所示。

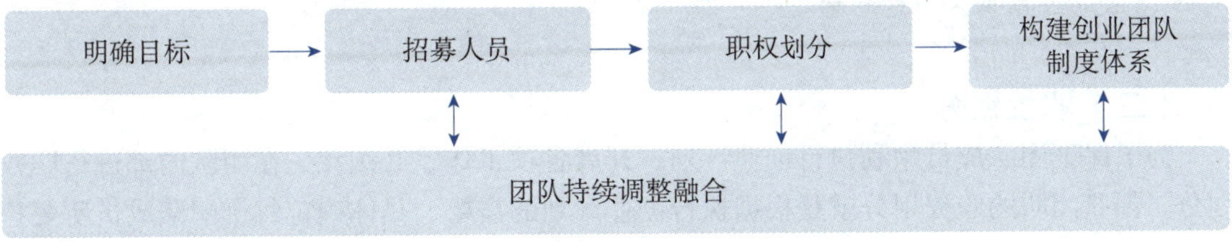

图 5-2　创业团队组建流程

（一）明确目标

创业目标为创业团队成员描述了未来的理想和愿景，是团队奋斗的方向和指南。创业团队的总目标就是要通过完成创业阶段的技术、市场、规划、组织、管理等各项工作，实现企业从无到有、从起步到成熟。总目标确定之后，为了推动团队最终实现创业目标，再将总目标加以分解，设定若干可行的、阶段性的子目标。

在确定了总目标及一个个阶段性子目标之后，紧接着就要研究如何实现这些目标，这就需要制订周密的创业计划。创业计划是在对创业目标进行具体分解的基础上，以团队为整体来考虑的计划，创业计划确定了在不同的创业阶段需要完成的阶段性目标，通过逐步实现这些阶段性目标来最终实现创业目标。

（二）招募人员

招募合适的人员是创业团队组建最关键的一步。创业团队成员招募主要考虑两个方面：一是考虑互补性，即考虑其能否与其他成员在能力或技术上形成互补。这种互补性既有助于强化团队成员间彼此的合作，又能保证整个团队的战斗力，更好地发挥团队的作用。一般而言，创业团队至少需要管理、技术和营销三个方面的人才。只有这三个方面的人才形成良好的沟通协作关系后，创业团队才可能实现稳定高效。二是考虑适度规模，适度的团队规模是保证团队高效运转的重要条件。团队成员太少，无法实现团队的功能和优势，而过多又可能会产生交流障碍，团队很可能会分裂成许多较小的团体，进而大大削弱团队的凝聚力。

案例 5-1

小米公司是如何组建创业团队的

创业过程中，CEO 有三件事情是最重要的："找人、找事、找钱。"这三点构成了一个创业公司正向的循环体系。找优秀的人才是一件很难的事情，创业者只能迎难而上。

小米公司 CEO 雷军：你找不到人，只是因为你花的时间不够多

雷军曾经说过，当年创办小米时，自己从来没有硬件创业的经验，因此要搞定硬件工程师其实非常困难，而雷军当初的做法就是"用 Excel 表列了很长的名单，一个个找合伙人"。

当初为找到一个硬件工程师，雷军打了 90 多个电话，而为了说服一个硬件工程师加盟小米，雷军与他连续谈了 10 个小时："他始终不相信小米能盈利，我就问他，'你觉得你钱多还是我钱多？'他说当然是您钱多，我就对他说，'那就说明我比你会挣钱，不如我们俩分工，你负责产品，我来负责挣钱'，最后他选择加入小米，正是因为我说的这句话。"

（三）职权划分

为了保证团队成员顺利执行创业计划，开展各项工作，必须预先在团队内部进行职权划分。创业团队的职权划分就是根据执行创业计划的需要，具体确定每个团队成员所要担负的职责以及相应所享有的权限。团队成员职权的划分必须明确，既要避免职权的重叠和交叉，也要避免无人承担造成工作上的疏漏。此外，由于还处于创业过程中，面临的创业环境又是动态复杂的，会不断出现新的问题，团队成员可能不断更换，因此创业团队成员的职权也应根据需要不断地进行调整。

案例 5-2

携程四君子创业团队

携程最初的创始人梁建章、沈南鹏、季琦组成创业团队，3 人从原来的工作中抽身出来，建设携程网。在分工上，他们优势互补，梁建章是 ORACLE 中国咨询总监，技术背景深厚；沈南鹏耶鲁 MBA 毕业，时任德意志银行高管，是一位具有多年投资经验的银行家，具备相当的融资能力和宏观决策能力；季琦则有着丰富的创业经验，擅长管理、销售。

后来，为拓展携程网旅游方面的业务，梁建章找到了上海旅行社总经理范敏加盟，几人一拍即合，携程梦幻团队就此诞生。4 人分工明确：梁建章负责公司战略确定和管理，沈南鹏负责融资，季琦负责技术，范敏负责具体业务及市场。

资料来源：携程四大创始人都有谁，携程四君子创业经历 .（2024-01-23）[2024-03-21]. https://www.maigoo.com/news/561181.html. 有删减 .

（四）构建创业团队制度体系

创业团队制度体系体现了创业团队对成员的控制和激励能力，主要包括团队的各种约束制度和各种激励制度。一方面，创业团队通过各种约束制度（主要包括纪律条例、组织条例、财务条例、保密条例等）指导其成员，避免做出不利于团队发展的行为，对其行为进行有效约束、保证团队稳定运行。另一方面，创业团队要实现高效运作必须制定有效的激励机制（主要包括利益分配方案、奖惩制度、考核标准、激励措施等），使团队成员能够看到随着创业目标的实现，其自身利益将会得到怎样的改变，从而充分调动成员的积极性，最大限度地发挥团队成员的作用。要实现有效的激励，首先就必须把成员的收益模式界定清楚，尤其是关于股权、奖惩等与团队成员利益密切相关的事宜。需要注意的是，创业团队的制度体系应以规范化的书面形式确定下来，以免带来不必要的混乱。

（五）团队持续调整融合

完美组合的创业团队并非创业一开始就能建立起来，很多时候是在企业创立一定时间以后随着企业的发展而逐步形成的。随着团队的运作，团队组建时，在人员匹配、制度设计、职权划分等方面的不合理之处会逐渐暴露出来，这时需要对团队进行调整融合。由于问题的暴露需要一个过程，因此团队调整融合也是一个动态持续的过程。在进行团队调整融合的过程中，最为重要的是要保证团队成员间经常进行有效的沟通与协调，以强化团队精神，提升团队士气。

小试牛刀

请同学们打开活动手卡 12，练练手吧！

任务三　创业团队运营与维系

良好运转的创业团队就像一台精密仪器，需要后期精心保养与维护。在现实生活中，造成创业团队出现摩擦、分歧甚至分崩离析的原因有很多，需要我们格外注意。

一、创业团队运营的风险诱因

（一）盲目照搬成功的组建模式

创业团队的组建基本可以分成三种模式：关系驱动、要素驱动和价值驱动。不同的组建模式适用的条件不尽相同。如果盲目照搬照套某种组建模式，会给企业带来巨大的风险。

关系驱动是指以创业领导者为核心的人际关系圈内成员构成团队。他们因为经验、友谊和共同兴趣结成合作伙伴，发现商业机会后共同创业。目前这种模式应用最广泛，它比较符合中国文化，其团队的稳定性相对较高。但是，关系的远近亲疏经常会成为制约团队发展的瓶颈。

要素驱动是指创业团队成员分别贡献创业所需的创意、资源和操作技能等要素而构成团队。由于这些要素完全互补，团队成员之间处于相对平等的地位。这种模式比较符合西方文化的特点，现在的互联网创业团队大多属于这种模式，如果成员之间磨合顺利，可以缩短企业成功所需的时间；如果磨合不顺利，就存在解散风险。

价值驱动是指创业团队成员将创业视为一种实现自我价值的手段，他们的使命感很强，成功的冲动也很强。该模式中的团队成员虽然是为了追求自我实现组合在一起，但一旦产生分歧，就是路线斗争，没有妥协的余地。

（二）团队成员选择具有随意性和偶然性

创业团队组建初期，由于规模和人数的限制，在成员选择方面往往考虑不够全面，过于随意和偶然，甚至只是因为碰巧谈到创业问题而一拍即合，之后没有进行及时的补充，或是在团队中承担某种角色的人才过多，团队成员之间角色和优势重复，这些都会引发各种矛盾，最终导致整个创业团队的解散。

（三）缺乏明确和一致的团队目标

在创业初期，创业团队的目标可能只是一个朦胧的发展方向，并不十分清晰和明确，有些人甚至不明白自己为什么会走上创业的道路。即使创业领导者的目标明确，也不能保证其他成员都能够真正准确理解团队目标。随着创业进程的推进及外界环境的变化，团队成员可能会发现原先确定的目标和现实之间存在差距，必须对目标进行适当调整，此时如果团队成员之间意见难以调和，或是个人目标与组织目标出现较大的不一致，团队就会面临解散的风险。

（四）激励机制尤其是利润分配方式不完善

有效激励是企业长期保持团队士气的关键。缺乏有效的激励，团队或者组织的生命都难以长久，有效激励的重点是给予团队成员合理的“利益补偿”。调查表明，影响中国现阶段创业团队解散的前两个主要原因是团队矛盾（26%）和利益分配（15%）。其中，团队矛盾的背后或多或少存在着利益的影响，由此可见，利益分配对于创业团队的持续发展有着重要的意义。

知识链接

创业公司初始股权分配参考办法

◆ 个人股份计算公式

创始人风险股权＋职能管理范围股权＝个人总股权

（风险）　　　　（责任）　　　　（收益）

◆ 创始人风险股权占 20%

风险股权为每人均等的因承担未融资风险而得到的股权，总量为 20%（如在融资之前仅有 1 人全职加入公司，则此人获得全部 20% 的股权。如有 2 人全职加入公司为创始人，则两人每人获得 10% 的股权。以此类推，不超过 4 人。）

◆ 各职能管理范围及股权占比 80%

1. 参与者确定从起步到第一批产品售后所需要的所有职能管理范围单位，要互相独立，价值相同。

2. 参与者选择自己的管理范围。

3. 所有参与者确认管理范围分配。

4. 每个职能管理单位计 10%，加总计算个人股权。

5. 无人认领的管理单位由 CEO 代领并负责管理，直到找到合适管理人员再进行出让。举例如下：

融资	**设计管理**
准备融资材料，参加创业大赛，接洽投资人	视觉、工业、包装、宣传
营销管理	**软件研发管理**
营销策划、商务拓展、公共关系	安装、表单等
产品管理	**硬件研发管理**
产品定义及发展方向，用户社区运营、售后	硬件研发、软件联调
生产及供应链管理	**总体管理**
生产管理、供应链管理	协调总体安排、对外、人力、财务、行政

◆ 举例

小明和小华均在融资前全职进入公司，小亮在融资后进入公司。小明选择管理单位：总体管理、软件研发管理、硬件研发管理、生产及供应链管理。小华选择单位：产品管理及设计管理。小亮选择融资及营销管理。

小明个人股权为：20%/2+10%×3=40%

小华的股权为：20%/2+10%×2=30%

小亮的股权为：0+10%×2=20%

二、运营与维系创业团队

（一）选择合适的团队成员

建立优势互补的创业团队是保持创业团队稳定性的关键，也是规避和降低团队组建模式风险的有效手段。在成员选择上，要综合考虑成员在能力和技术上的互补性，成员的能力和技术应该处于同一等级，不宜相差过大。如果团队成员在对项目的理解能力、表达能力、执行能力、社会资源能力、思维创新能力等方面存在较大的差异，可能产生严重的沟通和执行障碍。

知识链接

谁有可能是合适的团队成员

很多想创办企业的企业家都会在各种创始人交友网站或交友会上寻找潜在的联合创始人。事实上，选择曾经一起愉快共事的同事是不错的选择。一个关于独角兽初创企业的调查数据显示，90% 的联合创始人团队都有一起共事的经历：同事占 60%，同学占 46%（有重叠部分）；10% 的联合创始人团队也有一些相同点，比如是由彼此共同的朋友或是投资者介绍认识的。

（二）确定清晰的创业目标

创业团队的目标必须清晰明确，能够集中体现团队成员的利益，与团队成员的价值趋向一致，并保证所有团队成员都能正确理解，这样才能发挥鼓励和激励团队成员的作用。此外，创业团队的目标还必须切实可行，既不应太高，也不应太低，而且能够根据环境和组织的变化及时更新和调整。

（三）制定有效的激励机制

正确判断团队成员的“利益需求”是有效激励的前提。实际上，不同类型的成员对于利益的需求并不完全一样，有些成员将物质追求放在第一位，而有些成员则是希望能够获得荣誉、发展机会、能力提高等其他利益。因此，创业团队的领导者必须加强与团队成员的交流，针对各成员的情况采取合理的激励措施。

创业团队的利润分配体系必须体现个人贡献价值的差异，且要以团队成员在整个创业过程中的表现为依据，而不只是某一阶段的业绩，其具体分配方式要灵活，既包括诸如股权、工资、奖金等物质利益，也包括个人成长机会和相关技能培训等内容，并且能够根据团队成员的期望进行适时调整。

腾讯公司马化腾的创业团队多年来十分稳定，与其利润分配机制的有效性是分不开的。虽然腾讯公司的股权多次转让，但是它的五位创始人一直共同持有公司的大部分股份。

项目自测

一、单选题

1. 某互联网创业团队成员互补性较强，按照拥有的资源、技能专长等组建创业团队，这种团队组建方式属于（　　）驱动。

A. 关系　　B. 要素　　C. 价值　　D. 随机

2. 小张大学毕业后没有找到心仪的工作，最终决定选择在物流行业进行创业。小张属于（　　）的创业者。

A. 生存型　　B. 变现型　　C. 主动型　　D. 被动型

3. 以下不属于创业团队优势的是（　　）。

A. 可以激发团结精神，增强灵活性，提高工作效率

B. 使创新企业更好适应内外环境的变化

C. 创业团队是高层管理团队的基础和最初组织形式

D. 创业团队的工作绩效等于所有个体成员独立工作时的绩效之和

4. 以下属于优秀团队的共同特性的是（　　）。

A. 凝聚力　　B. 完整性　　C. 收获观念　　D. 以上都是

二、多选题

1. 根据创业动机，创业者可以分为（　　）。

A. 生存型创业者

B. 变现型创业者

C. 主动型创业者

D. 被动型创业者

2. 创业团队组建过程中需要遵循（　　）。

A. 一致性原则

B. 互补性原则

C. 多多益善原则

D. 开放性原则

E. 精简性原则

3. 一般而言，创业团队至少需要（　　）三个方面的人才。

A. 管理　　B. 技术

C. 营销　　D. 行政

三、判断题

1. 创业团队的制度体系应以规范化的书面形式确定下来。（　　）

2. 目前国内创业团队大多是按照要素驱动的模式组建的。（　　）

3. 创业团队要制定有效的激励机制，建议股权均分，以保证团队成员间的公平。（　　）

复盘反思

1. 知识盘点：通过对本项目的学习，你掌握了哪些与创业团队组建相关的知识？请画出思维导图。

2. 方法提炼：完成本项目学习后，你认为创业团队组建需要注意哪些风险？

3. 行动影响：为新组建的创业团队策划一次团建活动，形式不限，可通过 vlog、照片墙等方式进行记录和分享。

项目六

分析创业市场

项目目标

知识目标

1. 了解大数据与大数据营销。
2. 了解市场调研的大致流程和方法。

能力目标

1. 能够运用问卷调查等多种方法进行市场调研。
2. 能够根据调研结果制定适当的市场营销策略。

素养目标

1. 理解毛泽东提出的“不打无准备之战”的精神内涵，树立“没有调查就没有发言权”的科学营销观。
2. 具备良好的信息素养和信息搜索能力，能主动适应“互联网+”等社会信息化发展趋势。
3. 充分理解党的二十大报告中提到的建设网络强国、数字中国的战略部署，让数据发展更好地服务于民，以精准营销助力创业发展。

思维导图

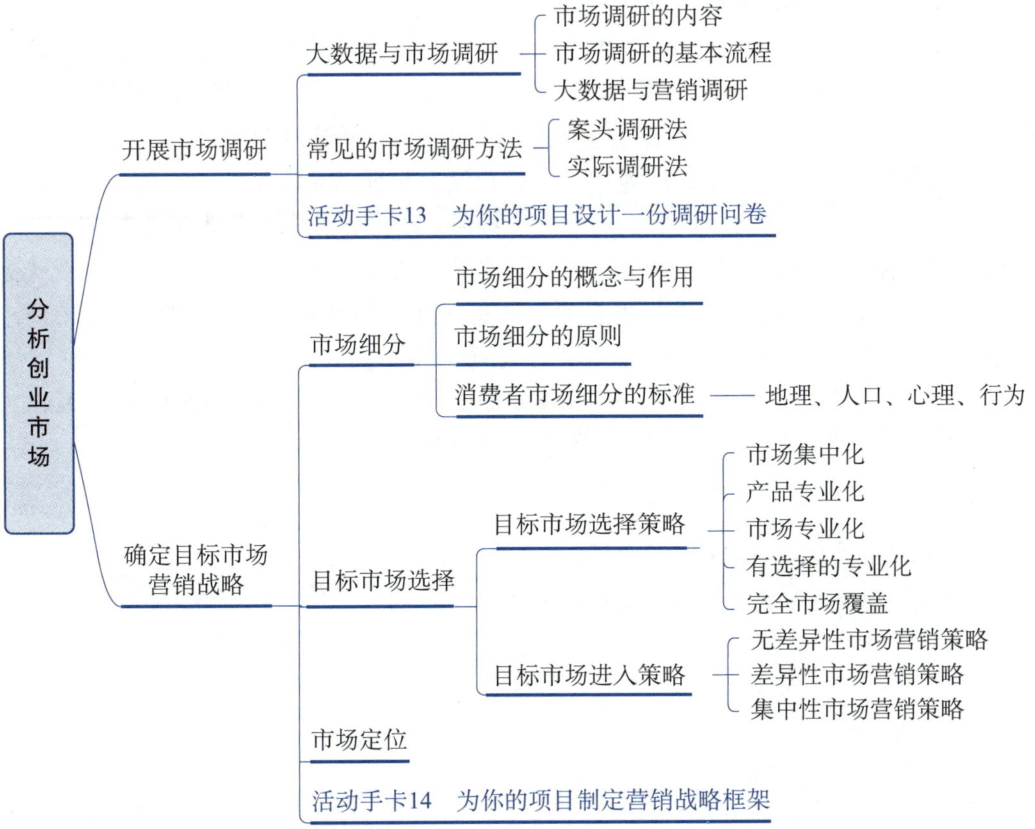

项目导入

出海非洲 18 年，传音手机跻身全球前五

2023 年，在全球手机行业下行的态势下，非洲市场却实现了逆势增长。据多家国际数据机构统计，2023 年第三季度，非洲地区智能手机实现强势复苏，出货量同比增长 12% 至 1790 万部。其中，传音手机拿下冠军，出货量占比近一半，达到 860 万部。作为在非洲等新兴市场深耕多年的中国企业，国内消费者显然对传音知之甚少，但它却用自己的方式，经过 15 年的开荒，成为名副其实的非洲手机之王。

为什么非洲的朋友都喜欢买传音手机呢？传音能在非洲如此火爆离不开它的创始人竺兆江。传音在创立之初，竺兆江就把目标定在了非洲。那个时候非洲的手机普及率还没有那么高，竺兆江认为物美价廉的手机在非洲市场肯定受欢迎，并最终靠着“三板斧”组合拳，真正打开了非洲市场。

1. 智能美化，解决自拍困扰

由于非洲人肤色较重，在光线不佳的情况下，自拍出来的照片效果很差。为此，传音根据非洲用户的需求，大量搜集当地人的照片，进行脸部轮廓、曝光补偿、成像效果的分析。最终通过眼睛和牙齿定位，加强曝光，解决了非洲用户的自拍困扰。

2. 四卡四待，一机多能

由于非洲有多家通信运营商，而且不同运营商负责的地区也不同，为了能正常打电话，非洲用户大多有两张以上的 SIM 卡，却受消费能力所限，大多只有一部手机。传音率先在非洲推出双卡手机，后来甚至推出了四卡手机，不出意料，产品很受欢迎。

除此之外，根据当地人有载歌载舞、随歌起舞的文化习惯，传音手机专门定制了“炸耳”的低音炮手机，全面满足当地人需求。

3. 极致本土化，扎根非洲土地

针对当地特殊的经济社会环境，传音手机推行产销本地化和人才本地化。竺兆江专门搭建了销售团队和综合服务售后团队，去了所有品牌都不愿意去的非洲贫民窟，走到哪，就把店铺开到哪。传音不仅与当地供应商、渠道商、经销商等合作伙伴建立了良性的互动关系，而且还带动了周边产业，比如广告业、物流业和金融业的发展，雇用当地人，建立起非洲人民对该品牌的文化认同感，甚至在一些群众心中，传音就是本地品牌。

抓住用户需求，进行本地化经营，是传音成功的秘诀，也是今天不少出海企业极为欠缺的。传音手机出海十余年，希望更多的中国企业能够领略到它的“精髓”，走不同于主流队伍的“路径”，悄然无息之间成为下一个传音，为大国出海再添一员实力企业。

资料来源：路世明．出海非洲 18 年，传音手机跻身全球前五．(2024-02-18) [2024-03-26].https://tele.ofweek.com/2024-02/ART-8320511-8440-30626094.html. 有改动．

讨论

1. 请讨论传音手机在非洲畅销的原因。

2. 请思考什么是市场定位，如何进行市场定位。

任务一　开展市场调研

市场调研是企业通过系统地收集、分析和提供市场营销数据资料，得出企业所面临的特定的营销状况的调查研究结果的过程。它把握供求现状和发展趋势，为制定营销策略和企业决策提供正确的信息，这对于创业企业来说尤为重要。

一、大数据与市场调研

本质上说，市场调研就是调查客户在想什么，并在此基础上做出决策。企业经常有这样的疑问：我们面临的市场有多大？怎样把销售额提上去？这样定价合理吗？潜在消费者在哪里？要回答这些问题，必须进行市场调研。

（一）市场调研的内容

市场调研一般包括六个方面的内容：业务、经济形势与企业研究、定价、产品、分销、促销与购买行为。对创业企业尤为重要的调研专题如下：

（1）市场容量估计。市场容量是指由购买者支付能力决定的对某产品的需求总和。一般与收入、目标顾客数量及消费意向等影响因素一起分析。

（2）市场特征识别。即有关市场结构、特征、用户情况、消费状况及经济发展等方面的调查分析，如近几年较为火爆的用户画像分析。

（3）市场份额分析。即衡量一个企业某产品的市场生命力和获利能力，以及企业产品在市场中的地位、主要竞争对手分析、竞品研究等。

（4）销售分析。分析市场销售现状、产品覆盖率、销售增长率、总需求是否饱和、销售增长前景与趋势、主要问题及潜在危机等。

（5）新产品进入市场的接受状况与潜在规模分析、价格研究等。

（二）市场调研的基本流程

市场调研的基本流程如图 6-1 所示。

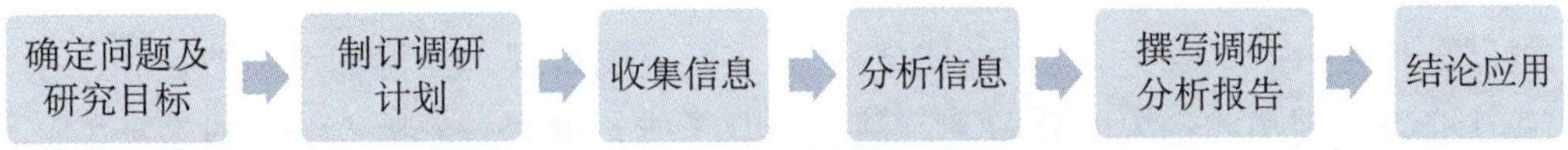

图 6-1　市场调研的基本流程

下面主要介绍前五个步骤。

1. 确定问题及研究目标

市场调研首先要清楚描述存在什么问题，解决什么问题，研究什么内容。在完整的产品生命周期中，在立项、研发、上市、营销不同阶段，所需要研究的内容、定义的问题、相应的决策都必须非常清晰。

立项阶段：在意识到新市场机会后，通过市场调研，研究市场可行性、目标消费者，形成创意概念。

新品研发阶段：核心问题是新产品设计、概念、外观、功能、用户体验等。

新品上市：产品研发完成后，需要研究的问题主要涉及包装、价格、渠道、促销等。

产品上市后围绕如何销售更多产品进行调研，主要涉及品牌、消费者、广告、产品改进、推广等。

2. 制订调研计划

在确定问题后，需要根据调研目标制订具体调研计划，如认真、仔细地考虑资料来源、调研方法、调研工具及抽样计划等。另外，在开始调研前，企业一定要评估该调研成本，如果预计成本大于收益，则应拒绝执行该调研或修改调研计划。调研计划主要包含以下内容：调查目的、资料来源、调研方法、调研工具、抽样计划、费用预算、调研进度、相关培训等。调研计划的具体内容如表 6-1 所示。

表 6-1 调研计划的具体内容

调查目的	根据具体内容描述
资料来源	第一手资料、第二手资料（来源出处详细描述）
调研方法	观察法、询问法、实验法等
调研工具	调查问卷（表）、仪器设备（如：电流计、照相机）等
抽样计划	概率抽样（简单随机抽样、分层随机抽样）、非概率抽样
费用预算	调研方案设计费、实施费（如培训费、交通费、劳务费、礼品费等）、数据分析费、资料费、印刷费、咨询费、通信费等
调研进度	根据具体内容制定
相关培训	根据具体内容制定

3. 收集信息

制订调研计划后，要采用适当的方法收集数据。每个阶段的方法和侧重点略有不同。以创业公司的新产品导入为例，在概念形成阶段，主要以定性测试为主，行业领袖的意见会起到很大作用；在设计评估阶段，以定量测试为主，目标消费群体为主要测试对象。

4. 分析信息

数据分析是一个去伪存真、去粗取精、由表及里的过程。在得到一手数据和二手数据后，往往会发现现实和想象的有差别，甚至会有矛盾，可能是分析方法不对造成的。因此要进一步从多个方面挖掘数据的内涵，对问题进行解释说明，遗漏的要补充，不准确的要剔除，口径不一致的要统一，让得到的结论更合乎逻辑。

信息的分析工作主要分为三个步骤：

（1）审核整理，对收集的资料进行检查，确认正确性；

（2）分类编号，参照预先设定的标准对资料进行分类编号，便于分析和查找；

（3）制表统计，根据收集数据的因果关系及相关性，以图表的形式展现出来，并进一步分析说明。

5. 撰写调研分析报告

根据调研资料分析结果，剔除结论性意见，完成调研分析报告。

（三）大数据与营销调研

大数据类似于“天文望远镜”，研究人员可以通过基于互联网获取的大样本看得更全、更远，捕捉关联性，洞察趋势性；而通过传统调查方式获得更为精细的“小数据”就好比使用“显微镜”，可以帮助市场研究人员通过类似于实验的方法来验证一些推断，并进行深入的分析。大、小数据在未来的市场调查中应该各有分工，并有效互补。大数据时代基于互联网、网络社交平台、移动终端、PC-POS（销售点终端）系统，构建了专业、高效的搜索引擎和数据仓库，大、小数据相结合为降低市场调研成本、深入数据挖掘提供了强有力的支撑。

二、常见的市场调研方法

根据资料来源和调研方式的不同，我们可以把市场调研分为案头调研和实际调研两大类。一般而言，案头调研在前，实际调研在后。

（一）案头调研法

案头调研，就是对已经存在的二手资料进行收集、筛选，并据以判断调研问题是否已局部或全部地解决的调研过程。案头调研要遵循先易后难、由近及远和先内部后外部的原则，如先收集那些比较容易得到的历史资料和公开发表的、现成的信息资料，先从本企业、本行业内部着手，再到其他单位与行业收集有关的现成信息资料。

案头调研的优点主要是省时、省力、花费少。但由于第二手资料原是为其他目的而收集的，因此在使用于某个特定目的时有一定的局限性。这表现为资料的收集方法（样本、资料、收集工具等）、时间等与调研要求有差别。在使用第二手资料时，一定要注意判断其有效性、可靠性。

对创业市场调研时，二手资料的主要来源有：

（1）内部来源（如项目已落地）：财务会计资料、销售数据、库存、预算等。

（2）政府机构公开的信息：统计年鉴、经济信息、行业动态、产业机构信息等。

（3）商业性咨询公司：产品销售实测、品牌份额、家庭消费信息等。

（4）互联网或移动互联网：粉丝社区、微博、豆瓣等。

（5）各种公开发行的报纸、杂志、文献等。

（二）实际调研法

实际调研是相对于案头调研而言的，在一些情况下，案头调研因数据的准确性、可靠性、及时性存在疑问，必须适时地进行实际调研来解决问题，取得第一手的资料和情报，使调研工作有效地开展。实地调研法主要有问询法、观察法和实验法三种。

1. 问询法

问询法指将准备调查的事项，以当面、电话或书面的形式向被调查者提出询问，以获得所需资料的调查方法。它是一种最常用的实地调研方法。问询法的特点在于整个访谈过程是调查者与被调查者相互影响、相互作用的过程，也是人际沟通的过程。它包括面谈、电话访问、问卷调查、会议调查和网上调查等。

案例 6-1

到社区生鲜店买肉顺便做个调研

网友偶然间路过一家连锁经营的社区生鲜店，在买单的工夫和店里的员工聊了一下，做了一次简单的问询调研，整理了如下问答实录：

问 1：这家连锁店在深圳有多少家店？

答：80 ～ 100 家。

问 2：每天的销售量有多少？

答：不确定，这个店新开不久，才三个月吧。

问 3：每天能卖两头猪吗？

答：差不多吧。

问 4：盈利情况怎么样？

答：这家店刚开，盈利情况不好说，其他店多的时候每个月有 4 万～5 万元，少的每个月 2 万元左右。

网友对以上关键数据进行了分析和逻辑测算，得到了下面的结论：

在不考虑其他果蔬销售的情况下，一天卖几头猪是关键数据，姑且采用上述营业员每天卖两头猪的数据。一头猪平均 200 斤，按 70% 的净猪肉得肉率，可得每天卖出 280 斤肉，按平均 15 元 / 斤计算，平均每天卖肉收入 4 200 元，一个月就是 12.6 万元。假设每人每天吃 1～2 两肉，意味着覆盖了 1 400～2 800 人，相当于 350～700 个家庭，差不多是 1～2 个中大型小区的住户，近距离住房大约能覆盖 10% 的人群。

资料来源：只在此山．温氏股份：到温氏生鲜买肉顺便做个调研．(2018-01-03) [2024-02-15]. 微信公众号，有删减．

问卷调查法是问询法的一个重要分支，即通过书面问卷的形式进行实际调查。在互联网时代，网络问卷调查法具有可送达性好、不受地域限制的优势，且答题不受干扰、节省费用，但在具体问卷设计时，需要紧扣调查目的，所设计的问题及选项一定要清楚明确、易于回答。

知识链接

问卷调查设计需要注意哪些问题

第一，避开隐私性问题。有关个人或组织的隐私或商业机密尽量不要提及，如收入、利润和权力等。如果一定要涉及，可以给出一个区间，相对模糊一点。

第二，力避模糊词。问卷中的问题阐述要尽量避免模糊词，如“你经常看电视还是偶尔看一会儿？”这个问题里的“经常”“偶尔”“一会儿”都是模糊词。

第三，不要过分精确。如“你四月份购买了多少啤酒？”“你最近看到过几次某某产品的广告？”这些问题都过于精确，被调查者可能难以回答。

第四，不要出现组合问题。如“假如你有较强的经济实力，你是否会购买较大面积的住房？”这个问题有两处毛病，一是出现模糊词，如“较强”“较大”；二是出现组合问题，即一个问题的回答是建立在另一个问题回答的基础上。如果回答问题的基础不同，回答就无统计意义。

第五，不要别有用心，有意引导。如“你对某某产品加价销售有何看法？”，这样容易引起被调查者的反感。

第六，不要咬文嚼字。如“你经常购买调制酒吗？”很多人并不知道什么是调制酒。

第七，不要过于专业化。如在计算机产品的调查中，过多地提问有关零部件的名称和参数，对多数普通用户来说是很难回答的。

第八，要便于调查者统计整理。如果开放式问题过多，调查者就很难进行统计。问卷设计很有讲究，除了问题本身准确等要求外，提问方式也很重要。封闭式的提问，被调查者只需选择即可。提问方式是开放式的，被调查者需要根据自己的观点和见解来回答，这种问题的回答需要花费一定的时间和精力，所以在实际调查中要控制数量。在普通的消费者调查问卷中，开放式问题一般以不超过两个为宜。

第九，要切合被调查者的特点。问题的设计要切合被调查者的受教育水平、知识范围、经验及经历等。

资料来源：杨勇，陈建萍．市场营销：理论、案例与实训．5 版．北京：中国人民大学出版社，2023.

2. 观察法

观察法指调查者在现场对具体事物和现象进行观察、记录，以收集市场情况的一种方法。调查人员可耳闻目睹顾客对市场的反应，或利用仪器（如照相机、录音机、摄影机等）直接记录所需资料。它与问询法的不同之处在于：观察法是从侧面观察被调查者的言行，是在被调查者不知情的状况下进行的，获取资料的真实性、可信性较高。常用的观察法有直接观察调查和实际痕迹测量法等。

3. 实验法

实验法又称市场营销实验，是最为正式的一种方法。它是指在影响所研究对象的诸多因素中，选取一个或多个因素进行控制，以测定这些因素之间的关系，它的目的是通过排除观察结果中的带有竞争性的解释来捕捉因果关系。在因果性的调研中，实验法是一种非常重要的工具，主要有产品试销和市场实验等方法。尽管实验法是一种较为有效的调研方式，但由于市场上不可控因素太多，限定以外的因素对实验结果的影响是不可控的，会产生一定误差。

小试牛刀

请同学们打开活动手卡 13，练练手吧！

任务二　确定目标市场营销战略

在完成市场调研后，企业需要制定适合自己的目标市场营销战略，一般包括市场细分、目标市场选择及市场定位三部分。

一、市场细分

任何企业的产品都不可能为市场全体顾客服务，只能满足一部分顾客的相关需求，创业企业尤其如此。为了解决市场需求的无限性与企业资源的有限性之间的矛盾，必须进行市场细分。

（一）市场细分的概念与作用

市场细分（Market Segmentation）也被称作“市场区隔”或“市场分割”，是由美国市场营销学家温德尔 • 史密斯（Wendell R.Smith）于 20 世纪 50 年代中期提出来的。市场细分是指营销者通过市场调研，依据总体市场的不同消费者的需要和欲望、购买行为和购买习惯等方面的差异，把某一产品的市场划分为若干消费者群体市场的分类过程。每一个消费者群被称为一个细分市场，而每一个细分市场也都是由具有相似需求的消费者所构成的群体。

市场细分有利于企业分析、挖掘和发现更好的市场机会；有利于企业集中资源，提高效益；有利于企业制定和调整营销组合策略，从而增强企业在目标市场上的竞争能力。

（二）市场细分的原则

1. 可衡量性

可衡量性指细分的市场是可以被识别和衡量的，亦即细分出来的市场不仅范围明确，而且对其容量大小也能大致做出判断。有些细分变量，如具有“依赖心理”的青年人，在实际中是很难测量的，以此为依据细分市场就不一定有意义。

2. 可进入性

可进入性指细分出来的市场应是企业营销活动能够抵达的，亦即是企业通过努力能够使产品进入并对顾客施加影响的市场。一方面，有关产品的信息能够通过一定媒体顺利传递给该市场的大多数消费者。另一方面，企业在一定时期内有可能将产品通过一定的分销渠道运送到该市场；否则，该细分市场的价值就不大。

3. 有效性

有效性即细分出来的市场，其容量或规模要大到足以使企业获利。进行市场细分时，企业必须考虑细分市场上顾客的数量，以及他们的购买能力和购买产品的频率。如果细分市场的规模过小，市场容量太小，细分工作烦琐，成本耗费大，获利小，就不值得去细分。

4. 对营销策略反应的差异性

对营销策略反应的差异性指各细分市场的消费者对同一市场营销组合方案会有差异性反应，或者说对营销组合方案的变动，不同细分市场会有不同的反应。如果不同细分市场顾客对产品需求差异不大，行为上的同质性远大于其异质性，此时，企业就不必费力对市场进行细分。对于细分出来的市场，企业应当分别制定出独立的营销方案。如果无法制定出这样的方案，或其中某几个细分市场对是否采用不同的营销方案不会有大的差异性反应，便不必进行市场细分。

（三）消费者市场细分的标准

消费者市场细分的标准可以概括为地理、人口、心理和行为四个方面，每个方面又包括一系列的细分变量，如表 6-2 所示。

表 6-2　消费者市场细分标准及变量一览表

细分标准	细分变量
地理	地理位置、城乡状况、自然条件（地形、地貌、气候）、交通状况、人口密度等
人口	年龄、性别、民族、职业、收入、教育、家庭人口、家庭生命周期等
心理	生活方式、性格特征、购买动机、个人偏好等
行为	购买时间，购买数量，购买频率，购买习惯（品牌忠诚度），对服务、价格、渠道、广告的敏感程度等

二、目标市场选择

在市场细分的基础之上，对各个细分市场进行评估，结合企业经营的资源优势，选择一个或多个子市场作为营销经营的主要市场，即目标市场，进而制定相应的营销战略。在整体 STP（市场细分、目标市场、市场定位）战略中，选择目标市场尤为重要。在进行目标市场选择过程中，企业对于细分市场中顾客需求差异要明确定位，以获取较大的经济效益。

通常，企业评估细分市场主要从三个方面考虑：一是各细分市场的规模和增长潜力；二是各细分市场的吸引力；三是企业本身的目标和资源。

（一）目标市场选择策略

站在产品—市场对应的角度，企业可以有五种方式确定自己的目标市场选择策略（即确定自己选择哪些和选择多少细分市场），分别是市场集中化策略、产品专业化策略、市场专业化策略、有选择的专业化策略和完全市场覆盖策略，如图 6-2 所示。

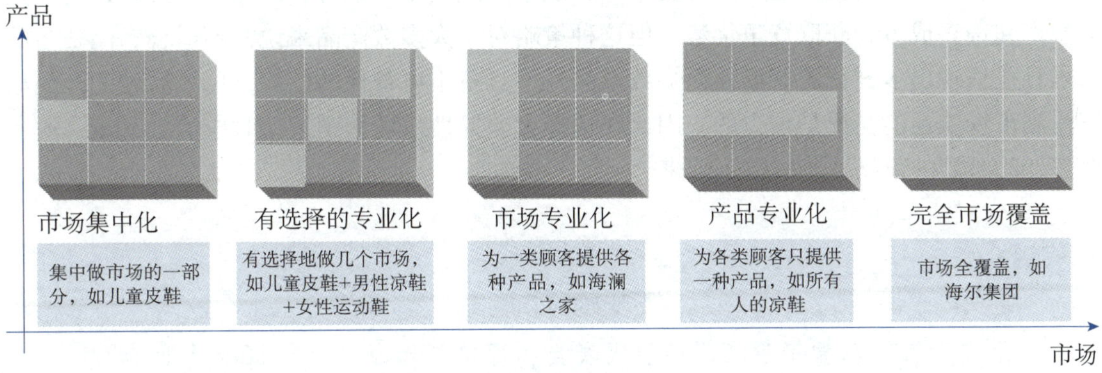

图 6-2　目标市场选择的 5 种模式

1. 市场集中化

企业选择一个细分市场，集中力量为之服务。较小的企业一般专门填补市场的某一部分。集中营销使企业能深刻了解该细分市场的需求特点，采用针对的产品、价格、渠道和促销策略，获得强有力的市场地位和良好的声誉，但会有较大的经营风险。

2. 产品专业化

企业集中生产一种产品，并向所有顾客销售这种产品。例如服装厂商向青年、中年和老年消费者销售高档服装，企业为不同的顾客提供不同种类的高档服装产品和服务，而不生产消费者需要的其他档次的服装。这样，企业在高档服装产品方面树立很高的声誉，但一旦出现其他品牌的替代品或消费者流行的偏好转移，企业将面临巨大的威胁。

3. 市场专业化

企业专门服务于某一特定顾客群，尽力满足他们的各种需求，例如企业专门为老年消费者提供各种档次的服装。企业专门为某个顾客群服务，能建立良好的声誉。但一旦这个顾客群的需求发生突然变化，企业要承担较大风险。

4. 有选择的专业化

企业选择几个细分市场，每一个对企业的目标和资源利用都有一定的吸引力，各细分市场彼此之间很少或根本没有联系。这种策略能分散企业经营风险，即使其中某个细分市场失去了吸引力，企业还能在其他细分市场盈利。

5. 完全市场覆盖

企业力图用各种产品满足各种顾客群体的需求，即以所有的细分市场作为目标市场，例如服装厂商为不同年龄层次的顾客提供各种档次的服装。一般只有实力强大的大企业才能采用这种策略。例如海尔集团在家用电器市场开发众多的产品，满足各种消费需求。

（二）目标市场进入策略

企业在选择确定目标市场后，下一步要制定相应的营销策略。能否选择正确的营销策略决定了企业能否在目标市场中立足发展。下面介绍三种基本的营销策略。

1. 无差异性市场营销策略

无差异性市场营销策略，就是企业把整个市场作为自己的目标市场，从市场需求的共性出发，忽略其差异，用同一种产品、统一的价格、同种市场营销方式，吸引消费者并满足其需求。

这种策略最大的优点是产品种类单一，能形成规模生产优势，产品质量过硬，可以降低生产和销售成本，获取竞争优势。但这种策略对于大多数产品来说并不适合，消费者的需求日益呈现出多样化的特征，而多数产品并不具备不可替代的优势，单一品种的产品始终受到市场欢迎的情况是很少的。因此在选择无差异性市场营销策略时应慎之又慎，避免在多变的激烈的市场竞争中败下阵来。

案例 6-2

不变的可口可乐

无差异性市场营销策略的典型代表当属可口可乐公司。自1886年问世以来，可口可乐公司始终采用无差异市场营销策略，以相同的口味、相同的配方、相同的外包装来满足世界各地消费者的需要。1985年，可口可乐改变配方，不料成千上万的电话打到公司，要求恢复老配方。仅两个多月的时间，可口可乐公司恢复了传统配方生产。

2. 差异性市场营销策略

差异性市场营销策略就是把整个市场细分为若干子市场，针对不同的子市场，设计不同的产品，制定不同的营销策略，满足不同的消费需求。如汽车企业，根据地理位置、年龄、性别细分为几个子市场：农村市场，因主要从事货物运输，对汽车的耐用性和载重量有一定要求；城市市场，汽车主要作为人们代步的工具，追求舒适性和美观性。针对不同子市场的特点，制定不同的市场营销组合策略。

采用这种策略的优势在于能够针对不同消费者的不同需求制定产品营销策略，极大地满足了不同消费者个性化的需求，有利于提升细分市场份额、提高品牌知名度和企业声誉。其劣势是差异化的营销策略增加了管理难度，产品的生产和销售费用也大幅增加。

3. 集中性市场营销策略

集中性市场营销策略就是细分市场后，企业选择少数几个细分市场作为目标市场，实施专业化生产和销售。这种策略又称为聚焦策略，集中优势在个别少数市场上，进而提升市场占有率。采用这种策略的企业一般是资源相对有限的中小企业，在激烈的竞争中它们可以发挥其技术、资源优势，获取相对有利的竞争地位。该策略不足之处主要体现在目标市场需求的稳定性决定了企业经营风险的大小，如果消费者的兴趣、需求突然发生变化或是出现强有力的竞争对手，由于其目标市场范围小，品种单一，企业很容易陷入经营困境。

三种目标市场营销策略各有利与弊。创业企业在选择营销策略时，必须考虑自身面临的各种条件因素，选择符合本企业发展目标的市场营销策略，“小而精”在创业初期往往比“大而全”更加稳妥。

市场细分
与营销策略

三、市场定位

所谓市场定位，就是企业根据市场特性和自身特点，确定本企业与竞争对手不同的个性或形象，形成鲜明的特色，从而使顾客形成特殊偏爱，取得竞争优势。市场定位的实质就是差异化营销。

（一）市场定位的实施步骤

市场定位的关键是企业要明确自己的产品对比竞争者所具有的独特的竞争优势。

竞争优势可分为两种基本类型：一是获取价格竞争优势，即在同等的市场条件下本企业的产品比竞争者价格更低。采取价格竞争优势要求企业的产品拥有更好的成本竞争力，降低产品的成本是企业关注的焦点。二是获取偏好竞争优势，即能提供满足顾客的特定偏好的产品。这就需要企业对产品的特征特点求新求异，且能够满足顾客的特定需求。由此可将企业市场定位的全过程分为三个步骤来实施。

1. 分析目标市场，明确企业潜在的竞争优势

明确企业经营的内外部环境条件，可以从三个方面考虑：一是市场中主要竞争对手的产品是如何进行定位的；二是在目标市场中顾客需求的满足程度如何；三是从竞争者的市场定位和潜在顾客的需求出发，考虑企业如何应对。这些内容需要企业的市场营销人员运用适合的调研方法，系统地设计、搜索、分析并报告有关上述问题的资料和研究结果。

2. 明确竞争优势，初步定位目标市场

竞争优势是指企业对比竞争者具备的优势，其中包括现有的竞争优势，以及潜在的竞争优势。明确竞争优势这一过程就是通过比较企业与竞争者各方面的实力，从中选择具备竞争优势的方面的过程。在比较过程中，评价通过完整的指标体系来实现，这样可以做到准确、客观。通常的过程是首先分析比较企业与竞争者在相关领域中能力的差异，包括企业经营管理、产品技术、生产采购、市场营销、财务管理等方面，从中选择具备最大竞争优势的领域。在此基础上优选出最适合企业发展的优势领域，以此来初步定位目标市场及企业所处的位置。

3. 选定独特的竞争优势

企业独特的竞争优势需要通过一系列的宣传促销活动来准确地传递给潜在顾客，并且给其留下深刻印象。这一过程需要从三个方面来实施。首先，要让目标顾客了解、熟悉企业产品的市场定位，并产生认同感，进而产生心理上的愉悦、喜欢和偏爱，最终在顾客心目中建立与企业产品定位相一致的形象。其次，企业在获得顾客认可的基础上，通过各种努力来强化目标顾客的印象，同时始终保持目标顾客对企业定位的了解和认知，稳定目标顾客对企业和产品的态度，这需要不断向顾客提供相应的论据、观点，强化目标顾客的感情，巩固企业与市场相一致的形象。最后，企业应关注目标顾客对企业及其市场定位理解过程中出现的偏差，多数情况是由企业宣传上的失误造成的，如定位高低的偏差，定位目标模糊、混乱等，这些都会影响顾客的消费行为，应及时纠正，保持与市场定位一致的形象。

此外，在下列情况下，企业还应考虑重新定位：一是竞争者的新产品与企业现有产品定位相近或重合，企业损失了部分市场份额，市场占有率下降，需要重新定位来挽回损失。二是市场上顾客的需求或消费偏好发生了变化，企业产品不再能满足目标市场需求。通过重新定位使企业在已有的市场销售产品中重新确定形象，进而改变顾客对企业及产品的原有认知，以获取更为有利的市场地位。

（二）市场定位的策略

市场定位的策略是与企业的竞争战略结合在一起的，是以企业的定位为基础，为达到顾客的认可而选择的实施策略，可分为以下四种类型。

1. 避强定位

在市场竞争中，如果存在最强或较强的竞争者，企业应力图避免与其直接发生竞争，避其锋芒，而将自己的产品定位于另一市场区域内，使自己产品表现出与竞争者与众不同的形象。这种策略的优点表现在能使企业迅速在市场上站稳脚跟，并能在消费者或用户心目中树立形象，且市场风险较小，成功率也较高。但同样存在着缺点，市场中的最佳位置可能被竞争者占据，而本企业可能处于较为不利的市场位置，市场竞争力较弱。

2. 迎头定位

这是一种与市场上最强竞争者面对面较量的策略，企业根据自身具备的实力，以占据较佳的市场位置为目标，与市场上占统治地位的、实力最强或较强的竞争者进行直接竞争，从而使自己的产品进入对手占据的较好市场的位置。这种竞争策略的优点体现在竞争过程中引人注目，甚至产生轰动效应，企业及其产品可以快速地被顾客了解，树立市场形象。同样也存在较大的缺点，在与强手竞争中存在较大的风险，一着不慎可能会全军覆没。在餐饮领域，企业较多采用此类竞争策略，如“汉堡王”与“麦当劳”之争，“咖世家”与“星巴克”之争，“彤德莱”与“呷哺”之争等。

3. 创新定位

企业通过寻找新的尚未被占领且具备潜在市场需求的市场，进而填补市场空缺，获取竞争优势。如我国华为公司的一系列新产品，开创了个人电子产品市场新领域，引领并填补了市场上消费者对于个性化电子产品的需求，开创了一个电子产品的新时代，一跃成为世界顶尖的电子产品企业。

4. 重新定位

当企业的产品销路不畅、市场占有率下降时，应考虑是否由定位不准确、市场需求发生变化或强有力的竞争者等原因造成的。为摆脱目前困境，获取新的增长活力，可以考虑重新定位。重新定位是以退为进的策略，是调整顾客对于企业和产品的认知，目的是能够实施更有效的定位。重新定位策略的风险和收益并存。

案例 6-3

巧用重新定位策略，企业成功逆袭

瑞幸咖啡：专注“第二空间”

瑞幸咖啡将自己定位为与星巴克不同的咖啡品牌。星巴克强调“第三空间”，即除家庭和办公室之外的社交空间，而瑞幸则关注“第二空间”，主打线上空间和更年轻化、符合现代办公室文化调性的品质产品。瑞幸的差异化打法包括选择不同的代言人、使用不同颜色的杯子、针对不同的消费场景等。其广告“你喝的是咖啡，还是咖啡馆？你不需要为空间付费！”指出了星巴克的结构性弱点，将星巴克定义为传统的、守旧的溢价咖啡。通过重新定位，瑞幸在竞争激烈的咖啡市场获得了快速增长，并跻身“2022 中国新消费品牌年度增长力榜”。

元气森林：主打“零糖零脂零卡”

在饮料市场中，元气森林主打“零糖零脂零卡”，诉求健康软饮，剑指可口可乐，猛攻无负担不长肉的差异化定位。可口可乐在罐装饮料行业领先，而元气森林以健康为切入点，满足了消费者对于低热量、无负担饮品的需求，一举成为现象级单品。

范德安：明确“时尚泳装”定位

在泳装赛道中，国际一线大牌速比涛依靠品牌光环和专业实力长期制霸。范德安与东极定位咨询合作，确定了“时尚泳装”这一差异化战略定位。速比涛专注专业竞技体育领域，而范德安则强调时尚外观，挖掘出众多明星用户，精准痛击进口大牌速比涛的结构性弱点，在用户心智认知端迅速建立起竞争优势。2021 年，范德安逆势增长 60%，成为行业第一；2022 年“618”消费节，其线上旗舰店销量剧增，迅速压制速比涛，完成了对标速比涛的逆袭。

王老吉：从“中药凉茶”到“降火饮料”

王老吉原本的定位为“中药凉茶”，消费者普遍认为“药”不能经常饮用。为此，王老吉跳出药茶行业，将自己重新定位为“降火饮料”，跻身国际饮料品牌行列。

小试牛刀

请同学们打开活动手卡 14，练练手吧！

项目自测

一、单选题

1. 下列细分变量中，属于人口变量的是（　　）。

A. 消费者的职业　　B. 消费者的生活方式

C. 消费者的个性　　D. 消费者所追求的利益

2. 蒙牛公司将“蒙牛酸酸乳”的主要消费群体确定为14—18岁的女孩子。由此可见，该公司在细分市场时，是按照什么变量来细分消费者的？（　　）

A. 地区和年龄变量　　B. 年龄和收入变量

C. 年龄和性别变量　　D. 职业和心理变量

3. 男装品牌海澜之家在进行细分市场选择时，采取的策略是（　　）。

A. 全面覆盖　　B. 市场专业化　　C. 选择性专业化　　D. 产品专业化

4. 经营差异性大、市场变化快的产品的企业，以及有一定资源能力应付市场变化的企业，可以采用（　　）策略。

A. 无差异性市场营销　　B. 差异性市场营销

C. 集中性市场营销　　D. 均可

二、多选题

1. 常见的市场定位策略有（　　）。

A. 对峙　　B. 空位填补　　C. 重新定位　　D. 低价

2. 创业市场调研时，二手资料的主要来源有（　　）。

A. 内部来源　　B. 政府机构公开的信息

C. 商业性咨询公司　　D. 互联网或移动互联网

E. 各种公开发行的报纸、杂志、文献等

3. 在新产品开发阶段，市场调研的重点有（　　）。

A. 新产品设计、概念　　B. 外观、功能、用户体验等

C. 包装、价格、渠道、促销等　　D. 产品改进、推广等

三、判断题

1. 一般而言，案头调研在前，实际调研在后。（　　）

2. 选择调研方法时，与观察法相比，问询法获取资料的真实性、可信性更高。（　　）

3. 为了追求市场覆盖率，创业企业应选择完全市场覆盖策略。（　　）

4. 由于创业企业一般实力较薄弱，在进行市场定位时应优先选择避强定位策略。（　　）

复盘反思

1. 知识盘点：通过对本项目的学习，你掌握了哪些与创业市场相关的知识？请画出思维导图。

2. 方法提炼：在本项目学习和实训的过程中，你掌握了哪些市场调研的方法和工具？

3. 行动影响：在本项目学习和实训的过程中，你认为自己还有哪些地方需要改进？

项目七

整合创业资源

项目目标

知识目标

1. 掌握创业资源的内涵，了解创业资源的价值。
2. 掌握创业资源的评估方法及获取途径。
3. 掌握创业资源的整合模式。

能力目标

1. 能够运用资源评估矩阵评估创业项目资源情况。
2. 能够具备一定的资源整合能力。

素养目标

1. 培养良好的语言表达能力及团队合作能力。
2. 具备良好的信息素养和信息搜索能力。
3. 充分理解党的二十大报告中提到的坚持和完善社会主义基本经济制度，充分发挥市场在资源配置中的决定性作用，更好发挥政府作用，从而理解政策资源在创业资源中的重要性。

思维导图

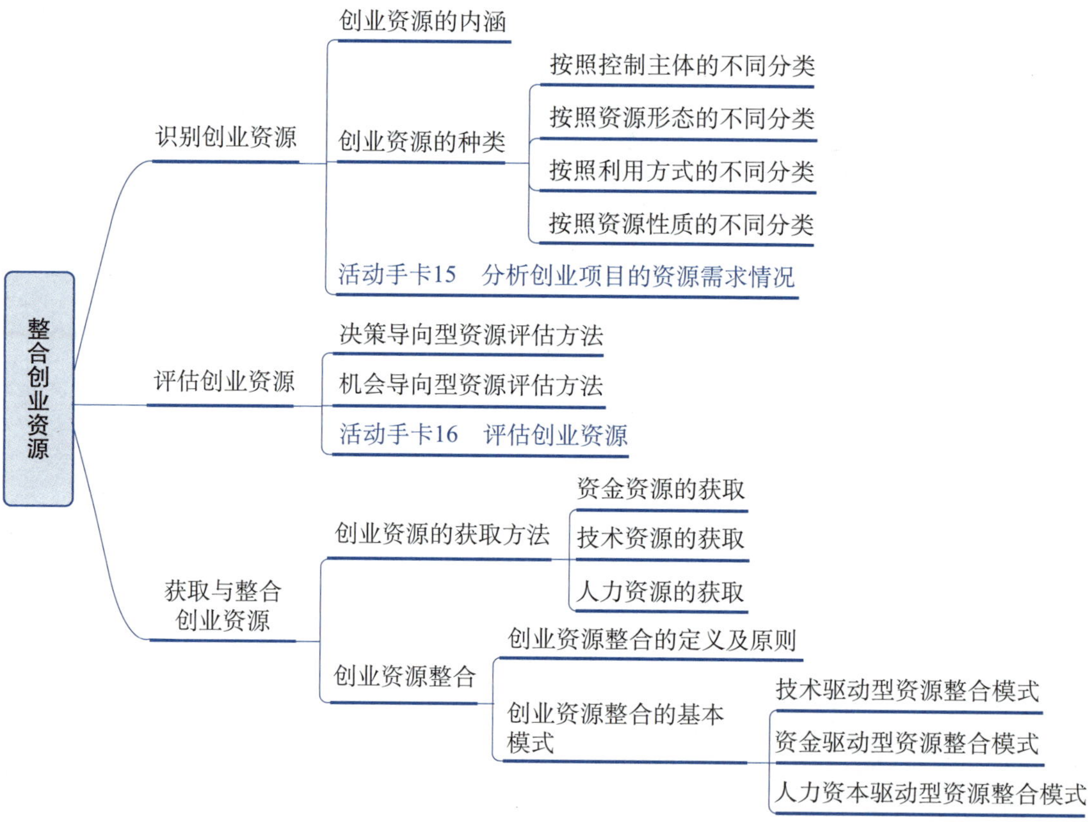

项目导入

整合创业资源，助力创业成果

李明（化名），一位来自普通家庭的高校计算机科学与技术专业的大学毕业生，自小对科技充满热情。在校期间，他不仅成绩优异，还积极参与各类科技创新项目，积累了丰富的实践经验。面对日益增长的科技需求和激烈的市场竞争，李明萌生了将所学知识转化为实际应用的念头，决定在科技领域创业。

创业初期，李明深知仅凭一己之力难以成大事。于是，他积极寻找志同道合的伙伴，组建了一支由技术专家、市场分析师和财务管理人员组成的多元化团队。团队成员各有所长，形成了良好的互补效应。同时，李明还充分利用学校的科研资源和校友网络，与多位教授和行业专家建立了合作关系，为项目提供了强大的技术支持和智力保障。

资金是创业过程中的重要资源。李明通过参加各类创业大赛、路演活动及向投资机构递交商业计划书，成功吸引了多家风险投资公司的注意。经过多轮谈判，最终获得了数百万元的种子轮融资。这笔资金为项目的研发、市场推广和团队建设提供了有力支持。

在市场拓展方面，李明采取线上线下相结合的方式。线上，他利用社交媒体、行业论坛等渠道进行品牌宣传和产品推广；线下，他积极参加各类科技展会和行业交流会，与潜在客户建立联系。通过不懈努力，项目逐渐获得了市场的关注和认可。

李明深知资源整合的重要性。他充分利用政府政策扶持、高校科研资源及行业合作机会，不断优化项目资源配置。例如，他成功申请到了地方政府的创业扶持基金和税收优惠政策；与多所高校合作建立了产学研联合实验室；与行业内知名企业签订了战略合作协议。这些举措不仅降低了项目的运营成本，还提升了项目的技术水平和市场竞争力。

在创新实践方面，李明带领团队深入调研市场需求和行业动态，不断迭代升级产品功能和服务模式。他们研发出了一款基于人工智能技术的智能客服系统，能够为企业提供高效、精准的客户服务解决方案。该系统一经推出便受到了市场的热烈欢迎和好评。

经过几年的努力和发展，李明的创业项目已经成长为一家具有一定规模和影响力的科技企业。公司不仅成功实现了盈利目标，还获得了多项专利和软件著作权。同时，公司还积极参与社会公益事业和科技创新活动，为行业发展和社会进步贡献了自己的力量。

展望未来，李明表示将继续秉承“创新、协作、共赢”的发展理念，不断优化产品和技术服务方案；加强与高校、科研机构及行业伙伴的合作交流；积极拓展国内外市场；努力成为科技领域的领军企业。他相信在全体团队成员的共同努力下一定能够取得更加辉煌的成就。

讨论

1. 本案例中李明是如何整合各类创业资源的？
2. 创业资源有哪些种类？如何获取和开发创业资源？如何对创业资源进行有效的利用和管理？

任务一　识别创业资源

创业的过程就是创业者尽力获取资源并对资源进行合理配置的过程，没有创业资源，创业者就无法创造价值，也就无法开展创业活动。因此，如何有效地识别各种创业资源，做好创业资源的组织与整合，是创业者需要考虑的重要问题。

一、创业资源的内涵

创业资源是指新创企业在创造价值的过程中所需要的特定资源的总称。

从广义上看，创业资源可界定为：能够支持创业者进行创业活动的一切东西。它既包括可见的物质资源，如厂房、机器设备、资金等，也包括不可见的无形资源，如创业战略、创业方案、知识、技术等；既包括创业者实际拥有的资源，也包括创业者可间接获取的资源，如广泛的社会关系等；既包括体现创业者个性特征的个体资源，也包括组织性、社会性的资源；既包括国内的各种资源，也包括国外的资源。

总而言之，广义上的创业资源是涵盖使创业者创业活动顺利进行的一切支持性资源。它是新创企业创立和运营的必要条件，主要表现形式为创业人才、创业资本、创业机会、创业技术和创业管理等。创业的过程实际上是创业者建立、整合和拓展资源的过程。

从狭义上看，创业资源是促使创业者启动创业活动的关键优势资源。

关键优势资源是指建立企业盈利模式的业务系统所必需的和重要的资源与能力，如麦当劳的标准化资源与能力、海尔的创新资源与能力、沃尔玛的低成本战略资源与能力。并不是企业现有的所有资源和能力都同等珍贵，也不是每一种资源和能力都是企业所必需的，只有和企业定位、盈利模式、整个业务系统流程、现金流结构相契合并且能互相强化的资源和能力才是企业真正需要的。

从资源的角度看，创业者是否具备业务系统所需的关键资源能力是其能否成功创业的核心问题。创业者对关键优势资源和能力识别得越清晰，利用得越充分，在激烈的市场竞争中保持创业后的竞争优势也就越持久。创业者对创业资源管理的原则是：必要资源要齐备适量，关键优势资源要富集并不断追求。

创业者要么根据自己的关键优势资源选择创业项目，要么根据创业项目整合关键优势资源，否则创业很可能以失败告终。

二、创业资源的种类

创业资源是所有有利于企业经营发展的因素的总和，其中包含很多复杂的、多样的概念。根据不同的规则，创业资源可以分为不同的类型，不同类型的创业资源有其独特的作用与属性。

（一）按照控制主体的不同分类

按照各种资源控制主体的不同，创业资源可以分为内部资源和外部资源两大类。

1. 内部资源

内部资源是指创业者及创业团队在创业之初自身所拥有的可用于创业的资源，如自身的人力、资金、技术、社会关系和自己建立的营销网络等。内部资源是企业的核心资源，优质的内部资源能够吸引外部资源。

2. 外部资源

外部资源是指创业者从企业外部获取的各种资源，包括从外部筹集的资金（借款、贷款、投资）、经营场所、设备、原材料及雇用的人工等。初创企业通常需要依赖外部资源来实现经营和发展。

（二）按照资源形态的不同分类

按照资源形态的不同，创业资源可以分为有形资源与无形资源。

1. 有形资源

有形资源又称实物资源，是指具有物质形态，能够用金钱准确衡量其价值的资源，如厂房铺面、资金、机器设备、原材料和产品等。有形资源是企业的实体，无形资源往往必须依托于有形资源才能发挥作用。

2. 无形资源

无形资源是指没有物质形态、无法用金钱准确衡量其价值的资源，包括信息资源、人力资源、技术资源、社会关系资源、品牌资源、企业知名度等。有形资源的价值是固定的，企业只有通过运用无形资源才能够附加新的价值，进而获得利润。

（三）按照利用方式的不同分类

按照对资源利用方式的不同，创业资源可以分为直接资源和间接资源。

1. 直接资源

直接资源又叫生产性资源，是指直接作用于产品生产销售过程的资源，如机器设备、储存场地、运输设备、工人的生产劳动等。直接资源关乎产品的生产销售，每一种资源都是不可或缺、无可替代的。

2. 间接资源

间接资源又叫工具性资源，是指为直接资源服务的资源。有一些间接资源能够转变为直接资源，如资金就可以转换为机器设备、人力、运输工具等直接资源；还有一些间接资源可以使直接资源发挥更好的作用，如政策资源、社会关系资源等。

（四）按照资源性质的不同分类

按照资源性质的不同，创业资源可以分为人力资源、社会资源、财务资源、物质资源、技术资源及组织资源。

1. 人力资源

人力资源是指企业所拥有的用以制造产品和提供服务的人力。人力资源是创业企业的关键资源，是获取、利用和转化其他资源的基础。人具有主观能动性，创业者、创业团队拥有的技能、知识、洞察力、视野、期望等都会深刻而持续地影响企业的运营和发展。人力资源又分为两个方面，一是高素质人才的获取和培养，二是高数量的合格的产业工人的培养和获取，二者都对企业的发展至关重要。

2. 社会资源

社会资源主要指由人际和社会关系网络而形成的关系资源。社会资源不会直接作用于产品的开发、生产、运输和销售这一整套流程，却能够帮助企业获取、利用其他资源，间接作用于企业的方方面面。同时，丰富的社会资源还能够使企业获得或抢先获得一些其他组织难以获得和接触到的资源，如一些隐秘的商业信息、市场变化的征兆等。

3. 财务资源

财务资源是指企业所拥有的所有以货币形式存在的资源，包括固定资产和流动资产两种。固定资产如厂房铺面、机器设备、原材料、成品等；流动资产包括现金存款及可以变现的债券、股票、基金、期货等。财务资源是衡量企业价值的标准，扩大财务资源是企业经营的主要目标。同时，财务资源尤其是流动资产还能够灵活地转化为其他资源，在企业的经营活动中发挥重要作用。

4. 物质资源

物质资源是指企业所拥有的各种有形资源，包括厂房铺面、机器设备、原材料等，还包括地皮、矿山、林地等自然资源。

5. 技术资源

技术资源是指企业在产品生产加工、储存、运输的过程中特有的关键技术和工艺流程等，广义的技术资源还包括应用这些技术的专业设备。技术资源是企业的核心资源，它决定了创业企业资本规模、市场竞争力及盈利能力。缺乏技术的企业最终只能沦为代工厂，无法成为贯通产业链的行业巨头。

6. 组织资源

组织资源是指企业的组织结构、制度建设及企业的规范管理、市场营销策划等。其他资源的运用与发挥需要依靠管理和组织。

小试牛刀

请同学们打开活动手卡 15，练练手吧！

任务二　评估创业资源

根据创业者或创业团队的创业动机和行为逻辑，可将创业资源评估方法分为决策导向型和机会导向型两类。

一、决策导向型资源评估方法

决策导向型资源评估方法是围绕创业决策进行创业资源评估的方法，即创业者或创业团队首先决定创业，然后寻求创业机会，进而整合和配置资源，并建立创业企业。决策导向型资源评估方法实质上是一个自上而下的过程，具有计划性，以创建企业为创业目标。

创业者或创业团队将创建企业作为其创业目标，因此他们的初始资源将决定其可识别和利用的创业机会。在寻求创业机会的过程中，创业者会对自身资源禀赋进行反复评价，并对创业愿景进行不断修正，直至发掘出适合现有资源条件的创业机会。因此，决策导向型资源评估方法重点围绕初始资源进行系统分析和评估。

创业企业在发展初期需要考察自身资源禀赋和现实资源需求两个方面的内容，建立创业资源评估矩阵（见图 7-1），并根据创业资源和创业机会的匹配程度来决定创业企业的发展方向与策略。其中，自身资源禀赋包括两个方面：一是创业企业现有的资源基础；二是需要通过一定途径获取的资源。创业企业可以通过对资源禀赋与资源需求的反复对照和比较，发现创业机会。

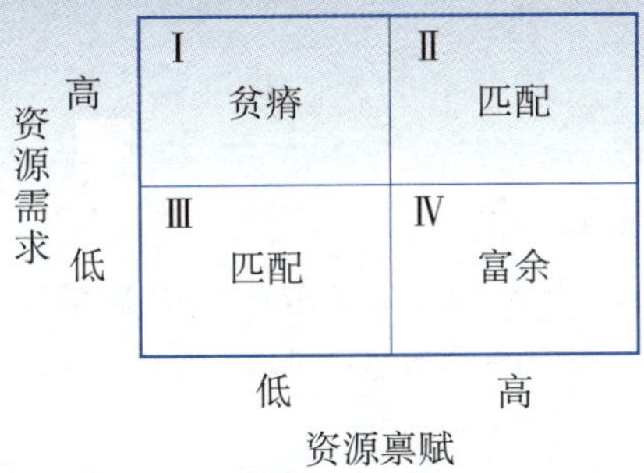

图 7-1　创业资源评估矩阵

通过创业资源评估矩阵可以看出，当资源禀赋和资源需求都较低时（第Ⅲ象限），创业企业需要匹配现有资源，确定资源差距，填补资源空白。当创业企业现有资源比较充足，而对创业所需资源的需求较低时（第Ⅳ象限），表明创业资源比较富余，创业企业能够充分按照预先计划开展创业活动。当创业资源禀赋和创业资源需求都较高时（第Ⅱ象限），创业企业也需要注重资源匹配，将资源充分运用于满足市场需求。当创业企业现有资源禀赋较低，但对创业资源需求较高时（第Ⅰ象限），表明创业企业的资源处于贫瘠状态，需要通过多种手段，整合和利用外部资源，以保障创业活动顺利开展。

二、机会导向型资源评估方法

机会导向型资源评估方法围绕具有社会经济价值的创业机会，评估现有创业资源的水平，最终通过开发产品或服务满足市场需求。与决策导向型资源评估方法不同，机会导向型资源评估方法是一种自下而上的评估过程，是将创办企业作为把握创业机会的手段，其目的是针对潜在市场机会开发具有吸引力的产品或服务。

机会导向型资源评估方法具有偶然性，是因为创业者或创业团队对资源的识别和评价都是围绕创业机会进行的，因而更加强调资源与机会的匹配水平或资源的独特性，即注重能够利用创业机会的核心资源与独特能力，而其他创业资源都是围绕这些关键资源进行识别和评价的。

案例 7-1

张佳明（化名）大学毕业后准备开办一家小型书店，在考察以后，他决定租用一间 60 平方米的门面房，下面是他开办书店的资金预算（不同城市及地段各项费用有所差别，仅供参考）。

1. 店铺装修：普通的小型书店，装修费用为每平方米 300 元。60 平方米的书店需投入装修费 18 000 元。

2. 书架：中档的报价是每个 300 元。60 平方米的书店放 30 个书架，共计 9 000 元。

3. 营业设备：电脑、扫描仪、打印机、电话、传真等，费用大约为 10 000 元。

4. 首期备货的采购资金：参考其他书店情况，初步确定为 50 000 元。

5. 房租：每月租金 5 000 元，需预备 3 个月的，共计 15 000 元。

6. 人员工资：60 平方米的书店需要 2 个店员，每人每月工资平均为 3 000 元，预备 3 个月，共计 18 000 元。

7. 其他费用预留：水电、通信、公关、物流等费用，每月预算2 000元，预备3个月，共计6 000元。

以上各项费用合计126 000元。

结论：开办这样一家60平方米的小型书店至少需要启动资金126 000元。

资料来源：陶昌学，朱彦，陈文俊．新时代高职生创新创业教育．北京：中国人民大学出版社，2023.

小试牛刀

请同学们打开活动手卡16，练练手吧！

任务三　获取与整合创业资源

创业企业受资源匮乏的限制，除了坚持自力更生、探索最经济的创业活动方式、充分开发并利用现有资源外，还必须关注企业外部环境，运用多种方式控制和借用外部创业资源为企业发展服务。因此，创造性地整合创业资源是成功的创业企业所应具备的关键技能。

一、创业资源的获取方法

（一）资金资源的获取

任何创业活动都需要资金支持。大部分创业者都遇到过资金短缺的问题，能否快速、高效地筹集资金成了决定创业成败的关键。大学生创业者获取创业资金的方式主要有以下十种。

1. 自筹资金

向家人、朋友筹集资金，是部分大学生创业者的主要选择之一。当然，该方式需要结合创业者自身的实际状况量力而行。

2. 获取政策支持

国家对大学生创业的鼓励和支持政策都比较多，创业时一定要先了解这方面政策，如免税、场地优惠、相对优惠的税率等。这些政策可以减少创业初期的部分成本，降低一部分创业风险。大学生可以通过网上查找相应政策或者咨询学校、创业导师来了解具体的相关政策，申请创业补贴资金。

3. 参加创业比赛

参加创业比赛对大学生创业者来说是一个挑战，参与是一个学习与收获的过程，还有获得奖金的机会。一般创业大赛的创业培训资金非常丰厚，通过决赛得到第一名的选手往往能得到10万元左右的创业培训基金，目前很多大学生都将参加创业大赛当作挑战自我的机会和创业实战的演练。此外，创业大赛评委有相当一部分就是投资人，通过比赛认识投资人也是获取创业资金很好的方式。

4. 大学生创业基金

全国大学生创业基金属于无偿公益基金，在资助期限内不参与创业企业的利润分配，不分红，不溢价。基金管理委员会鼓励和提倡所有受益者创业成功后通过自愿回报的方式回馈基金，以确保基金健康、有序、可持续发展。当然，该基金主要支持的是获奖类创业优秀项目，不是所有创业项目都可以得到该基金支持。

5. 大学生创业贷款

大学生创业贷款是银行等资金发放机构对各高校学生发放的无抵押、无担保的信用贷款。随着国家对大学生创业的日益支持和重视，各级政府出台了许多针对大学生创业的贷款优惠政策。创业者可以办理抵押或者质押贷款。贷款到期，创业者必须如数归还，否则银行有权处理抵押品作为补偿，创业贷款流程如图 7-2 所示。

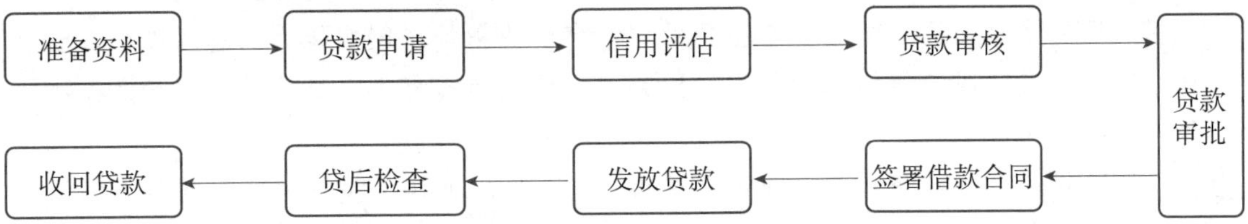

图 7-2 创业贷款流程

6. 创业团队成员出资

可以邀请可信任的朋友加入大学生创业项目，共同承担创业所需资金。创业团队作为公司的骨干人员，对于公司的归属感和热爱最强烈，创业团队人员出资，他们努力奋斗的意识会更强，因为大家知道当公司发展壮大之后，可能会获得几倍甚至几十倍的报酬。当然，出资的时候股权分配问题也要慎重考虑，否则会影响合伙人之间的关系甚至影响公司日后的发展。

7. 风险投资

风险投资又称为创业投资，是指投资人向初创企业提供资金支持并取得该公司股份的一种融资方式，属于权益融资的一种。风险投资的投资人通常将风险资本投资于具有发展潜力的初创型高新技术公司，在承担很大风险的基础上，为融资人提供长期股权投资和增值服务，培育公司快速成长，数年后再通过上市、兼并或其他股权转让方式退出投资，取得高额投资回报。

风险投资的着眼点不在于投资对象当前的盈亏，而在于其发展前景，以便通过上市或出售股权等方式取得高额回报。正因如此，风险投资者并不以在某个行业获得强有力的竞争地位为最终目标，而是把风险投资作为一种实现超额回报的手段。

8. 天使投资

天使投资是风险投资的先锋。创业设想只停留在创业者的笔记本上或脑海中，风险投资很难眷顾它们。天使投资人大多曾经有过创业经历，且常常是某一行业的专家，可以感同身受地体会创业者的处境，为创业企业提供极为宝贵的指导意见。

天使投资融资程序简单迅捷，但融资额有限。天使投资人只代表自己进行投资，投资行为带有偶然性和随意性，没有复杂而烦琐的投资决策程序，但金额也比较有限。

知识链接

天使投资与风险投资的区别

天使投资是权益资本投资的一种形式，是指个人出资协助具有专门技术或独特概念的原创项目或小型初创企业，是一次性的前期投资。它是风险投资的一种形式，即根据天使投资人的投资数量及对被投资企业可能提供的综合资源进行投资。天使投资直接向企业进行权益投资，不仅提供现金，还提供专业知识和社会资源支持，投资程序比较简单，短时间内资金就可以到位。

天使投资人一般有两类：一是创业成功者；二是企业的高管或高校科研机构的专业人员。他们有富余的资金，也具有专业的知识或丰富的管理经验。他们对天使投资感兴趣的原因不仅仅限于能在自己熟悉或感兴趣的领域进行投资获取资金的回报，还希望以自己的资金和经验帮助那些有创业精神与创业能力的志同道合者创业，以延续或完成他们的创业梦想，比如中国的天使投资人、真格基金创始人徐小平先生。

风险投资，其实翻译为创业投资更为恰当。广义的风险投资泛指一切具有高风险、高潜在收益的投资；而狭义的风险投资则是指以高新技术为基础，生产与经营技术密集型产品的投资。根据美国风险投资协会的定义，风险投资是由职业金融家投入新兴的、迅速发展的、具有巨大竞争潜力的企业中的一种权益资本。

首先，天使投资与风险投资的融资方式不同。天使投资属于直接融资的范畴，即投资者的资金是直接投入被投资公司的。而风险投资则是介于间接融资与直接融资之间的一种融资方式，即风险投资是从其他人那里融资过来，然后进行投资的。简单地说，风险投资是进行代理投资。

其次，天使投资与风险投资的投资额度不同。天使投资属于个人行为，因此对单个项目的投资额通常不会很大，一般以 300 万～500 万元为主。而风险投资属于机构行为，它的单笔投资一般不会低于 1000 万元，但多家机构合投除外。通常情况下，单个项目的投资额在 3 000 万～5 000 万元居多，不排除会有超过 1 亿元的投资额度。

再次，天使投资与风险投资选择投资的关注点不同。天使投资人在选择投资目标的时候，一般不会去关注公司的收入、利润等财务指标，因为对于初创公司而言，一般也没有多少收入和利润，而是更多地关注投资目标的现金储备情况、每月现金消耗情况等。而风险投资则更多地关注投资目标的市场地位、影响力、占有率等，看其是否在同类公司中具有竞争力，看其估值是否存在一定的上升空间。

最后，天使投资与风险投资获得投资回报的方式不同。天使投资主要是靠“价值投资”来回报，即天使投资人通过投资具有发展潜力的公司，以此来获得公司价值增长的钱。而风险投资除了靠“价值投资”来获取投资回报外，还会通过不同的估值体系来获得回报。所谓不同的估值体系，是指风险投资人通过投资私人公司，让私人公司变为上市公司。那么在私人公司变成上市公司后，被投资公司就会在此过程中获得溢价的机会。只要风险投资人抓住这样的机会，就可以从中获取回报。

资料来源：朱志伟，葛云飞．创新创业基础．北京：中国人民大学出版社，2022.

9. 融资租赁

对于刚刚创办的企业来说，进行生产需要投入固定资产购置资金，尤其是高科技企业。固定资产往往价格较高，创业者通常没有足够的资金购买，租赁几乎是唯一的选择。即使在资金充裕的条件下，创业者出于优化财务结构方面的考虑，也可能采用租赁的方式。融资租赁是一种以融资为直接目的的信用方式，表面上看是借物，而实质上是借资，以租金的方式分期偿还。该融资方式最大的优势在于不占用创业企业的银行信用额度，创业者支付第一笔租金后即可使用设备，而不必在购买设备上大量投资，这样资金就可调往最急需的地方。

10. 知识产权融资

知识产权融资包括知产引资、技术入股等方式。技术入股是指拥有专利技术、专有技术的企业或者个人，通过知识产权的价值评估后，与拥有资金的第三方机构合作成立新公司的一种方式，使得拥有专利技术、专有技术的企业或者个人获得企业股权；也指企业股东或者法人将自主拥有的专利技术、专有技术，通过知识产权的价值评估后，转让到企业，从而增加其持有的股权。

头脑风暴

结合各小组的创业项目，讨论创业需要多少资金，可通过哪些渠道获得这些资金，请各小组成员将主要观点记录下来。

（二）技术资源的获取

对于一个组织来说，技术资源包括两个方面：一是与解决实际问题有关的软件方面的知识；二是为解决这些实际问题而使用的设备、工具等硬件方面的知识。两者的总和就构成了这个组织的特殊资源，即技术资源。大学生获取技术资源的方法主要有以下途径。

1. 利用学校资源研发新技术

高校大学生可以利用学校里的资源，如实验室条件、导师课题、实验室课题等，进行新技术研发，用智力换资本，这是大学生创业的特色之路。一些风险投资人往往就因为看中大学生所掌握的先进技术，而愿意对其创业计划进行资助。因此，打算在高科技领域创业的大学生，一定要注意技术创新，开发具有独立知识产权的产品，以吸引投资人。

2. 吸引技术持有者加入创业团队

技术持有者以技术入股，成为创业团队成员。企业也可在购买技术专利的同时雇用专利的原持有人，即技术持有者。技术持有者是最熟悉该技术的人，将其雇用为创业项目的员工，能够节省培训费用，同时能够更好地促进技术的进一步开发与创新。创业者与技术持有者合伙，充分体现了组建创业团队需要遵循的能力互补原则。此种方式的优点在于随着技术持有者的加入，创业项目能以最快的速度引入最关键的技术资源，但这种方式也存在弊端，如创业项目受技术持有者加盟的影响、创业者对创业项目的控制削弱等。

3. 通过产学研合作研发新技术

2012 年 12 月 15 日，习近平总书记在中央经济工作会议中说道：创新的实质效果是优胜劣汰、破旧立新。我们要着力构建以企业为主体、市场为导向、产学研相结合的技术创新体系，注重发挥企业家才能，加快科技创新，加强产品创新、品牌创新、产业组织创新、商业模式创新，提升有效供给，创造有效需求。企业可以整合企业之外的技术资源，尽可能地与科研院所、高等院校合作，因为那里有技术前沿人才，而且科研院所、高等院校的人才也愿意把自己的技术资源转化为产品，实现技术成果的转化。

4. 参加技术研讨会

每个行业在国内外都会举行专业的技术研讨会或技术交流会，有些是高校合作举办，有些是高校、研究院所、企业共同举办。技术研讨会邀请业内专家进行报告、同行之间相互交流，参会可以获取到国内外最先进的技术资源信息。

（三）人力资源的获取

核心团队成员是指在创业初期加入团队，以创业发起者为中心，团结在创业负责人周围的成员。他们从各自的视角和专长领域为创业者出谋划策，并且可以很好地完成自身职责范围内的工作，是创业发起者同甘共苦的朋友。对于新创企业，确定人员筛选标准至关重要。在确定人员筛选标准的时候，创业者可以听一听员工对于创业企业的想法。对于员工招聘，创业者应该有明确、具体的规划，必要的时候可以以文档形式整理出来。

新创企业该如何选拔员工？创业者应该思考如下问题：

（1）未来 3～5 年企业的发展趋势是什么？行业的发展趋势是什么？

（2）企业的发展战略是什么？该战略需要什么样的技术和人才做支撑？实现发展战略，企业需要什么样的人才结构和梯度配备？

（3）企业目前的员工结构及状况是什么样的？员工与企业的人才要求相比较还存在什么差距？是哪些方面的差距？差距有多大？

（4）本行业劳动力市场的供求状况如何？本企业的员工流动状况如何？

（5）企业的晋升制度如何？是否合理？

在对上述问题进行调研的基础上，创业者应明确制定出招募决策，该决策的主要内容应包括以下几个方面的内容：

（1）哪些岗位需要招募人员？需要招募多少人？

（2）每个岗位的任职资格是什么？

（3）什么时候发布招募信息？采取何种招募渠道？

（4）如何进行人员考评测试？测试的依据是什么？

（5）录用决策的依据是什么？测试结果起什么作用？谁来判断是否合适？谁来决定是否录用？

（6）员工的薪资待遇如何制定？福利制度如何制定？

基于对这些问题的分析，创业者再设计出详细的、适合本创业项目特点的招聘流程、招聘方式、各个岗位的要求，以及相关表格的制作和评审标准。许多新创企业人才流失是因为公司给的工资低或者拖欠工资，管理混乱；员工觉得公司没有发展前景，没有归属感，公司的福利待遇不够好。创业者要设身处地从员工的角度出发，这样才能留住人才。

甄选员工是企业从应聘者中选出所需要的最合适的人员的过程，是招聘管理中技术性最强和难度最大的。一般而言，甄选员工的内容可从以下三个方面考虑：

（1）应聘者能做什么。

企业首先应甄别应聘者的能力水平，一般主要围绕三大问题展开：应聘者是否有能力做好这项工作，这些能力如何表现出来？应聘者是否具有某些特殊技能？应聘者是否有在公司内发展的潜力？

（2）应聘者愿意做什么。

企业考虑此方面内容的主要目的在于判断应聘者的工作动机，进而预测将来其能否全力投入工作及在本企业工作的稳定性，一般主要围绕下列问题展开甄选：应聘者对该项工作是否真的有兴趣？应聘者为什么愿意来企业工作？应聘者能否在企业长期干下去？应聘者过去的工作经历能否说明他具有稳定性？应聘者能否一心一意为企业工作？

（3）应聘者与所招募岗位的匹配性。

企业考虑此方面内容主要是为了判断应聘者能否胜任岗位、能否融入现有团队，一般围绕下列问题展开甄选：应聘者的能力和知识是否适应将来的工作要求？应聘者的个性特点是否适合该工作和工作环境？应聘者能否适应企业的文化氛围？应聘者能否被他的同事接纳？

知识链接

录用新员工的相关知识

录用新员工，要尽可能地了解其背景资料，比如之前的工作经历、信用状况、道德品行等，这些非知识技能型的品质很重要，关乎新员工对公司的忠诚度和能否与其他同事和谐共处，以及公司的人际氛围等。

在招聘方式的选择上，可以采用亲友推荐，对于初创企业来说，这样的方式有时候比招聘网站更加靠谱，因为有情感因素的存在，当企业面对困境的时候，员工愿意与企业共同分担，在薪资待遇方面愿意接受初创企业刚开始薪资待遇不高的现状。此外，企业也可以通过猎头公司找到急需的高级管理人才、技术人才等，还可以通过校招方式找到有潜质但工作经验欠缺的实习生。

此外，还需要给新员工进行体检。体检的目的有三个：（1）确定应聘者是否符合空缺职位的身体素质要求；（2）建立应聘者健康档案，以服务于员工的保险或潜在的赔偿要求；（3）通过确定应聘者的健康状况，降低缺勤率和减少事故。

创业者还需要了解劳动合同等相关法律知识，避免后续与员工出现法律纠纷问题。这对于初次创业、社会经验不足的大学生群体也很重要。

在做出录用员工的决定后，企业应尽快与之签订劳动合同。

二、创业资源整合

（一）创业资源整合的定义及原则

创业资源整合是指创业企业以一种相对充裕并最先获取的关键资源为核心和驱动力，带动其他资源向创业企业集聚，即创业企业通过一系列措施和手段，控制或掌握外部资源，使其更好地支持和服务创业活动。创业企业要有效地实现资源整合，必须遵循以下五项原则：

（1）尽可能多地搜寻利益相关者，发掘潜在资源提供方。

（2）识别利益相关者的关键利益点，寻求共同利益。

（3）构建共赢机制，确保各方受益。

（4）实现充分沟通并达成共识，降低各方的风险且扩大收益。

（5）建立信任关系，实现长期合作。

（二）创业资源整合的基本模式

创业活动根据不同的标准可以划分为不同的类型。不同类型创业活动的资源需求及创业资源整合方式存在差异。依据创业动机、机会及初始资源类型，创业资源整合的基本模式有三种：技术驱动型、资金驱动型和人力资本驱动型。

1. 技术驱动型资源整合模式

技术驱动型资源整合模式是指创业者或创业团队最先拥有技术资源，或者在创业初始阶段技术资源比较充裕或独特，进而吸引和带动其他创业资源向创业企业集聚。这种创业资源整合模式是以创业企业掌握的关键技术资产为基础，根据核心技术产品化、商业化和产业化的需求，吸纳和利用其他种类资源。例如，某科研机构研究员成功研发出能有效减少汽车尾气排放的电子设备，并希望创办企业让该技术产生社会效益和经济价值，但是，该研究员缺乏将相关技术商业化的资金，以及懂得管理企业、开发市场的专业人员。此时，该研究员可以利用所掌握的关键技术资源，吸收各种风险投资机构和各类创投基金的融资，吸纳具有专业互补性的其他人才创立和加入创业企业，共同实现创业目标。

技术驱动型资源整合模式能够发挥作用的关键在于，创业者或创业团队所掌握的技术资源有显著或潜在的社会经济价值。一旦这种价值存在被市场认可的潜力和可能性，便可以有效地吸引资金、人才及其他重要资源，从而实现对创业资源的整合。

2. 资金驱动型资源整合模式

资金驱动型资源整合模式是指创业者或创业团队最先拥有资金，或者在创业初始阶段资金较为充裕，进而可以通过多种方式获取和吸引其他创业资源向创业企业集聚。该类创业资源整合模式以创业企业拥有的雄厚资金为基础，通过市场购买或者其他方式获得创业企业发展所需的其他重要资源。例如，某房地产企业老板打算将富余资金用于开拓新的事业，但是他本人并不掌握其他专业技术，也没有其他行业从业经历。然而，他可以通过政策研判和市场分析，发掘某些特定市场机会（如投资 3D 打印或智能制造软件开发），然后运用比较充沛的资金购买相关技术专利和技术设备，并从其他企业高薪聘请专业人才组建和运营新企业。

3. 人力资本驱动型资源整合模式

人力资本驱动型资源整合模式是指创业者或创业团队以所拥有的人力资本为核心资源基础，通过发挥团队独特的且具有价值的特长或素质，获取创业所需的其他资源。该类资源整合模式是职业经理人创业时采取的主要资源获取方式，即职业经理人在工作一段时间后，运用工作期间积累的行业经验、管理能力和社会网络建立新企业，开始创业活动。

以人力资本为核心吸纳和利用创业资源必须满足两个条件。第一，人力资本具有较强的素质和能力。创业者或创业团队应该拥有丰富的行业与管理经验，以及高水平的企业综合运营能力。第二，人力资本拥有较高的社会声誉。

案例 7-2

借力修天桥背后的资源整合逻辑

天津国际商场是天津市第一家上市公司，其紧邻南京路，南京路是一条十分繁忙的主干道，道路的对面就是滨江道繁华的商业街。在国际商场刚开业时，它的门口并没有过街天桥，行人穿越南京路很不方便，也很不安全。在这里修建一座天桥是很正常且必要的事情，经过那里的人都会自然地想到这一点。但是，绝大多数人都觉得这个天桥应该由政府来修建，和自己没有什么关系，所以只是想想、发发牢骚也就过去了。

有一天，一个年轻人路过时也产生了同样的想法，但他并没有认为这是政府该干的事情，而是敏锐地抓住了这个商机。这个年轻人立即去找政府商量，提出自己出钱修建过街天桥，但不需要天桥的所有权等，只是想在修建好的天桥上挂广告牌，希望政府批准。不用花政府一分钱还能给老百姓办实事，当地政府觉得这个主意很不错，立刻同意了。这个年轻人拿到政府的批文后，立即找到可口可乐公司洽谈广告业务，在这么繁华的街道上立广告牌，没有哪个商家会拒绝。就这样，这个年轻人凭借政府的批文，如愿以偿地从可口可乐公司那里拿到了广告的定金，他用这笔钱修建了天桥，还略有剩余。天桥建好了，广告也挂上了，这个年轻人从可口可乐公司拿到余款，这就是他创业的第一桶金。

资料来源：张玉利，薛红志，陈寒松，等.创业管理.5版.北京：机械工业出版社，2022.

项目自测

一、单选题

1. 创业资源按照控制主体不同分为（　　）。

A. 内部资源和外部资源　　B. 有形资源和无形资源

C. 直接资源和间接资源　　D. 人力资源和非人力资源

2.（　　）是企业所拥有的所有以货币形式存在的资源，包括固定资产和流动资产两种。

A. 社会资源　　B. 财务资源　　C. 物质资源　　D. 技术资源

3. 下列不属于技术资源获取方法的是（　　）。

A. 利用学校资源研发新技术

B. 吸引技术持有者加入创业团队

C. 通过产学研合作研发新技术

D. 知识产权融资

二、多选题

1. 下列属于创业资源评估方法的有（　　）。

A. 决策导向型资源评估方法　　B. 机会导向型资源评估方法

C.SWOT 资源评估方法　　D. 以上都是

2. 资金资源的获取方法包括（　　）。

A. 自筹资金　　B. 大学生创业基金　　C. 大学生创业贷款　　D. 风险投资

3. 创业资源整合的基本模式包括（　　）。

A. 技术驱动型　　B. 资金驱动型　　C. 人力资本驱动型　　D. 机会驱动型

三、判断题

1. 参加创业比赛对大学生创业者来说能够积累宝贵经验但没有获得创业资金的机会。（　　）

2. 决策导向型资源评估方法围绕具有社会经济价值的创业机会，评估现有创业资源的水平，最终通过开发产品或服务满足市场需求。（　　）

3. 核心团队成员是指在创业初期加入团队，以创业发起者为中心，团结在创业负责人周围的成员。（　　）

4. 人力资本驱动型资源整合模式是指创业者或创业团队以所拥有的人力资本为核心资源基础，通过发挥团队独特的且具有价值的特长或素质，获取创业所需的其他资源。（　　）

四、简答题

1. 请简述资金资源的获取途径。

2. 请简述什么是决策导向型资源评估方法。

复盘反思

1. 知识盘点：通过对本项目的学习，你掌握了哪些与创业资源整合相关的知识？请画出思维导图。

2. 方法提炼：在完成本项目学习和实训的过程中，你掌握了哪些评估创业资源的方法和工具？

3. 行动影响：在完成本项目学习和实训的过程中，你认为自己还有哪些地方需要改进?

项目八

设计商业模式

项目目标

知识目标

1. 理解商业模式的内涵。
2. 掌握商业模式的设计方法。

能力目标

1. 能够运用商业模式画布设计创业项目的商业模式。
2. 能够具备一定的商业模式创新能力。

素养目标

1. 培养良好的交流沟通能力，能够总结团队观点并进行分享。
2. 具备良好的理论联系实际的能力，能运用商业模式知识分析实际案例。
3. 充分理解党的二十大报告中提到的科技是第一生产力、人才是第一资源、创新是第一动力，从而理解创新商业模式对一个企业长远发展的重要意义。

思维导图

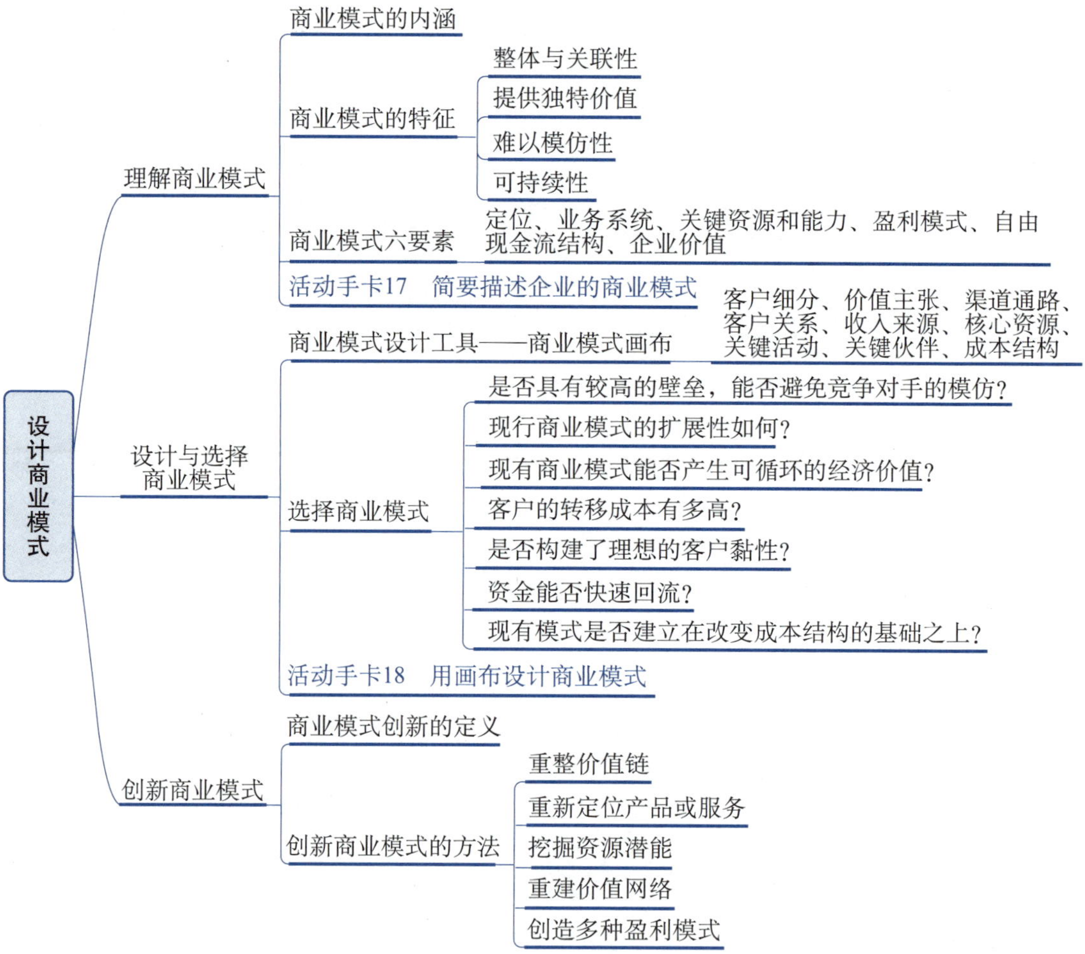

项目导入

抖音：PUGC＋粉丝经济

抖音于2016年9月20日正式上线，是一个面向全年龄段人群的音乐短视频社区平台。根据企鹅智酷发布的《抖音 & 快手用户研究报告》，截至2022年4月，抖音月活跃用户数达6.8亿，抖音日活跃用户数达4.2亿，凸显了抖音的“黏人”能力。短短数年，抖音迅速占领了短视频行业的大部分市场。作为国内最大的短视频平台，抖音继续领跑市场。最新数据表明，即便已经上线8年，抖音仍然保持着惊人的增长速度，是继微信之后成长最快的移动互联网产品。

抖音的商业模式可概括为“PUGC＋粉丝经济”。PUGC（Professional User Generated Content，即“专业用户生产内容”或“专家生产内容”），指在移动音视频行业中，将UGC+PGC相结合的内容生产模式。抖音的价值来源主要为平台流量的变现，而其平台流量主要来源于有一定忠诚度甚至是高忠诚度的抖音粉丝，所以粉丝是其商业模式要素中的核心主体。在通过营销宣传吸引用户之后，抖音平台通过PUGC及其他额外服务，将普通用户转化为抖音粉丝，以此来维持、扩大平台流量和进一步构建生态社区。这种商业模式让抖音、用户、第三方平台形成了一个闭合的循环：抖音提供短视频分享平台给用户分享自己在生活中的各种经历，满足用户的娱乐需求，从而形成口碑效应以吸引更多用户参与到抖音平台中，随着用户群的增加，吸引更多的内容生产者入驻平台从而提供更多的优质内容，使得用户效用提升，激发周边网络效应。由此，抖音平台累积了大量用户，形成了巨额流量，这些巨额流量又吸引第三方平台入驻抖音，抖音由此可获得盈利从而有资金支持发展。

抖音于2016年上线，一直“磨刀”到2017年春节后才大举压上资源，其优秀的数据表现又让今日头条很快决定将各种流量资源全力导向这个可以提升公司品相的新项目。抖音很快成为今日头条战略级产品。当然，今日头条也将最核心的算法优势用到了抖音上，一开始就在产品层面加入算法推荐模型以保证内容分发效率，这些都为抖音的进一步发展奠定了基础。2018年抖音估值在80亿～100亿美元。2020年1月火山小视频和抖音正式宣布品牌整合升级，火山小视频更名为抖音火山版，并启用全新图标。几年时间内，抖音已成为短视频行业的领军者，占据大半市场份额，展现了互联网环境下新兴商业模式的力量。

资料来源：李巍，吴朝彦．创业基础．2版．北京：中国人民大学出版社，2021.

讨论

1. 能分享短视频的自媒体平台不少，抖音仍居这一行业的首位，为什么满足同种需求的不同服务产品吸引的用户流量会有差距？

2. 商业模式是什么？抖音的商业模式是如何做到一枝独秀的？

任务一　理解商业模式

想要创业，寻找好的项目就成了必然，然而好项目的演变与发展一定离不开好的商业模式。不论是市值千亿的大公司，还是街边的奶茶店，它们都有各自的商业模式。企业要想获得成功，就必须从制定成功的商业模式开始，成熟的企业是这样，新的企业是这样，发展中的企业更是如此，商业模式是企业竞争制胜的关键，是商业的本质。管理学大师彼得·德鲁克也曾说过："当今企业之间的竞争，不是产品之间的竞争，而是商业模式之间的竞争。"商业模式是一个企业健康发展的根本前提，是一个企业最高级别的竞争方式。那么，究竟什么是商业模式呢？

一、商业模式的内涵

（一）商业模式的定义

商业模式是指为实现客户价值最大化，把能使企业运行的内外各要素整合起来，形成一个完整的、高效率的、具有独特核心竞争力的运行系统，并通过最优实现方式满足客户需求、实现各方价值（包括客户、员工、合作伙伴、股东等利益相关者的价值），同时使系统达成持续盈利目标的整体解决方案。用一句话来阐述就是：商业模式描述与规范了一个企业创造价值、传递价值及获取价值的核心逻辑与运行机制。

（二）商业模式的核心逻辑

商业模式的核心逻辑包括三个组成部分：创造价值、传递价值、获取价值，如图 8-1 所示。这三个部分是环环相扣的闭环，三者缺一不可。

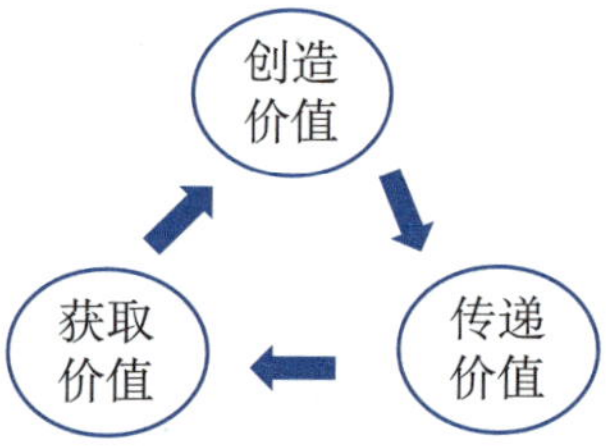

图 8-1　商业模式的核心逻辑

创造价值就是基于客户需求，提供解决方案。商业存在的基础是企业通过生产产品或提供服务，为客户提供某种价值。客户要认可这一价值，或者说，产品或服务要满足客户的某种需求，如提供便利、降低成本等。

传递价值就是通过资源配置、活动安排来交付价值。这也是产品或服务通过何种定位、何种渠道到达客户，让客户知晓、感受、使用的过程。

获取价值就是通过一定的盈利模式来持续获取利润。一个商业组织，在为客户创造和向客户传递价值的过程中必须考虑如何优化成本结构、如何定价、如何获取利润等问题，也就是为自己获取价值。

案例 8-1

海底捞：提供星级服务

海底捞是从街边麻辣烫创业起步的。1994 年，张勇在四川省简阳市开设了第一家海底捞火锅店。2007 年 4 月，四川省简阳市海底捞餐饮有限责任公司正式成立。目前，海底捞连续多年保持快速增长的态势。

海底捞产品并无高科技含量，也极易被模仿，然而消费者却对海底捞情有独钟。深层次、全方位满足顾客潜在的需求是其快速发展的根本原因。

餐厅排队等候，原本是一个令人难耐的过程，海底捞却把它变成一种愉悦。持号码等待就餐的顾客可以一边关注屏幕上的座位信息，一边享受免费的水果、饮料、零食，不会饿肚子；如果是一群朋友在等待，服务员还会主动送上扑克牌、跳棋之类的桌面游戏供大家打发时间；顾客可以趁等候的时间到餐厅上网区浏览网页，还可以享受免费的美甲、擦皮鞋等服务。待客人坐定点餐时，围裙、热毛巾一一奉送到眼前。服务员还会细心地为长发的女士递上皮筋和发夹，以免头发垂落到食物里；戴眼镜的客人则会得到擦镜布，以免热气模糊镜片；服务员看到客人把手机放在台面上，会不声不响地拿来小塑料袋装好，以防手机沾到油渍……这就是海底捞的粉丝们所享受的"以便宜的价格买到星级的服务"的全过程。

毫无疑问，这样贴身又贴心的超值服务，让人流连忘返。商家在为消费者创造超额价值的同时也获得了丰厚的回报。

资料来源：王强，陈姚．创新创业基础：案例教学与情境模拟．北京：中国人民大学出版社，2021.

二、商业模式的特征

（一）整体与关联性

好的商业模式至少要满足两个必要条件：（1）商业模式必须是一个整体，有一定的结构，而不仅仅是一个单一的组成因素；（2）商业模式的组成部分之间必须有内在联系，这个内在联系把各组成部分有机地关联起来，使它们互相支持、共同作用，形成一个良性循环。这是核心竞争力所在。

（二）提供独特价值

独特价值有时可能是新的思想，而更多的时候，它往往是产品和服务独特性的组合。这种组合要么可以向客户提供额外的价值，要么使得客户能用更低的价格获得同样的利益，或者用同样的价格获得更多的利益。

（三）难以模仿性

企业通过确立自己的与众不同，如对客户悉心照顾等，来提高行业的进入门槛，从而保证利润来源不受抢占。比如直销模式，仅凭"直销"这一点，还不能称为一个商业模式，人们都知道它如何运作，戴尔公司是直销模式的典型，其他公司很难复制戴尔的模式，原因在于"直销"背后是一套完整的、极难复制的资源和生产流程。

（四）可持续性

企业的商业模式不仅是竞争对手难以复制和超越的，还应该是持续的、动态的。商业模式的相对稳定性对维持竞争优势十分重要，频繁调整和更新不仅增加了企业成本，还容易造成顾客和组织的混乱，这就要求商业模式的设计具备一定的前瞻性。但是，没有一个模式能保证获得永久的利润，所以商业模式还应该是一个动态的、持续更新的过程。

三、商业模式六要素

（一）定位

定位就是企业应该做什么，它决定了企业应该通过提供什么特征的产品和服务来实现顾客的价值。定位是企业战略选择的结果，也是商业模式体系中其他部分的基础。定位已经在战略管理、市场营销等领域被广泛提及。商业模式中的定位更多地被用来理解企业的状态，例如提供什么样的产品和服务、进入什么样的市场、选择哪些经营活动、与哪些合作伙伴建立合作关系、怎样分配利益等。

（二）业务系统

业务系统是指企业达成定位所需要的业务环节，合作伙伴扮演的角色，以及利益相关者合作与交易的方式和内容。业务系统是商业模式的核心。高效运营的业务系统不仅仅是赢得竞争优势的必要条件，也可能成为企业竞争优势本身。围绕企业定位所建立起来的一个内外部各方利益相关者相互合作的业务系统将形成一个价值网络，从而明确了顾客、供应商和其他合作伙伴在价值创造过程中所扮演的角色。

（三）关键资源和能力

业务系统界定企业所要开展的活动，而完成这些活动则需要相应的有形和无形资产、技术和能力，即关键资源和能力。关键资源和能力是让业务系统运转所必需的重要资源和能力。商业模式所构建的重要工作就是明确企业所需要的关键资源和能力有哪些、它们是如何分布的、如何才能获取和利用这些资源和能力。事实上，并不是所有的资源和能力都同等重要，只有和定位、业务系统、盈利模式、自由现金流结构、企业价值相契合，能够相互强化的关键资源和能力才是企业真正需要的。

（四）盈利模式

盈利模式是指企业如何获得收入、分配成本、赚取利润。盈利模式是在既定业务系统中，在价值链结构确定的前提下，企业利益相关者之间的利益分配格局。良好的盈利模式不仅能够为企业带来收益，更能为企业编织一张稳定共赢的价值网。收入结构和成本结构是盈利模式的关键部分：各类顾客如何支付、支付多少，所创造的价值在企业、顾客、供应商和合作伙伴之间如何分配，是收入结构要回答的问题；成本结构与企业所提供的产品和服务、业务系统及其资源能力分布紧密相关。

（五）自由现金流结构

自由现金流结构是企业经营过程中产生的现金收入扣除现金投资后的状况，其贴现值反映了运用该商业模式的企业的投资价值。不同的现金流结构反映了企业在定位、业务系统、关键资源和能力，以及盈利模式等方面的差异，体现了商业模式的不同特征，并影响企业成长速度，决定企业投资价值的高地，以及企业投资价值的递增速度和受资本市场青睐的程度。例如，以租赁方式使用厂房、设备的企业与购买厂房、设备的企业，在现金流的结构上是不同的。

（六）企业价值

企业价值即企业的投资价值，是企业预期未来可以产生的自由现金流的贴现值。如果说定位是商业模式的起点，那么企业的投资价值就是商业模式的归宿，是评判商业模式优劣的标准。企业的投资价值由其成长的空间、能力、效率和速度决定。

小试牛刀

请同学们打开活动手卡 17，练练手吧！

任务二　设计与选择商业模式

一、商业模式设计工具——商业模式画布

商业模式画布是一种描述、可视化、评估和创新商业模式的通用工具，是目前广泛运用的商业模式分析工具之一。

商业模式画布

该工具从“为谁提供、提供什么、如何提供、成本及收益多少”四个视角描述了企业创造价值、传递价值、获取价值的基本原理，用九个板块展示企业创造收入的相互关联的元素：客户细分、价值主张、渠道通路、客户关系、收入来源、核心资源、关键活动、关键伙伴、成本结构（见图 8-2）。总之，商业模式画布为一种用来描述商业模式、可视化商业模式、评估商业模式及创新商业模式的通用语言。

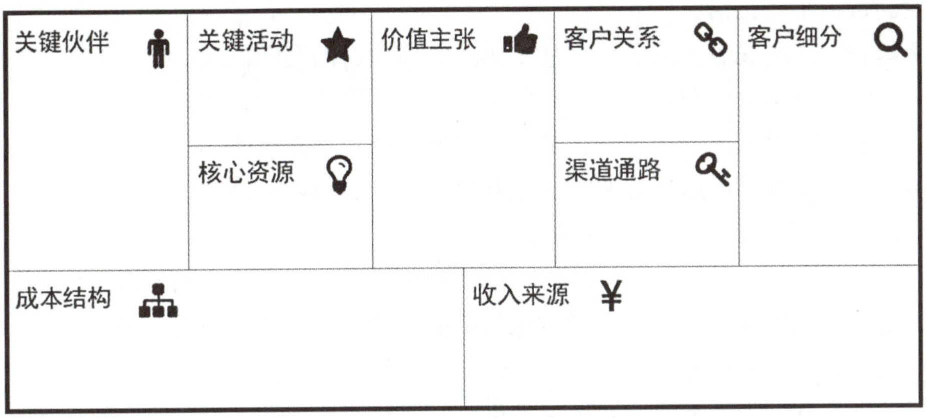

图 8-2　商业模式画布

（一）客户细分

客户构成了商业模式的核心，是企业存在的理由和价值，没有客户就没有企业的生存和发展。客户细分用来描绘一个企业想要接触和服务的不同人群或组织，主要回答以下问题：

（1）我们正在为谁创造价值？

（2）谁是我们最重要的客户？

为了更好地满足客户，企业可能把客户分成不同的细分区隔。每个细分区隔中的客户具有共同需求和共同行为，以及其他共同属性。客户细分群体存在不同的类型，大致可以分为：

（1）大众市场：价值主张、渠道通路和客户关系全部聚集于一个大范围的客户群组，具有大致相同的需求和问题，即关注需求的共同点而非差异点。

（2）利基市场：价值主张、渠道通路和客户关系都针对某一利基市场的特定市场需求定制，常可在供应商—采购商的关系中找到。

（3）区隔化市场：客户需求略有不同，细分群体之间的市场区隔有所不同，所提供的价值主张也略有不同。

（4）多元化市场：经营业务多样化，以完全不同的价值主张迎合完全不同需求的客户细分群体。

（5）多边平台或多边市场：服务于两个或更多相互依存的客户细分群体。

（二）价值主张

价值主张用来描绘为特定客户细分群体创造价值的系列产品和服务，它是客户转向一个企业而非另一个企业的原因，解决了客户的困扰或者满足了客户的需求。从价值输出的角度看，价值主张是企业提供给客户的收益集合或收益系列，主要回答以下问题：

（1）我们该向客户传递什么样的价值？

（2）我们需要帮助客户解决哪一类难题？面对哪些痛点？

（3）我们需要满足哪些客户需求？

（4）我们需要提供给客户细分群体哪些系列的产品和服务？

价值主张通过满足细分群体需求的独特组合来创造价值。价值可以是定量的（如价格、服务速度等），也可以是定性的（如客户体验、品牌形象等）。

有效的价值主要包括：

（1）新颖：产品或服务满足客户从未感受和体验过的全新需求。

（2）性能：改善产品和服务性能是传统意义上创造价值的普遍方法。

（3）定制化：以满足个别客户或客户细分群体的特定需求来创造价值。

（4）把事情做好：可通过帮客户把某些事情做好而简单地创造价值。

（5）设计：产品因优秀的设计脱颖而出。

（6）品牌、身份地位：客户可以通过使用和显示某一特定品牌而发现价值。

（7）价格：以更低的价格提供同质化的价值，满足价格敏感型客户细分群体。

（8）成本削减：帮助客户削减成本是创造价值的重要方法。

（9）风险抑制：帮助客户抑制风险也可以创造价值。

（10）可达性：把产品和服务提供给以前接触不到的客户。

（11）便利性、可用性：通过使产品更方便或更易于使用创造客户所需的价值。

知识链接

洞察客户价值的六个技巧

了解客户的视角对设计成功的价值主张至关重要。以下六个技巧有助于创业者深入洞察客户。

（1）数据侦探。研究报告和二手客户数据能够为创业者的客户研究提供很好的基础。当然，也需要关注所在行业之外的数据，并且学习类似、相反和邻接行业的数据。

（2）媒体记者。运用与（潜在）客户进行交谈这种简单的方式获得客户洞察力，是一种行之有效的做法。然而，需要注意客户可能在访谈中说的是一套，在实际中做的却是另一套。

（3）人类学者。在现实生活中观察（潜在）客户，得到关于他们真实行为的好的见解。了解他们关注的工作和他们是如何完成工作的，记录那些让他们困扰的痛点和他们希望取得的收益。

（4）演员。“变成你的客户”，然后实际体验你的产品和服务。花一天时间去扮演自己的客户，从扮演一个“挑剔的”客户的经验中得到见解。

（5）共同开创者。让客户参与价值创造的过程，向客户学习，并与他们一起工作从而去探索和发展新创意。

（6）科学工作者。让客户（有意识和无意识地）参与一项实验，测试价值主张或商业模式假设的真伪并产生证据，从实验产出中得到有价值的客户认知。

资料来源：亚历山大·奥斯瓦尔德，伊夫·皮尼厄，格雷格·贝尔纳达，等．价值主张设计：如何构建商业模式最重要的环节．余锋，曾建新，李芳芳，译．北京：机械工业出版社，2015.

（三）渠道通路

渠道通路用来描绘企业是如何沟通、接触其客户细分群体并传递其价值主张的。沟通、分销和销售构成了企业面向客户的接口界面。渠道通路是客户接触点，是客户知晓和了解企业及其产品的通路，在客户体验中扮演着重要角色，主要回答以下问题：

（1）通过哪些渠道可以接触我们的客户细分群体？

（2）我们如何接触他们？

（3）我们的渠道如何整合？

（4）哪些渠道最有效？

（5）哪些渠道成本效益最好？

（6）如何把我们的渠道与客户的例行程序进行整合？

在把价值主张推向市场期间，发现有效接触客户的正确渠道组合是至关重要的。企业可以选择通过自有渠道、合作渠道或两者的混合来接触客户。其中，自有渠道可以是直销的（如内部销售团队或网站），也可以是间接的（如零售商店）；合作渠道是间接的（如分销批发、零售等）。有效的渠道通路是基于客户行为及组织资源的科学选择，是线上与线下渠道、传统和新兴渠道的有机组合，是客户价值传递的重要前提和基础。

（四）客户关系

客户关系用来描绘企业与特定客户细分群体建立的关系类型，是企业与客户联系的纽带，主要回答以下问题：

（1）每个客户细分群体希望我们与其建立和保持何种关系？

（2）哪些关系我们已经建立了？

（3）这些关系成本如何？

（4）如何把它们与商业模式的其余部分进行整合？

商业模式所要求的客户关系深刻地影响着客户体验。一般来说，可以将客户关系分为以下六种类型：（1）个人助理：基于人与人之间的互动，可以通过呼叫中心、电子邮件与其他销售方式等个人自助手段进行。（2）专用个人助理：企业为单一客户安排专门的销售代表，它是层次最深、最亲密的关系类型，通常是向高净值个人客户提供服务。（3）自助服务：企业与客户不存在直接关系，而是为客户提供自助服务所需要的所有条件。（4）自动化服务：整合了更加精细的自动化过程，可以识别不同客户及其特点，并提供与客户订单或交易相关的服务。（5）社区：利用用户社区或与潜在客户建立更为深入的联系。

（6）共同创造：与客户共同创造价值，鼓励客户参与企业产品改进和新产品设计。

（五）收入来源

收入来源用来描绘企业从每个客户群体中获取现金收入（需要从收入中扣除成本）的方式和数额，它决定企业的盈利能力。从商业的本质看，稳定且能覆盖成本的收入是商业模式得以最终成立的基础，也是创业企业持续成长的前提。收入来源主要回答以下问题：

（1）什么样的价值能让客户愿意付费？

（2）他们现在付费买什么？

（3）他们是如何支付费用的？

（4）他们更愿意如何支付费用？

（5）每项收入来源占总收入的比例是多少？

面对不同的客户群体，企业收入来源的定价机制有所差异。一般来说，收入来源可分为七种类型：（1）产品销售：销售实体产品的所有权。（2）使用收费：通过特定的服务收费。（3）订阅收费：销售重复使用的服务。（4）租赁收费：针对某个特定资产在固定时间内的暂时性排他使用权的授权。（5）授权收费：将受保护的知识产权授权给客户使用，并换取授权费用。（6）经纪收费：为双方或多方之间的利益所提供的中介服务而收取佣金。（7）广告收费：为特定产品、服务或品牌提供广告宣传而获得的服务收入。

（六）核心资源

核心资源用来描绘商业模式有效运转所必需的最重要因素。每个商业模式都需要核心资源，这些资源使企业能够创造和提供价值主张、接触市场、与客户细分群体建立关系并赚取收入。核心资源主要回答以下问题：

（1）我们的价值主张需要什么样的核心资源？

（2）我们的渠道通路需要什么样的核心资源？

（3）我们的客户关系需要什么样的核心资源？

（4）我们的收入来源需要什么样的核心资源？

不同的商业模式所需的核心资源有所不同。核心资源可以分为以下几类：（1）实体资源：包括实体的资产，如生产设备、不动产、机器、销售网点和分销网络等。（2）知识产权：包括品牌、专有知识、专利、版权，以及客户数据库。（3）人力资源：包括研发团队、销售队伍等，在知识密集型产业和创意产业中，人力资源至关重要。（4）金融资产：金融资源或财务担保，如现金、信贷额度、股票期权。

（七）关键活动

关键活动用来描绘企业为确保其商业模式可行而必须做的最重要的事情。任何商业模式都需要多种关键活动，这些业务活动是企业得以成功运营所必须实施的重要组织行为，是企业创造和提供价值主张、接触市场、维系客户关系并获取收益的基础。关键活动主要回答以下问题：

（1）我们的价值主张需要哪些关键活动？

（2）我们的渠道通道需要哪些关键活动？

（3）我们的客户关系需要哪些关键活动？

（4）我们的收入来源需要哪些关键活动？

关键活动因企业所选商业模式的差异而有所不同，大致包含以下几类：（1）制造产品：涉及生产一定数量或一定质量的产品，与设计、制造及交付产品有关，是企业商业模式的核心。（2）问题解决：为个别客户面临的问题提供新的解决方案，需要信息处理、知识管理和持续培训等。（3）平台 / 网络：可以把网络服务、交易平台、软件甚至品牌都看成平台，关键活动与平台管理、服务提供和平台推广相关。

（八）关键伙伴

关键伙伴用来描述商业模式有效运作所需的供应商与合作伙伴网络。合作关系日益成为许多商业模式的基础。创业企业会基于多种原因打造合作关系，以更好地利用创业机会；同时，创业企业也通过建立联盟来优化商业模式、降低风险或获取资源。关键伙伴主要回答以下问题：

（1）谁是我们的关键伙伴？谁是我们的重要供应商？

（2）我们正在从关键伙伴那里获取哪些核心资源？

（3）关键伙伴都执行哪些关键活动？

一般来说，关键伙伴可以分为四种类型：（1）非竞争者之间的战略联盟关系；（2）竞争者之间的战略合作关系；（3）为开发新业务而构建的合资关系；（4）确保可靠供应的购买方——供应商关系。

（九）成本结构

成本结构用来描述运营一个商业模式所引发的所有成本。企业在创造价值、提供价值、维系客户关系，以及实施业务活动时会产生成本。成本水平及结构是评价商业模式有效性的重要指标。成本结构主要回答以下问题：

（1）什么是我们商业模式中最重要的固定成本？

（2）哪些核心资源花费最多？

（3）哪些关键活动花费最多？

一般来说，商业模式都应该追求成本最小化，但并不是最低成本结构对每个商业模式都具有相同的价值。商业模式的差异导致对低成本结构的追求存在不同。商业模式的成本结构可以分为两种类型：（1）成本驱动：创造和维持最经济的成本结构，采用低价的价值主张，最大限度实现自动化和广泛外包。（2）价值驱动：专注于创造价值，增值型的价值主张和高度个性化的服务通常以价值驱动型商业模式为特征。

运用商业模式画布设计商业模式是一种按图索骥的流程。但是，商业模式具有的系统性和动态性特征，要求在商业模式设计过程中，充分关注各个要素之间的彼此支撑和相互作用；同时，要用发展的眼光看待商业模式中各个要素的演化，确保商业模式的持续迭代。

案例 8-2

唯品会的商业模式

从业态分析的角度来看唯品会的崛起，我们或许更能找出其背后的故事。业态是指针对特定消费者的特定需要，按照一定的战略目标，有选择地运用商品经营结构、店铺位置、店铺规模、店铺形态、价格政策、销售方式、销售服务等经营手段，提供销售和服务的类型化经营形态。唯品会由零售业（奢侈品销售）融合信息技术服务业（电子商务平台）而成。相比奢侈品销售，也许用奥特莱斯形容更加恰当。唯品会就相当于一个线上的奥特莱斯。利用网络技术的方便，唯品会成功拥有了“名牌折扣＋限时抢购＋正品保险”三大法宝。唯品会本身是一个销售平台，略去了很多中间商，直接从品牌商拿货，对库存的需求也相当高。据悉，唯品会获得的风险投资资金在未来最大的投入还是在仓储技术和服务人员等方面，包括供应链、物流、后台系统等。

就这样，利用信息技术将奥特莱斯搬到互联网上，又混合了现代物流业，唯品会自身的业态融合为它在商海中开辟了一个新的领域。通过整合奢侈品零售及最新颖的电子商务，唯品会独家打造的“名牌折扣＋限时抢购＋正品保险”的商业模式使它占据了一定的市场，也成了业内广为流传的成功典型案例。唯品会的商业模式画布如下。

<table>
<tr>
<td rowspan="2">关键伙伴
强大的供应商网络，联合太平洋保险，推出了正品担保服务</td>
<td>关键活动
奢侈品电子交易
自建仓库
售后服务</td>
<td rowspan="2">价值主张
“消费者满意”是唯品会最大的目标，因此唯品会坚持以安全诚信的交易环境和服务平台，为会员提供优质、高效、愉悦的售卖服务，以提升客户满意度为己任，为消费者提供畅快、安全、放心、便捷的消费流程体验和服务：
分销渠道
电子交易平台
仓储物流</td>
<td>客户关系
购物体验佳
无条件退货
CSC 呼叫系统</td>
<td rowspan="2">客户细分
奢侈品消费者
高端产品消费者
二三线品牌偏好者</td>
</tr>
<tr>
<td>核心资源
折扣商品
服务规划
仓库网络</td>
<td>渠道通路
自建物流中心
与顺丰速运合作
第三方卖家自行发货</td>
</tr>
<tr>
<td colspan="3">成本结构
进货费用、物流费用、库存费用</td>
<td colspan="2">收入来源
通过线上电子交易，直接获取销售与进货之间的毛利润</td>
</tr>
</table>

资料来源：陶昌学，朱彦，陈文俊.新时代高职生创新创业教育.北京：中国人民大学出版社，2023.

知识链接

11 种颠覆未来的免费商业模式

1. 体验型模式

客户往往对新产品抱着怀疑与期待的双重态度，因此让客户感觉到安全与信任，就成了企业营销的核心。体验型模式，是客户先进行体验，企业获得客户的信任后，再成交的一种方式。这一种模式具体可以分为两种：一种是企业设计可以用于体验的产品，客户免费体验该产品，感觉良好后再进行消费；另一种是与时间挂钩的免费体验，就是客户在单位时间内可以免费体验该产品，而后付费长期使用。

2.第三方资费模式

我们需要客户，而有些企业更需要我们的客户。因此，我们可以转化成一个资源对接的平台。简单地说，消费我们产品的客户将会获得免费使用的资格，而向我们付费的是想拥有我们客户的第三方，如报纸、电视、广播、杂志等。

3.产品型模式

免费获得产品，对于任何人来说，都具有极大的吸引力。产品型模式就是通过某一产品的免费使用来吸引客户，而后进行其他产品的再消费方式。这是一种产品之间的交叉型补贴，即某一个产品对于客户是免费的，而该产品的费用由其他的产品进行补贴。产品型模式分为三种：

(1)诱饵产品的设计：设计一款免费的产品，目的是培养大量的潜在目标客户。

(2)赠品的设计：将一款产品变成另一款产品的赠品；或者将同行业或边缘行业的主流产品变成自己的赠品。

(3)产品分级的设计：普通版的产品，客户可以免费得到；高级版本或个性化的产品客户需要付费才能得到。

4.客户型模式

人类是群居性的动物。在人群中，一部分人对于另一部分人来说，具有强大的吸引力。客户型模式就是通过对其中一部分客户免费，对另一部分客户进行较高的收费，实现客户与客户之间的交叉性补贴。这种模式设计的关键在于找到特定的客户群。例如：女士免费，男士收费；小孩免费，大人收费；过生日者免费，朋友收费；老人免费，家属收费等。

5.时间型模式

有些行业具有明显的时间消费差异。例如电影院，上午看电影的人非常少，那么可以在上午为客户提供免费服务，从而吸引大量的客户在上午进入电影院，而电影结束时往往是中午，客户会进行餐饮等其他消费。时间型模式是指在某一个规定的时间内对客户进行免费，如一个月中的某一天，或一周中的某一天，或一天中的某一个时间段。采用这种模式，要将具体的时间固定下来，让客户形成时间上的条件反射。该模式不但对提高客户的忠诚度、强化宣传效果有极大的作用，还可以促使客户消费其他产品，进行产品之间的交叉补贴。

6.功能型模式

有一些产品的功能可以在另一些产品上体现，于是可以将另一些产品的功能免费提供给客户。功能型模式是指将其他产品的功能在自己的产品上体现，让客户免费使用。例如：手机可以实现相机、U盘等功能。这种模式将会愈演愈烈，成为一些行业的终结者。

7.空间型模式

企业为了拉动某一特定空间的客户数量，对于指定的空间，不另外收取费用。空间型模式是指该产品或服务对于客户来说是收费的，但是对于指定的空间或地点，客户可以享受免费的待遇。

8. 跨行业型模式

其他行业的产品可以作为诱饵产品或者赠品，以吸引客户消费本行业的主流产品。跨行业型模式是指企业将其他行业的产品纳入自身的产品体系，而纳入的产品对于客户来说是免费获得的，条件是消费该企业的主流产品。这种模式将使得行业之间的界限越发模糊，会将一个行业部分或全部并入另一个行业。

9. 耗材型模式

有一些产品的使用，需要大量的相关耗材，因此，可以对该产品免费，而对耗材收费。

10. 增值型模式

为了提高客户的黏性，促进重复消费，企业必须向客户提供免费的增值型服务。例如：销售服装可以做到免费熨洗；销售化妆品可以做到免费美容培训。

11. 利润型模式

利润型模式是指客户将免费获得产品、服务的使用，条件是企业将参与产品所产生利润收益的分配。如一些医疗器械，医院可以免费获得，而销售这些医疗器械的企业要参与该产品的利润分成。

中国企业的商业模式竞争时代正在形成，企业的更新换代实际上是商业模式的推陈出新。面对自由市场的竞争，所有的企业，不管是传统还是现代，无论是在创业起点还是在腾飞过程中，都将面临残酷的考验。而一旦企业创造出独具价值的模式，就有可能领一代风骚，成为时代标杆。成功的企业都有其赖以生存的商业模式，每一个成功的模式都有其价值创新的核心链条。判断商业模式是一种对企业的全新评价方法，引领大家关注一个公司的内在表现，关注其创造价值的核心逻辑与成长的根本动力。

资料来源：李昆益．创业之旅：机会、模式与行动．2版．北京：中国人民大学出版社，2024.

二、选择商业模式

创业者在面对种类繁多的商业模式时，该如何判定每个模式的好坏呢？其实，并不存在完美的商业模式，每个模式都有自己的适用环境，都有优点和缺点，我们可以通过回答以下7个问题来分析商业模式存在的问题与风险。

（1）是否具有较高的壁垒，能否避免竞争对手的模仿？

复制难度是衡量商业模式质量的重要标准。一个优秀的商业模式一定是建立在持久竞争优势的基础之上的。如果一个商业模式你可以做，别人也可以做，那么即使它具有一定的创新性，也会很快迎来激烈的竞争，从而带来利润风险。

（2）现行商业模式的扩展性如何？

扩展性也是衡量商业模式质量的重要标准。一个好的商业模式不仅仅能够解决客户的一些问题或满足市场的一些需求，更重要的是能够整合到足够多的资源，并具有足够的扩展性。例如，腾讯借助社交平台获取用户，再针对用户需求开辟网络游戏、视频、新闻、金融、管家、房产等业务，保证商业模式的扩展性。

（3）现有商业模式能否产生可循环的经济价值？

在互联网时代，企业不能满足于“一锤子买卖”，要在商业模式中实现可循环的经济价值，如在线视频领域源源不断的网络内容，电子产品中不断升级的软件配置等。

（4）客户的转移成本有多高？

转移成本指的是客户从消费一个产品或服务，转向消费其他产品或服务过程中所耗费的时间、精力或金钱。一个好的商业模式可以铸造出较高的客户转移成本，即使行业中出现了竞争性产品或替代品，客户也不会轻易转移。

（5）是否构建了理想的客户黏性？

让客户加入进来，以真实的参与感提升客户黏性是衡量该商业模式的重要标准。小米构建了“粉丝文化”，“米粉”们既忙着帮公司测试产品，又忙着推销产品；宜家让客户自己组装产品……更重要的是，上述这些企业的客户都乐在其中。

（6）资金能否快速回流？

资金能否快速回流是决定一个商业模式是否成立的关键指标。即使商业模式再有创意，长期依靠社会融资生存，一直无法实现盈利，也会消耗投资人的信心，进而导致危机。

（7）现有模式是否建立在改变成本结构的基础之上？

对于传统行业来说，简单地依靠压缩成本，已经不足以帮助企业形成竞争优势。能否改变成本的结构，是决定其是否在红海中突围的关键。

小试牛刀

请同学们打开活动手卡 18，练练手吧！

任务三　创新商业模式

商业模式各构成要素及其关系和动力机制不是一成不变的，而是不断演变和发展的。当创业者建立独特的商业模式时，一方面，会被竞争者快速仿效，而且随着时间的推移，该市场会出现饱和，企业增长会因此减速，收益会递减；另一方面，随着企业所处内外环境出现重大的动态演化，如生物技术、信息技术、材料技术、能源技术等的重大突破，相关政策、法规的重大变化，消费者偏好的改变，很多竞争者会在短时间内蜂拥出现。创业者为进一步强化所获得的竞争优势，抵抗竞争对手的挑战，需要及时通过各种手段不断优化调整商业模式，甚至发展自己新的商业模式。

商业模式创新

一、商业模式创新的定义

商业模式的创新在某种程度上决定了企业的命运。商业模式的创新是在以客户为中心的基础上，为应对内外部环境的变化，对企业价值网络中的要素、自身潜力进行挖掘，对企业的业务范围、目标客户、竞争方式等重新定位，对产业链重新整合，从而建立起新的价值网络、盈利模式等的综合性过程。

商业模式创新实质上是一种高层次的创新行为，它的最终目的是通过改善现有商业模式的竞争优势来提高企业的长期获利能力。其途径是对企业可利用资源的组合方式进行优化。这种优化表现为企业为改善其价值创造和价值获取能力而进行的价值链的优化与重组。商业模式的灵魂在于价值创新，企业经营的核心是市场价值的实现，最终实现价值的最大化。

二、创新商业模式的方法

（一）重整价值链

这种创新把关注的焦点放在价值活动的调整、组合与一体化上。价值链的创新实质上是围绕客户需求，通过企业内部主导产业调整、优化，提高整个价值链的运作效能，最终提升企业的竞争优势。具体来讲，有以下三种创新策略可供选择。

1. 价值链上的新定位

通过专注于价值链上的某些活动（通常是高利润的活动），而将其余活动外包出去，从而实现商业模式的创新。例如，阿里巴巴将主要活动定位于电商业务，将物流配送外包给专业的“四通一达”（申通快递、圆通快递、中通快递、百世汇通、韵达快递）物流公司，有效地培养了核心竞争力。

2. 重组价值链

对产业价值链进行创造性的重新组合，也能创造出新的商业模式。关键的方法是以客户需求重要部分为中心，组合调整主要资源。例如，戴尔公司去掉中间销售环节，采取直销模式。其实，19 世纪斯威夫特（Swift）公司对肉品包装产业的再造，就是此类商业模式创新。该公司打破产业原有的“运输—屠宰—销售”的价值活动组织顺序，采取“屠宰—运输—销售”模式，获得了生产和运输活动的显著规模经济，一举成为产业的领导者。

3. 构造独特的价值体系

许多创业者通过构建和整合多个价值优势，形成了独特的价值体系。例如，美国西南航空公司瞄准那些对价格敏感的顾客，打造了业界独一无二的价值体系。其中，精简的乘客服务、高水平的飞机利用率和中等城市间点对点的短途飞行等保证了低廉的票价，而密集可靠的起降、高效的地勤等又有助于实现航班的准时可靠。这个彼此互补和高度整合的价值体系形成了一种合力，最终形成了美国西南航空公司独特的竞争优势——“低廉票价＋高度便利”的价值组合。

（二）重新定位产品或服务

这种模式创新策略聚焦于企业所提供的客户价值。通过发现竞争对手或原有客户的价值盲区，打造独特的产品或服务，实现客户价值的飞跃，由此拉动企业成长。

在服务业中，这一策略也很重要，客户价值中情感的、体验的成分能够放大独特服务的冲击力，从而赢得客户。开创蓝海的太阳马戏团就是一个绝佳的案例，该公司在保留帐篷、杂技等马戏基本元素的同时，将剧场表演中的某些元素融入马戏节目中，重新定义了马戏表演的价值，从而脱颖而出，成为全球最大的马戏公司。

（三）挖掘资源潜能

这种商业模式创新侧重于对新资源的发掘和利用，或充分挖掘现有资源的潜在价值，从而建立起竞争优势。围绕新资源构建商业模式，新资源为公司创造新的客户价值提供了潜力，而商业模式的意义在于将新资源的潜力释放出来。

采取这一模式的典型案例是麦当劳开发的麦乐送业务。麦当劳发现，其当前的资源（消费者群体、品牌、门店、供应链系统、人力资源、促销资源等）没有得到充分利用，例如，在高峰时段，门店内人满为患，所有座位都被顾客占用，但还是有很多人在柜台前等候，同时，后厨食品加工设备和企业供应链体系似乎并没有完全发挥出最大价值。于是，麦当劳重新审视了这些资源的潜在价值，通过设置送餐电话，将现有资源与新的方式结合在一起，开发了麦乐送业务。这一模式整合了消费者的外卖需求，并将单点外卖业务整合为集中外卖配送，在满足顾客需求的同时，实现了资源价值的最大化和营业收入的增加。

（四）重建价值网络

这种创新的重点在于打造独特的价值网络，设计各种交易机制将企业自身与价值创造伙伴有机地联系起来，形成价值创造的合力。价值网络的创新实质上是以客户价值为中心，优化配置企业内外资源。具体来讲，采取这种商业模式创新的企业可以选择成为交易的组织者、交易平台的构建者或交易的中介。

1. 成为交易的组织者

某汽车网站依靠其专业化组织能力，为顾客提供了一站式购车的便利。顾客可以在其网站浏览各种汽车的配置、价格等信息。如果顾客选定了某款汽车，该公司将按照顾客的要求，如是否在家试驾、送货上门或采取何种信贷方式等，联系不同的合作伙伴，由其提供相关服务。该汽车网站的作用在于把相关专业服务商组织起来，共同服务于顾客价值创造，并分享收益。这一商业模式所提供的便利性与效率优势，成为该汽车网站高速成长的发动机。

2. 成为交易平台的构建者

这是很多互联网公司的常用策略。例如，eBay 公司提供网上拍卖交易，为超过 1.35 亿的注册用户提供服务，消费者可以很方便地从 eBay 购买或销售产品。eBay 的商业模式把原来不可能实现的交易变成了现实。起点中文网的商业模式也很巧妙，该公司打造了一个网络文学的交易平台，把网络作家与读者都吸引到这个平台上，靠巨大的点击量赚取了不菲的利润。这种打造交易平台的商业模式创新类似组建“网上集市”，而平台打造者通过不同的方式来收取“网上市场管理费”。阿里巴巴等网络交易平台的提供者均属于此类。

3. 成为交易的中介

这些中介的功能在于促成某些交易的实现。例如，创新动力公司代理制药企业广泛搜寻研发难题的解决方案，成为解决方案提供者和制药企业之间的桥梁。同时，该公司还采取了各种流程和机制，以保证交易顺利进行，并精心发展和维护其价值网络。在该公司的商业模式中，解决方案提供者是关键的价值网络伙伴，如果这个网络太小，或解决方案提供者的质量太低，将显著降低公司服务的价值。因此，该公司通过广泛的营销手段，与全世界的很多大学和科研机构建立联系，不断发展和壮大解决方案提供者网络，并提高服务的质量。

（五）创造多种盈利模式

企业的盈利模式通常有很多种，如直接销售产品、提供服务等。通过重新配置产品或服务的利润组合、重组和改变赚钱的环节、推出新的定价模型，引入新的盈利模式，企业可以实现商业模式创新。

1. 利用互补品

这是一种“此失彼得”的策略，具体有三种基本方式可供选择。

（1）“饵与钩”的互补，即所谓的“剃须刀－刀片模式”。这是一种相当精巧的商业模式，在这种模式中，产品往往分为基本产品和消耗品，缺一不可。基本产品为“饵”，以非常低的价格出售，通常是亏本的；与之相关的消耗品或服务为“钩”，价格通常非常昂贵。

案例 8-3

巧用“饵与钩”商业模式

“饵与钩”商业模式在我们的生活中常见又隐秘，例如我们熟悉的剃须刀与刀片、打印机与墨盒的销售模式都是基本产品平价出售，靠消耗品提高收益。再比如办公中常用到 PDF 阅读器，读取文件免费，但是编辑文件则需要开通会员，这也是典型的“饵与钩”商业模式的变形。

（2）“产品＋服务”的互补。例如，通用电气公司从飞机发动机销售中赚钱不多，其主要利润来源为互补品——维修服务。

（3）创造“间接的互补品”。例如，英特尔公司对于那些自身没有使用，但对于公司核心业务有辅助功能的技术持非常开放的态度，允许其他公司使用这些技术。此举有助于其他公司开发出英特尔技术的其他用途，从而带动客户对英特尔核心产品的需求量。

2. 从免费到收费

对处于信息产业中的众多企业来讲，这似乎是唯一的选择。基于互联网提供的便利，消费者对很多信息产品的期待是“免费获取”，这给很多企业提出了巨大的挑战。成功的公司大多对“免费—收费”模式的细节进行了创新，发掘出赚钱的机制。例如，MySQL 推出不同版本的软件，利用免费的初级版获取顾客，再利用升级版赚取顾客的钱。

3. 第三方付费

这种方式并不需要消费者付费，企业通过其他利益相关方赚取收入，被戏称为“羊毛出在猪身上”。

案例 8-4

360 安全软件的免费商业模式

近年来，商业模式有了多样化趋势，免费模式成为典型代表。360 安全卫士正式推出杀毒软件并宣布永久免费时，曾遭到传统杀毒厂商的普遍质疑——“如果完全免费，那么公司靠什么来生存？如果公司自己都无法生存，怎么保护用户的权益？”其实，在 2008 年，杀毒软件行业就已经是一个很成熟的行业，被称为互联网基础服务中最后一个收费堡垒，软件厂家也一直固守“一手交钱一手交货”的卖软件思路，但 360 创始人周鸿祎不这么认为。他认为等 360 有了足够多的忠实用户后，必然衍生出很多商业模式，“想赚大钱就要颠覆已有规则”。

经过十数年的发展，360 形成了全生态的商业模式，即主线产品免费、增值服务收费、广告服务收费，通过流量变现延伸产品的价值链。

4. 付款方式创新

付款方式创新对于增加盈利意义重大。例如，在科技日新月异的今天，支付宝再次走在了创新的前言，推出了基于近场通信技术的“碰一碰”支付功能。这项技术的诞生，不仅仅是对传统支付方式的一次革新，更是对用户便捷性与安全性的双重升级。

5. 多元收入模式

这种模式一般与价值网络构建密切相关，由此企业可以扩大各种可能的收益来源。在网络服务业，为业余摄影家服务的 Flickr 公司，其收入就来自于注册费、广告代理费、赞助费，以及从其他合作伙伴处分得的收益分享金等。上海硅知识产权交易中心为中国企业提供信息技术产权交易平台，除了向技术需求方收取会费、向技术供应方收取展示费之外，还按一定比例提取交易中介费。

知识链接

创新是引领发展的第一动力

创新是一个民族进步的灵魂，是一个国家兴旺发达的不竭动力，也是中华民族最深沉的民族禀赋。

二十大报告指出，创新才能把握时代、引领时代。到二〇三五年，我国发展的总体目标是：经济实力、科技实力、综合国力大幅跃升，人均国内生产总值迈上新的大台阶，达到中等发达国家水平；实现高水平科技自立自强，进入创新型国家前列。

必须坚持科技是第一生产力、人才是第一资源、创新是第一动力，深入实施科教兴国战略、人才强国战略、创新驱动发展战略，开辟发展新领域、新赛道，不断塑造发展新动能、新优势。

案例 8-5

连锁健身房突破传统模式，受到风投青睐

请看以下案例：

工作越来越忙碌，锻炼更加不能落下，但是工作和生活区附近的健身房都是早上 9 点开门，晚上 9 点 30 分清场，如果加班就赶不上了，所以需要找 24 小时开放的健身房。这个时候，这家连锁健身房进入了我的视野，虽然有一点距离，但是 24 小时开放非常方便，去参观和体验过一次之后，我决定购买这家健身房的会员。

这家健身房的运营模式是求精、求简、求快生活，把用户体验和成本控制做到

了极致。在这种设计之下，健身房遍布全国，基本体验都有，而且还获得了大牌资本的A轮投资，扩张势头强势。

从商业模式上分析，这家健身房可圈可点的地方非常多：首先，这家健身房瞄准集中商业园区，面积不大，但是基本设施非常齐全，更衣室和跳操室都有配备，只是不提供洗澡服务。运营人员的解释也合理：运动后不建议马上洗澡，因为毛孔还在扩张阶段，马上洗澡容易引起昏厥。没有洗澡间将健身房的成本缩减了很大一部分。之前公司楼下有另外一家24小时健身房，模式都一样，但是增设了洗澡间。为了减少成本，刚开始只在男、女浴室各提供两个莲蓬头，也就是每次只能供两人洗澡，结果会员怨声载道。在增加了若干莲蓬头和洗澡隔间之后，浴室又三天两头堵塞，而且莲蓬头也常常坏。最近居然要对浴室重新装修，导致两个月不能更衣和洗澡，用户体验大幅度下降。因此不增加洗澡间是合理的。

其次，这家健身房努力提升其服务的性价比，体现在两个方面：其一，健身房最低按月付，每个月199元（非一线城市低至99元）。能够按月付的健身房非常符合现在快节奏生活的年轻人的胃口。季卡和年卡也不贵，年卡在2 000元左右。其二，这家健身房的打折优惠很大，为了抢占口碑，首次办卡会员优惠为月卡减50元，季卡和年卡减100～200元。另外，重复办卡的，即使是月卡，运营人员也会提供20元左右的优惠券，性价比很高。对我而言，办月卡更能够激励我去健身，因为原来办年卡的时候心里总想着还有300多天呢，不急，最后却没去几次，所以月卡体验实在很赞。健身房的私教们都是兼职，费用在北京低至180元/小时，比起别的健身房动辄500～600元/小时的私教费简直太优惠。这家健身房通过聘用兼职教练的方式减少教练成本，也不对教练有固定业绩指标，所有教练自行调整工作时间、操课时间，实在方便。

再次，这家健身房采用互联网管理模式，配备少量的运营人员，而且也不用24小时坐班。健身房开在工作园区，本身治安不错，而且是全微信公众账号平台管理，从扫码打卡进门到离开，以及参与各项健身房的活动、预约教练、预约公共课，甚至跑步机的电脑界面，都是联网的，所以这家健身房主导的是互联网智能健身。

最后，这家健身房的打折优惠促销活动非常多，每月都有各种优惠，实物、卡券都有。除了上述办卡优惠，还有办卡即送运动水壶、毛巾和帽子三件套等，各种秒杀促销活动每个月都有一次，口碑一下就建立了起来。

案例中的连锁健身房突破了传统的健身房运营商业模式，与互联网、大数据平台结合，用“互联网+”提升了健身房的24小时管理，在健身房的功能和成本控制上做到了极致，同时在商业模式的其他方面也都有创新。根据此案例，绘制的商业模式画布如下：

<table>
<tr>
<td rowspan="2">关键伙伴
（1）“互联网+”智能管理技术供应商
（2）各类创业创新产业园区</td>
<td>关键活动
健身设施
健身培训</td>
<td rowspan="2" colspan="2">价值主张
为爱好健身但工作忙碌的青年人提供周到而互联网化的24小时健身服务</td>
<td>客户关系
（1）按月支付，价格亲民
（2）24小时开放
（3）在工作单位附近，锻炼更便捷</td>
<td rowspan="2">客户细分
青年客户
（在产业园区公司密集地区开设分店）</td>
</tr>
<tr>
<td>核心资源
健身房优质服务</td>
<td>渠道通路
全国实体连锁店</td>
</tr>
<tr>
<td colspan="3">成本结构
设施费用；水电费；店面租金；人员工资；品牌设计</td>
<td colspan="3">收入来源
健身服务会员费及私教课提成</td>
</tr>
</table>

资料来源：汤历漫 . 从创意到创业 . 北京：中国经济出版社，2017.

项目自测

一、单选题

1.（　　）描述与规范了一个企业创造价值、传递价值及获取价值的核心逻辑与运行机制。

A. 商业模式　　B. 运行模式　　C. 盈利模式　　D. 业务模式

2.（　　）是企业战略选择的结果，也是商业模式体系中其他部分的基础。

A. 定位　　B. 选品　　C. 找营业场所　　D. 筹集资金

3.（　　）用来描绘一个企业想要接触和服务的不同人群或组织。

A. 客户定位　　B. 客户细分　　C. 客户服务　　D. 客户营销

4. 商业模式的创新是在以（　　）为中心的基础上，为应对内外部环境的变化，对企业价值网络中的要素、自身潜力进行发掘，对企业的业务范围、目标客户、竞争方式等进行重新定位。

A. 竞争者　　B. 产品　　C. 客户　　D. 促销活动

二、多选题

1. 商业模式的核心逻辑包括（　　）。

A. 创造价值　　B. 传递价值　　C. 获取价值　　D. 覆盖价值

2. 商业模式的特征包括（　　）。

A. 整体与关联性　　B. 提供独特价值　　C. 难以模仿性　　D. 可持续性

3. 核心资源包括（　　）。

A. 实体资源　　B. 知识产权　　C. 人力资源　　D. 金融资产

三、判断题

1. 关键活动用来描绘企业为确保其商业模式可行而必须做的最重要的事情。（　　）

2. 成本结构用来描述运营一个商业模式所引发的所有成本。（　　）

3. 不同的商业模式所需的核心资源是一致的。(   )

4. 商业模式画布从“为谁提供、提供什么、如何提供、成本及收益多少”四个视角描述了企业创造价值、传递价值、获取价值的基本原理。(   )

四、简答题

1. 什么是商业模式?

2. 如何理解商业模式对于创业成功起着至关重要的作用?

复盘反思

1. 知识盘点：通过对本项目的学习，你掌握了哪些与商业模式相关的知识？请画出思维导图。

2. 方法提炼：在完成本项目学习和实训的过程中，你掌握了哪些设计商业模式的工具?

3. 行动影响：在完成本项目学习和实训的过程中，你认为自己还有哪些地方需要改进?

项目九

制订创业计划

项目目标

知识目标

1. 理解商业计划书的概念及作用。
2. 掌握商业计划书的基本结构和编制过程。
3. 掌握创业路演 PPT 制作技巧。

能力目标

1. 能够合理规划商业计划书的编制过程。
2. 能够根据项目要求整合资料，完成商业计划书编制。
3. 能够根据项目资料，制作创业路演 PPT。
4. 能够独立完成项目路演。

素养目标

1. 具有团队协作精神和协作能力，能够合理分工完成任务。
2. 具备良好的沟通交流能力，能够运用正确的方法和技巧进行项目路演汇报。
3. 具有独立思考和创新能力，能够掌握相关知识并完成项目任务。
4. 培养对他人、集体、社会和国家的责任意识和信念，将创新创业活动与祖国需要和中国梦相结合。

思维导图

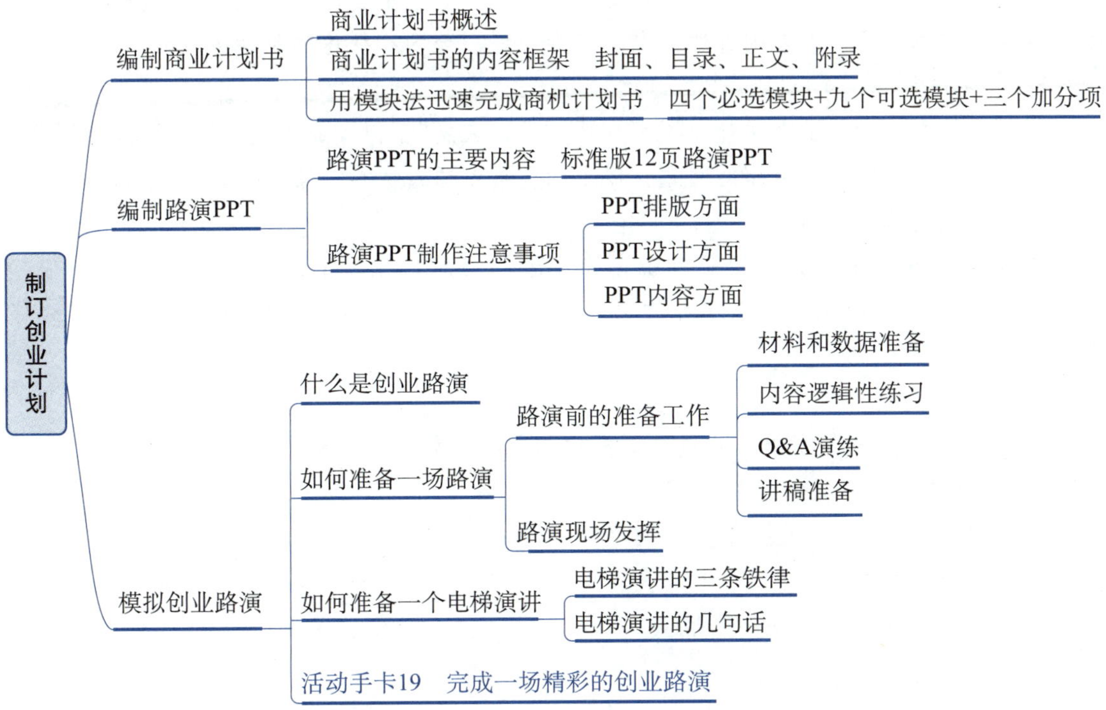

项目导入

“红孩儿”——未来玩具共享领域定义者商业计划书（节选）

一、执行概览

1. 项目背景

随着生活水平的提高，家长越来越注重提高孩子童年的品质，益智类玩具、绘本成为家长的首要选择。调研显示，近五年来中国玩具行业保持着良好的发展态势。

2016年以来，少儿类图书成为我国图书市场中最大的板块，成为拉动我国整体图书零售市场的主要动力。绘本在细分市场的销量和比重均持续增长，由此可见，绘本行业的盈利能力非常可观。但就家庭层面而言，儿童对玩具、图书的新鲜感转瞬即逝。项目组调查发现，高达75%的家庭存在玩具和绘本闲置（见下表）、无法处理的忧虑，此类商品尤其适合进行共享服务。我国玩具共享市场属于新兴领域，近年来随着共享经济的发展，玩具、绘本共享更容易被家长接受。以租代买的形式具有环保、节约、方便的优势，玩具、绘本共享或许会成长为一个不错的新兴行业。

我国家庭处理闲置玩具、绘本的途径调查

选项	小计（人次）	比例
闲置起来，没什么渠道处理，比较占地方	620	75.61%
稍微好的玩具送人了	210	25.61%
实在没地方，慢慢都扔掉了，很浪费	350	42.68%
当二手在闲鱼低价转让	200	24.39%

注：本题有效填写820人。

2. 项目规划

“红孩儿”共享站是一个玩具、绘本共享平台，通过线上微信小程序、线下经营和线下加盟的方式，专门为0～12岁孩童提供玩具、绘本共享服务，解决消费者一次性购买玩具和绘本成本较高、大量闲置的问题，倡导环保、节约、绿色的生活方式。

3. 市场分析

玩具、绘本对于孩子来说是必不可少的“良师益友”，但“成本较高”“喜新厌旧”“闲置太多”等成为多数家长头痛的问题，以上问题可以通过玩具、绘本共享方式解决。

（1）市场容量。

2022年全国儿童玩具、图书市场容量可达1 800亿元以上，以其中5%的市场份额实现共享推算，市场规模达9亿元左右。经过3—5年的努力，目标市场将达到十亿级规模。

（2）目标客户。

0～12岁儿童及其家长；儿童培训机构；各级各类幼儿园等。

（3）营销渠道。

线下体验店+“红孩儿”微信小程序。

（4）商业模式。

项目的商业模式画布如下图所示。

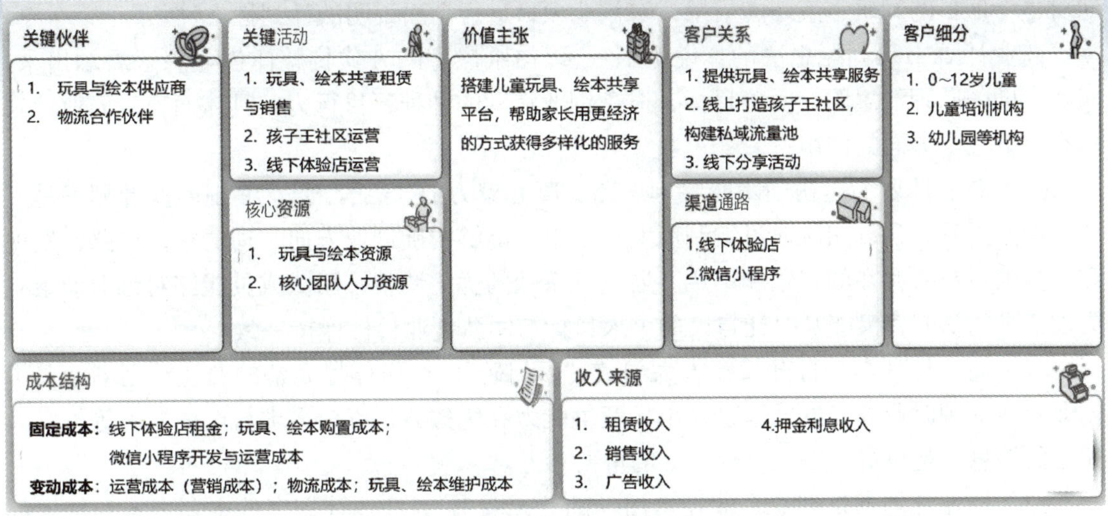

“红孩儿”项目商业模式画布

二、项目简介

儿童“喜新厌旧”、注意力难以长期保持的情况普遍存在，并且不是少数。同时，随着年龄、体型的变化，其兴趣爱好也会快速变化，这无疑加速了玩具、绘本的“折旧”过程。现在市场上的玩具和绘本种类繁多、价格昂贵，对不少家庭来说的确是一笔不少的开支。

另外，对于玩具的买单者——家长来说，也有一些新变化。随着“80后”“90后”开始成为家长的主流，他们对共享经济更加熟悉，接受程度也更高。家长层面的改变也助推了玩具和绘本共享需求的落地。针对玩具和绘本共享前景的空白市场，“红孩儿”共享站抓住机会“见缝插针”。“红孩儿”共享站融合“线上玩具共享＋线下体验服务”的O2O新零售模式，为有0～12岁儿童的家庭提供上万种国内外一线品牌玩具、绘本及育儿书籍等产品的共享服务，解决家中闲置玩具和绘本困扰（如孩子喜新厌旧、玩具使用率低、占用空间、价格高等）问题。“红孩儿”共享站现处于发展阶段，计划未来四年投资2 000万元进行业务扩展，并开展加盟合作项目。

资料来源：本项目为2022年天津市互联网＋创新创业大赛获奖作品，有删减．

讨论

1. 一份完整的商业计划书包括哪些内容？

2. “红孩儿”创业计划书是如何导入商业创意的？

任务一　编制商业计划书

商业计划书是创业者打开投资者大门的“敲门砖”，是进行融资的必备文件。一份优秀的商业计划书可以让投资人记住项目创意，从而达到事半功倍的效果。

一、商业计划书概述

商业计划书，是指企业家在创业初期所编写的一份书面创业计划，用以描述创办一个新的风险企业时所有相关的外部及内部要素，即创业者在正式启动创业项目之前，基于前期对整个项目的调研、策划的成果，对创业项目进行全面说明的计划性文件。

商业计划书是创业想法的“说明书”，以白纸黑字的方式将整体创业想法展示出来，能够帮助团队理清思路、明确目标，避免创业活动的种种盲目行为。具体而言，商业计划书有以下三个方面的作用：

（1）商业计划书是初创团队整理思路、凝心聚力的“黏合剂”。编制商业计划书是一个长期的过程，初创团队通过编制商业计划书，能够明确创业方向、理清整体思路，发现和调整项目自身存在的问题和不足。通过一系列的优化调整，团队成员能够对创业前景有更加清晰的认知，又能及时让自己的个人目标与团队创业目标保持一致。

（2）商业计划书是打开投资人大门的“敲门砖”。一份详尽完备的商业计划书涵盖了创业企业的现时业绩和发展远景、市场竞争能力和优劣势、资金需求与偿债能力等投资人关心的信息，是投资人决定是否投资的重要参考。

（3）商业计划书是创业企业经营活动的“说明书”。商业计划书的主要内容和构思都围绕创业企业展开，如资金规划、财务预算、产品开发、投资回收、风险评估、时间进度安排等。一份翔实可靠的商业计划书是创业企业的总纲领和总路线，是创业过程的重要支撑。

二、商业计划书的内容框架

商业计划书没有固定模板。一般情况下，一份完整的商业计划书由封面、目录、正文和附录四个部分组成。

（一）封面

封面也称标题页，可以放企业项目或产品的彩图或企业标识，需留出足够的版面排列商业计划书的一些内容，包括编号、标题、企业名称、项目名称、联系人、联系方式、公司网站和日期等。其中，标题明确了创业项目的名称，体现了创业企业的经营范围，一般在封面页以醒目的字体标示出来，如《××商业计划书》。

商业计划书的封面重在设计，一般以简约、明确的信息传达为主，既要突出创业项目的内容，又要具有一定的审美和艺术性，能使阅读者产生好感，形成良好的第一印象，切忌晦涩怪异、过分追求时髦。

知识链接

项目起名要注意什么

项目名称是商业计划书的点睛之笔，项目起名要注意以下几点：

（1）简明易记，通俗易懂。商业计划书一般不使用副标题，但要清晰表达项目要义，让投资人看名称就能明白主要产品或服务是什么。

（2）善用对比，巧用寓意。可以和过去对比，和国内外、行业竞争对手对比，让投资人快速对项目产生直观印象，如XX产品——美妆界的“三只松鼠”，同时利用谐音、寓意等，为项目打造记忆点。

（3）不建议直接使用公司名称；参赛项目不建议有“互联网+”字样；不建议用过于技术化的标题。另外，可在封面后加一页版权保护声明。

（二）目录

目录是正文的索引，需要按照章节顺序逐一排列章大标题、节小标题，以及各章节对应的页码。初步完成商业计划书后，需要确认目录页码与内容的一致性。例如，下面是某项目商业计划书目录的部分内容（页码略）。

三、财务数据与分析

第八章　资本退出

一、退出策略

二、退出时间

三、财务数据与分析

第九章　附录

…………

（三）正文

1. 执行概览

执行概览是风险投资者首先关注的内容，它是整个商业计划书的精华和浓缩，反映创业项目的全貌，是计划书的核心。它应该对项目的关键问题给予简短回答，即说明创业项目有哪些亮点，解决了哪些问题，未来市场前景如何，采用什么商业模式，有哪些竞争优势，以及项目为什么会成功。篇幅一般为两千字左右。

执行概览
与产业分析

执行概览写作要注意以下三点：

（1）该部分通常在计划书主体部分完成后编写；

（2）简短精练，有针对性；

（3）文笔生动，让投资者关注并渴望得到更多信息。

知识链接

如何一句话说清创业项目是什么

商业计划书的优劣与篇幅无关，部分商业计划书洋洋洒洒，动辄数万字，但撰写人对项目本身描述不清，让人一头雾水。这里推荐一种较为通用的写法：XXX 项目是一种 / 一项什么样的产品 / 服务，通过什么样的技术 / 手段 / 途径，解决什么问题，达到什么样的效果。举例：

“红孩儿”共享站是一个玩具绘本共享平台，通过线上微信小程序、线下经营和线下加盟的方式，专门为 0 ~ 12 岁孩童提供玩具、绘本共享服务，解决消费者一次性购买玩具、绘本成本较高和大量闲置问题，倡导环保、节约、绿色的生活方式。

头脑风暴

请用一句话介绍你的项目。

____

____

____

____

2. 企业介绍

为了让投资者了解创业项目，企业介绍应该包含以下内容：

（1）企业的基本概况，如名称、组织形式、注册地址、联系方式等；发展历史与现状；所提供的产品或服务的竞争力；未来的发展规划和目标等。其中，企业目标是企业要达到的效果，是企业发展的动力，在商业计划书中是亮点，因此必须下功夫写好。

（2）企业主营业务介绍，包括提供的主要产品及服务，这是企业赖以生存的根本和核心价值体现。

（3）团队成员介绍，包括公司组织架构、股东及其他核心成员介绍等。

3. 产品及商业模式

产品及商业模式是创业项目核心价值的来源，是投资者最关心的问题之一。在该部分，创业者要对产品及商业模式做出详尽的、准确的说明，使之通俗易懂，让非专业的投资者也可以理解。通常来说，产品及商业模式主要包括以下内容：

（1）产品的基本概念、功能、性能，能为顾客解决哪些问题，可用图表、视频、实物等展示，直观表现产品 / 服务特性。

（2）产品及商业模式的特色、优势，如新颖性、先进性、独特性、性价比等。

（3）产品及商业模式的市场竞争力，这是投资者关注的重中之重，如产品与竞品相比的优缺点、市场份额，可采用图表方式对比说明。

（4）产品及商业模式是否拥有竞争壁垒，包括但不限于：研发成果及先进性如何；采取了何种保护措施，是否拥有专利、许可证、品牌、配方，或者与申请专利的厂家达成协议等；产品的产业化进程。

（5）产品定价及市场预测。这里需要强调两点：第一，产品与商业模式需要在整体层面进行设计，两者深度融合，密不可分；第二，产品及商业模式介绍可以适当突出优势，但必须以事实为基础，切记夸夸其谈、脱离事实。

4. 行业及目标市场分析

行业及目标市场分析在整个商业计划书中起着举足轻重的作用，可以从行业分析、目标市场分析、竞争者分析等多方面入手。

（1）行业分析。

首先要明确“行业”和“市场”是两个不同的概念，“行业”是企业所生存的整个行业大环境，是生产或提供相似产品 / 服务的企业群体；“市场”是行业中的一部分，是企业经过市场细分后形成的目标市场。据统计，约 30% 的企业盈利能力差异与行业因素有关。行业分析包括行业概述、现状与格局分析、行业发展趋势分析、行业的市场容量、销售增长率现状及趋势预测等。行业分析可以使创业者了解行业发展规律，认清行业发展方向，从而把握企业发展方向。这里尤其要厘清国家政策导向、社会文化环境、行业壁垒等情况。

需要注意的是，行业分析在商业计划书中的位置靠前，它在逻辑上位于目标市场分析和市场战略制定之前，它有助于支持和展开计划书的其余部分。

知识链接

行业分析应注意哪些问题

（1）行业界定，如创业项目涉及两个或多个产业，必须鉴别它所涉及的每一个产业，同时对每个产业进行产业分析，总体加在一起定义产品 / 服务的竞争格局（如医生办公室使用的软件涉及电脑软件业和医疗产业）。

（2）实事求是，不仅要列出积极的因素，对于存在的消极因素也应如实反映。

（3）尽量收集近 3 ~ 5 年的行业信息。

（2）目标市场分析。

详细准确的目标市场分析可以大大提升创业计划的可信度，帮助投资者判断企业目标的合理程度及自身所需承担的风险大小。对一个新企业来说，集中精力关注单个市场的做法好过分散精力同时专注于几个市场。对目标市场的分析可以从以下三个方面入手：

第一，需求预测。市场是否存在对这种产品的需求，需求程度是否可以给企业带来期望利润，目标客户群体是哪些或哪类人，这些群体有何特征，可以利用用户画像的方式做进一步分析。

预测方法：

①行业协会提供的同类企业的销售额数据。

②可比企业。

③通过媒体调查。

④运用乘法计算得出一个合理结果。通常需要估计产品用户总数、顾客支付的平均价格、可获得的市场份额。

最理想的方案就是：在预测销售额时，四种方法都采用，然后进行比较，关键是在预测时给出明确的说明，使数据既现实又可获得。

第二，市场占有率及销售收入预测。目标市场的规模有多大，企业可以占到多大份额及需求发展的未来趋势和状态如何。

第三，市场购买力预测，包括顾客购买意愿及购买力分析。其中，购买力分析一定是量化的。例如，一家提供医疗美容服务的机构在进行购买力分析时为顾客提供了三个选项：

A：我要变美。　B：我要免费变美。

C：我愿意消费 3 000 元通过无痛的方式解决脸上的痘坑问题。

显然，爱美之心人皆有之，第一种是天然诉求，第二种是坐享其成的欲望，只有第三种，通过一定的成本描述获取某项具体的产品 / 服务，才是购买意愿和购买能力分析。

（3）竞争者分析。

竞争者分析是对企业面临竞争的详细分析，如：市场上的主要竞争者有哪些？它们的产品 / 服务特色是什么？创业者的产品 / 服务与之对比有何不同？本企业产品的市场缝隙在哪？企业进入会引起竞争者怎样的反应，对企业有何影响？

总之，行业及目标市场分析需经过详细充分的市场调研，纸上谈兵、凭空想象是经营失败的主要原因之一。相反，有理有据、客观真实的市场调研可以让创业者、投资者对行业市场有清晰的认识，更容易获取对方的信任，最终达成合作。

5. 营销策略

成功的创业者在创业初期都是一线推销员。这里我们以经典的4P营销理论为例进行商业计划书营销策略部分的编制。4P营销理论以营销组合理论为基础，将影响市场需求的变量整合为产品、价格、渠道、推广四类。

（1）产品（Product）。产品是整体概念，不仅包括传统意义上的有形产品，还包括款式、质量、品牌、包装等外在形式，以及顾客因购买产品所得到的全部附加服务和利益等。创业者需根据目标市场的特性，塑造产品独特的卖点。

（2）价格（Price）。价格是指消费者购买产品时的价格，包括产品自身价格、折扣、支付期限等。产品的价格上限取决于市场需求，下限取决于产品的成本费用。

（3）渠道（Place）。渠道是指商品从生产企业流转到消费者手上的全过程中所经历的各个环节和推动力量之和。渠道选择主要取决于企业市场地位和产品特性，创业者在为产品设计渠道时要充分考虑外部环境的变化和内部发展的需求。

（4）推广（Promotion）。推广包括品牌宣传（广告）、公关、促销等一系列的营销行为。

头脑风暴

请根据4P营销理论简要设计你的营销方案。

产品特色：

价格策略：

渠道设计：

营销推广：

6. 团队及组织结构

创业不是单枪匹马的事情，高素质的团队和良好的组织机构是创业项目成功的重要保障。

（1）初创团队。分析初创者及早期关键雇员的背景和角色分配、创业初衷和关键技能。

（2）主要管理人员。介绍他们所具备的能力、经历、背景及在公司的职务和责任。

（3）组织结构。具体包括公司的组织结构图、各部门的功能和职责范围、各部门负责人及主要成员、公司报酬体系、公司的股权分配情况等。

7. 财务及融资计划

好的财务及融资计划可以帮助企业降低经营风险，提高企业评估价值及获取资金的可能性。首先，需要对企业的基本财务指标做出假定，即预计的销售量、销售收入、销售成本和毛利润；其次，以此为基础制作和分析三大财务报表：现金流量表、资产负债表和利润表；最后，还需要分析盈亏平衡点、资金来源和使用情况。

这部分需要重点解决的问题有：完成市场和产品开发计划需要多少资金？团队自有资金有多少？打算出让多少股权 / 债权获取多少资金？资金使用规划和用途是什么？预计何时达到收支平衡？投资者可以得到多少回报？在什么时候以什么形式获取这些回报？

融资计划　资产负债表　利润表　现金流量表　财务分析

知识链接

你至少需要知道这三条股权线

第一条线是 2/3（66.7%）以上有绝对控制权。

公司所有的重大事项都可以表决通过。比如，修改公司章程、增加或者减少注册资本，公司合并、分立、解散或者变更公司形式这些重大的事情。

第二条线是 1/2（50）以上有相对控制权。

除了第一条提到的那些重大事项决定不了，基本上其他所有的普通事项，在股东会议进行表决时，1/2 以上有相对控制权，可以说了算。

第三条线是 1/3（33.3）以上拥有重大事项一票否决权。

只要有 1/3 以上的股权，其他股东就不会有 2/3 以上的股权，相当于有了对于重大事项的一票否决权。

资料来源：商业通识 . 51% 的股权代表什么？你至少需要知道这三条股权线！ .（2023-03-08）[2024-01-29]. https://baijiahao.baidu.com/s?id=1759751782653949548.

8. 风险评估

此部分列出可能的风险因素，并评估其严重性和发生的概率，提出可能的解决方法。充分的风险分析体现了创业者对市场的洞察力和解决问题的能力，使投资者对企业有全方位的了解，可以减轻投资者对项目的疑虑。风险评估一般包括市场风险、技术风险、资金风险、管理风险等。

9. 资本退出

创业者在这一部分需要告诉投资者，他们的投资会以何种方式退出，并获得多少回报。资本退出主要有四种方式，即股份上市、股份转让、股份回购和公司清理。

（四）附录

为了突出商业计划书正文重点内容，维持阅读连贯性，需要把一些非必要内容和支撑材料放在附录里。附录的主要内容包括合同资料、信誉证明、获奖情况、专利信息、授权说明、图片佐证、市场调研报告、财务报表、相关政策文件和企业宣传资料等。

三、用模块法迅速完成商业计划书

由于项目所处的行业不同、发展阶段不同，商业计划书的内容千差万别。因此，商业计划书的内容框架并没有固定模板，每个人的完成方式也不尽相同。这里提供一种简单可行的方法——模块法，通过列举计划书中常见的模块，创业者可以像搭积木一样，进行模块组合，形成独一无二的商业计划书。

（一）四个必选模块

商业计划书中有些内容是必须有的，如行业介绍、产品和商业模式、团队、机会及源起，这些是商业计划书的必选项，创业者务必熟悉并梳理好这四个必选项的内容。图 9-1 为四个必选模块的内容。

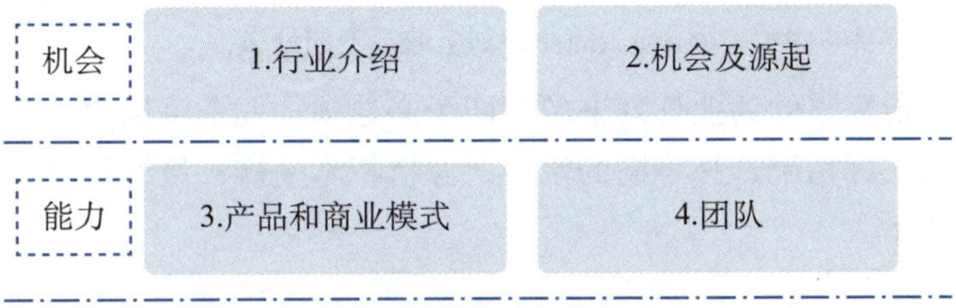

图 9-1　商业计划书的四个必选模块

为什么这四个部分是必选模块呢？因为这四个模块两两一组，分别对市场机会和能力进行了匹配。行业介绍和机会及源起说明了存在的机会；产品和商业模式、团队则讲清楚了为了抓住机会具备的能力和准备工作。这些都是商业计划书中最重要的内容——市场存在哪些商业机会，而团队又是怎样抓住机会并有所作为的。

（二）九个可选模块

不同项目可以结合自身特点和拥有的资源底蕴，选择“有话可说”的模块，充实内容。图 9-2 所示为九个可选模块。项目的选择和组合不同，将呈现出完全不同的商业计划书。

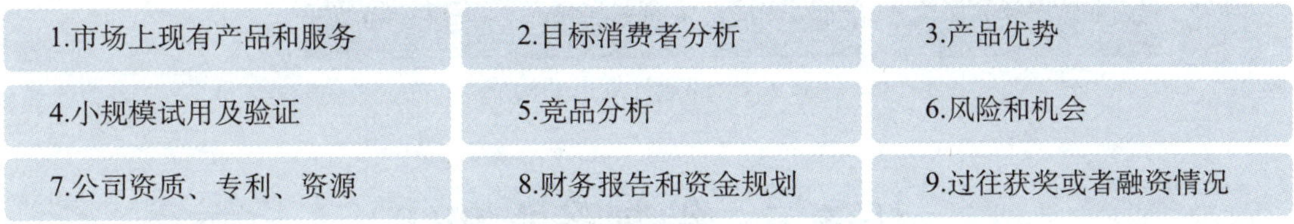

图 9-2　商业计划书的九个可选模块

这里重点阐述小规模试用及验证的重要性，它是最能证明商业计划书可行性的证据。MVP 是《精益创业》中提到的最核心概念，英文全称为 Minimum Viable Product，即最小化可行产品。创业是边验证边学习，反复迭代的过程。创业者可以先做出 MVP，邀请用户试用，记录用户反馈。如果能够产生购买和销售数据，则是商业计划书可行性的最好证明。

除此之外，过往的获奖或融资情况是项目最好的背书，重大比赛获奖、获得过融资的项目更容易让人眼前一亮。

（三）三个加分项

以上九个模块是一份完整商业计划书的可选项。除了“4+9”外，还有以下三个加分项。加分项也会为商业计划书增色不少，如图 9-3 所示。

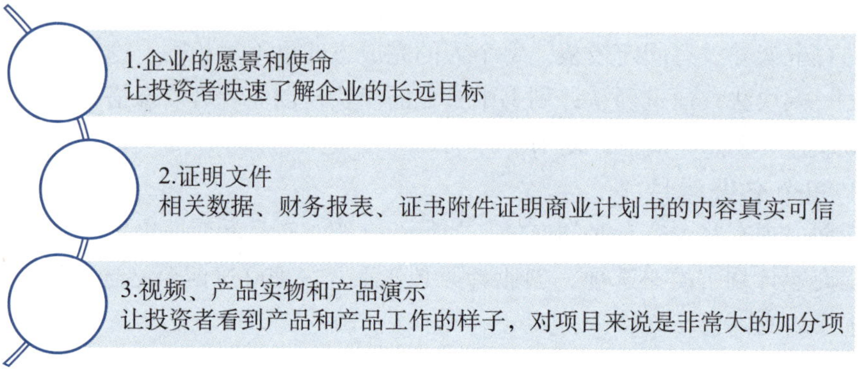

图 9-3　商业计划书的三个加分项

汇总一下，一份完整的商业计划书包含四个必选项、九个可选项和三个加分项，创业者可以根据自己的实际情况选择不同的模块，像搭积木一样，最终形成一份完整的商业计划书，如图 9-4 所示。

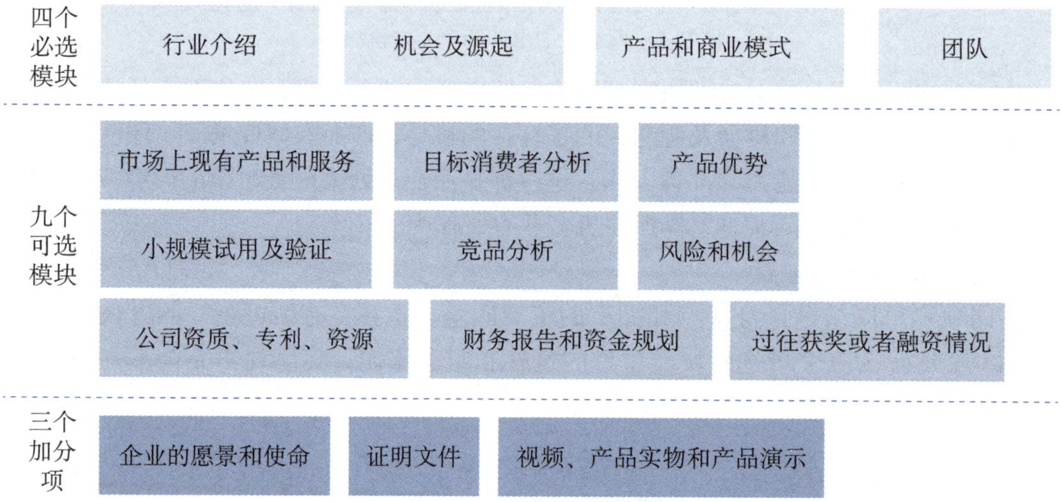

图 9-4　商业计划书的构成

任务二　编制路演 PPT

商业计划书及路演 PPT 是对商业计划最直观的展示。一份出彩的路演 PPT 能够给投资者留下深刻的印象，成为项目的“敲门砖”。

一、路演 PPT 的主要内容

路演 PPT 是商业计划书的浓缩和提炼，必须着眼投资者感兴趣的地方。一般来说，根据商业计划书中的内容，路演 PPT 一般在 10～15 页。下面以 12 页 PPT 为例，具体说明每页重点。

（1）标题页。商业计划书 PPT 封面要求简洁大气，标明公司名称、logo、创始人姓名、联系方式、致谢人、日期等信息。

（2）第 2 页：概述。首先是产品或服务的简要介绍；其次是演讲要点的简单介绍；最后就商业计划的潜在收益（商业的、社会的及财务的）的简要介绍。概述页是吸引投资者注意力的关键点，可以插一些故事、轶事或统计数据，要针对观众量体裁衣设计自己的发言。

（3）第 3 页：阐述问题。首先说明亟待解决的问题，为什么顾客对现有结果不满意，问题未来的出路是什么，之后，通过调查研究证实问题。潜在顾客的需求是什么，专家有什么观点，最后说明问题的严重性。这些问题通常意味着一个巨大的潜力市场，进而吸引投资者的兴趣。

（4）第 4 页：解决办法。第 3 页提出问题之后，紧接着给出解决办法，强调办法的独特之处，并说明为了防止他人短期内抄袭方案，设置了哪些障碍。

（5）第 5 页：机会和目标市场。向投资者清楚地定位具体的目标市场，如描述保持目标市场广阔前景的商业和环境趋势。最好用图表来展示目标市场的规模、未来 1～3 年的销售额，并准备好解答投资者对数据的疑问。

（6）第 6 页：技术。介绍你的技术或者产品、服务的独特性，这里需要注意不要笼统地论述技术，要抓住独特之处，语言尽量直白、简单易懂；演讲时最好展示实物产品，并说明可能涉及的知识产权问题。

（7）第 7 页：竞争。需要详细表述直接、间接和未来可能的竞争对手，分析其特点，并通过对比展示商业计划的优势，说明为什么你的竞争优势是持久的，如果退出策略是被某个实力更强的竞争对手收购，不妨提出这种可能性。

（8）第 8 页：市场和销售。需要描述产品或服务整体的市场计划，定价策略，销售过程。如说明消费者或厂家的购买动机是什么、怎样唤起他们的注意、怎样抵达消费者。如果自建销售队伍，要说明酬劳；如果已经开展消费者调查，不妨公布调查结果，从而提高项目可信度，消除投资者疑问。

（9）第 9 页：关于管理团队，我们达成这样一个共识：团队能力＞产品创意，因此，在这里需要着重向投资者介绍现有管理团队、成员的专业背景和特长及如何开展合作。

（10）第 10 页：财务规划。需要介绍未来 3～5 年总体的收入规划和现金流规划。这里需要注意：尽量把规划内容集中展示在一张幻灯片上；细节问题询问需要有实际数据支撑，同时按行业规范给出预计的销售利润。如有融资诉求，介绍你想要融资的渠道及资金使用方式，资金的使用方式及资金筹得后预期能取得的重大进展，要尽可能具体介绍。

（11）第 11 页：现状。主要包括四个方面：第一，用数据介绍已经取得的重大进展；第二，发起人、管理团队、前期投资者资金投入情况，包括是如何使用资金的；第三，介绍企业现有的所有权结构；第四，介绍企业的产权形式，如有限责任公司、普通公司等。

（12）第 12 页，总结。当演讲接近尾声时，需要总结创业计划和创业团队最具有优势的地方，最多三点，演讲完成后尽量征求反馈信息，并准备回答问题。

图 9-5 是学生作品“早点送”，其对项目解决了什么问题及竞争优势进行了分析，从

而突出商业计划的独特竞争优势。

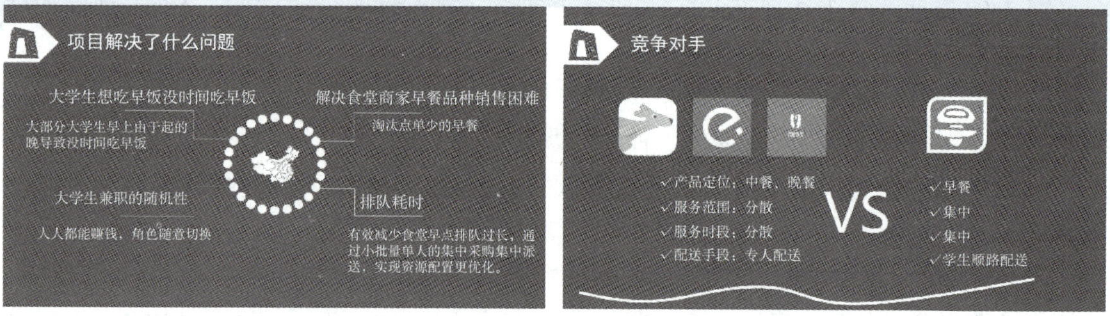

图 9-5　学生作品“早点送”商业计划书 PPT 范例

二、路演 PPT 制作注意事项

路演 PPT 制作的质量与汇报者的临场发挥效果，直接影响着项目汇报效果，对获得好成绩、取得投资者青睐至关重要。下面是路演 PPT 制作需要注意的一些事项。

（一）PPT 排版方面

PPT 排版可遵循 6-6-6 法则，即路演 PPT 每行最好不超过 6 个词语，每页不超过 6 行，连续 6 张纯文字之后，需要一个视觉停顿（采用带有图、表、插图的幻灯片）。“6-6-6”法则实际是通过具体可操作的标准强制简化路演PPT，突出重点，增强投资者的阅读舒适性。

（二）PPT 设计方面

PPT 设计包括背景颜色、字体、字数、页数、插图等。首先，PPT 背景颜色切忌昏暗不明，尤其是字体颜色与背景颜色接近（如浅黄色、浅绿色背景与白色字体；灰色背景与黑色字体等），字体不突出，给评委和投资者带来阅读障碍，项目很难脱颖而出。其次，PPT 字体太小或者文字太多、大段描述，如果汇报人语气平淡，音调没有起伏，观众难以找到项目重点和亮点。再次，PPT 页数过多，致使路演时汇报不完。一般项目路演时间在 8～10 分钟，甚至更短，因此在规定时间，完整、清晰、全面地将项目汇报好，难度十分大。PPT 制作时一定要控制好页数，把握重点，有的放矢。

（三）PPT 内容方面

PPT 内容紧扣重点，突出亮点。一般来说，按照 12 页 PPT 范例制作路演 PPT，内容比较全面完整，关键是如何突出亮点，在项目特色、优势和创新性上要不惜笔墨，围绕商业计划书的主要模块内容，梳理、提炼项目亮点，尽可能表述完整、汇报清晰、突出重点。另外，内容设计要有层级感，才能给评委留下深刻印象。如果优先级一样，演讲时候所有文字都强调一遍，但没突出主要信息，反而会发生“全是重点等于没有重点”的情况。

PPT制作
及演讲技巧

总之，高质量的路演 PPT 并不是一蹴而就的。好的路演 PPT 往往需要经历十多个版本，甚至数十次的修改，而修改完善的过程也是创业者思考项目、完善项目的过程。

知识链接

教你打造 10 页完美的商业计划书

第一，用几句话清楚说明你发现目前市场中存在的一个空白点，或者存在的一个问题，以及这个问题有多严重，几句话就够了。例如，现在网游市场里盗号严重，你有一个产品能解决这个问题，只需要一句话说清楚就可以。

第二，你有什么样的解决方案，或者什么样的产品能够解决这个问题。你的方案或者产品是什么，提供了怎样的功能。

第三，你的产品将面对的用户群是哪些，一定要有用户群的划分。

第四，说明你的竞争力。为什么这件事情你能做，而别人不能做？如果这件事谁都能干，为什么要投资给你？你有什么特别的核心竞争力？有什么与众不同的地方？关键不在于所干事情的大小，而在于你能比别人干得好、与别人干得不一样。

第五，再论证这个市场有多大，你认为这个市场的未来会怎样。

第六，说明你将如何挣钱。如果不知道怎么挣钱可以不说，可以说项目目前拥有大量的用户，拥有用户就有潜在价值。

第七，用简单的几句话告诉投资人，这个市场里有没有其他人在干，具体情况是怎样的。有其他人在做同样的事不可怕，重要的是你能不能对这个产业和行业有基本了解和客观认识，可以进行简单的优劣分析。要说实话、干实事。

第八，突出自己的亮点。初创产品肯定有很多问题，说明你的优点在哪里。

第九，简单的财务分析。不要预算未来三年具体挣多少钱，说说未来一年或者六个月需要多少钱，用这些钱干什么。

第十，介绍一下自己的团队、团队成员的优秀之处，以及自己做过什么。

一个包含以上内容的计划，就是一份非常好的商业计划书了。

资料来源：周鸿祎 . 教您打造十页完美商业计划书 .（2018-10-02）[2024-01-26].https://wenku.so.com/d/783858112de48415f90173773af39bfd.

任务三　模拟创业路演

写好了商业计划书，只是获取融资的第一步。通常，投资人在看完商业计划书后，会对项目形成初步判断，对感兴趣的项目会倾向于面对面沟通。这种沟通就是常说的项目路演。创业路演虽然是短暂的，但往往是决定性的。投资人不会把巨额资金投给一个连自己创意都讲不清楚的人。

一、什么是创业路演

项目路演（Roadshow）是企业或创业代表在讲台上向大众讲解自己的项目、发展计划或融资计划，有时特指在投资人、合作方、比赛评委面前展示项目，以获取认可，一般分为线上项目路演和线下项目路演。线上项目路演主要是通过 QQ 群、微信群、在线视频等互联网方式对项目进行讲解；线下项目路演主要通过活动专场对投资人进行面对面的演讲及交流。

创业路演是国内外优秀创业项目与诸多风险投资机构实现融资对话的“高速公路”。创业路演让创业项目与投资人实现零距离直面对话、平等交流、专业切磋，促进创业项目与投资人充分沟通和了解，最终推动融资进程。

二、如何准备一场路演

路演一般采用“7+5”的形式，即前 7 分钟个人讲解加 5 分钟互动答疑（根据不同情况，时间会稍有调整）。路演不是即兴表演，要做到有备而来。在创业初期，好的路演者本身就是项目亮点，能为项目获得不少加分。

（一）路演前的准备工作

准备路演有四个步骤：材料和数据准备；内容逻辑性练习；Q&A 演练；讲稿准备。

1. 材料和数据准备

准备路演的过程也是熟悉项目的过程，创业者应该从听众的角度多次审视路演项目和材料。前期材料和数据准备可以参考表 9-1，在路演准备清单逐项打钩，建议根据项目情况备足资料。

表 9-1　路演准备清单

1. 商业计划书（文本或者 PPT）	☐
2. 样品或者产品模型	☐
3. 产品销售数据及分析	☐
4. 产品试用及消费者访谈	☐
5. 项目宣传片	☐
6. 产品宣传片	☐
7. 项目财务报表	☐
8. 专利、资格认证、技术认证等材料	☐
9. 获奖或者投资进款证明	☐

2. 内容逻辑性练习

内容逻辑性练习是指要熟悉商业计划书每一部分的内容，并用语言完整地把内容表述出来，使模块与模块之间富有逻辑性。比如，下面有两种项目路演逻辑，大家判断一下哪种更符合逻辑顺序。

第一种：先介绍市场需求和消费者痛点，然后介绍自己的产品，再介绍市场上的同类产品，最后得到结论，自己的产品更能解决消费者痛点，所以未来前景看好。

第二种：先说自己的产品，再说同类竞品，然后说市场，最后说消费者反馈。

显然，第一种路演方式更符合人们接受论点的逻辑顺序，而第二种虽然也涵盖了各个方面，但思路比较跳跃，逻辑性较差。

在内容逻辑性练习时，还要注意两个问题：第一，演讲方式过于枯燥，只念 PPT，这是很多初次路演者的问题，吸引不到注意力；第二，内容没有重点，没有内在逻辑，只是堆砌资料。这两个问题都会导致路演失败。

3. Q&A 演练

Q&A 演练主要是模拟听众可能会提出的问题，并进行事先准备。听众的问题大致分为两类：资讯类问题和质疑类问题。这两类问题的解决方法是不同的。

（1）针对资讯类问题，可以多准备材料和数据，路演者越熟悉，越能回答提问者的疑惑。比如一个儿童教育项目，听众想知道具体用户的年龄层，这属于资讯类问题，路演者给出答案即可。

（2）针对质疑类问题，切不可急于反驳，可以站在对方角度设想对方提出问题的情景，再比照自己的项目情况，如果是误解，则加以说明；如果对方有道理，则可以接纳；如果暂时无法回答，则可以在路演结束后单独探讨。

知识链接

创业大赛路演答辩技巧

1. 被问不懂，如何化解

遇到不懂的问题常有之，不要直接回答不懂、不知道、没想过之类的话。可以试着这样回答："感谢评委老师，您提的问题一针见血，这个问题一直困扰着我们，也曾经试过解决办法，不过效果不佳，希望能向评委老师请教。"如果说没想过、不知道，会直接拉低印象分，一个评委提问，其他评委都在听，如果回答不好，也会影响其他评委的判断。但是如果硬答，只会不尽如人意，或者不痛不痒，亦非评委所想听的，那还不如诚实一些，但是要讲明这个问题自己有尝试解决，不过效果不好，同时说向评委请教会赢得一定的好感。然而，这个做法有一个问题，就是万一评委继续提问，你们之前是如何解决的，这里你就要做好准备，说出几个不痛不痒的做法，也正因为不痛不痒，效果才不好，但是至少说明，这个问题我们有重视，也寻求过解决的方法。

2. 与评委观点相左，如何避开争执

有的评委提出看法、建议，你不认同，此时切记，不要直接反驳，可以先肯定评委的提议，继而讲出自己的方案，温和有力，最后再次感谢评委的宝贵建议。

3. 切莫答非所问，混淆视听

经常遇到路演者答非所问，其本质原因就是不会回答，故弄玄虚、混淆视听。这样做，评委一般都会说："请你直接回答我的问题，谢谢！"还得回来直面问题，而且徒增不好的印象，得不偿失。问什么答什么，掌握技巧，最大限度地降低风险、提高分值。

4. 切忌使用不当用语

忌讳用这些词：应该、也许、大概、可能等一些不确定性用语。更不要爆粗口，把一些不文雅的词语带进现场。答辩结束，要向各位评委老师鞠躬离场。

5. 团队如何配合默契

路演讲解只需一个人，答辩可以多人协作，建议不超过三个人。答辩前需要确定一个主答辩人，就是遇到大家都不懂的问题，即使他本人也不懂，他也要回答。最后压轴的人，确保评委提问的每个问题都能回答。如果遇到自己擅长的、有把握的，则抢先回答："好的，评委老师，这个问题我来回答……"如果 3 ~ 5 秒内仍旧没有人回答，则主答辩人回答。所以，成员要不要主动回答，以及主答辩人是否压轴回答，均在 3 ~ 5 秒内做出回应。

6. 回答问题简短有力，切中要害，重点突出，切勿长篇大论

有些路演者说了很多才进入重点，或者讲太多辅助、延伸，这其实意义不大，反而浪费时间，有可能其他评委有问题、想了解，结果时间不够了。

资料来源：朱志伟，葛云飞. 创新创业基础. 北京：中国人民大学出版社，2022.

4. 讲稿准备

项目路演非常有必要提前准备好讲稿。讲稿搭配 PPT、视频等素材使用，可以强有力地展示项目内容，引导观众思考，帮助投资人理解整个项目。路演语速一般在 200 字 / 分钟，路演者可以根据具体时间要求，提前准备讲稿。定稿后要熟读乃至背诵。根据不同场合，需要准备几个版本的讲稿，避免出现空场或者超时。另外，讲稿准备好后，务必要多次演练和模拟，可以请同伴、创业老师修改讲稿，进行点评，也可以自己录制路演视频，查找问题。总之，讲稿要反复进行修改，直至满意为止。

（二）路演现场发挥

路演结果如何与路演现场发挥情况密切相关。除了上述提到的准备工作外，还有一些现场发挥的问题需要路演者注意。

1. 专业且充满信心地介绍创业计划

很多路演者在汇报时，由于紧张、不熟练，或语气平淡，声音很小，音调没有起伏，或不敢直视评委，表情不自然，没有信心和激情，这些表现在路演中都是很忌讳的。优秀的路演者一上场就应向观众传达出自信从容的态度，要充满创业的激情，语调抑扬顿挫，适当增加一些肢体语言，专业且充满信心地向观众介绍创业项目。

知识链接

大众传播中的 73855 定律

20 世纪 70 年代，心理学教授麦拉宾在分析口头和非口头信息的相对重要性时，得出结论：在沟通效果中，只有 7% 的信息来自纯粹的语言表达，38% 来自听觉传达，如说话的语调、声音和抑扬顿挫等，而 55% 来自视觉传达，如手势、表情、外表、装扮、肢体语言、仪态等。因此，路演者在汇报时，要尤其注意神态、肢体语言等非语言因素。

2. 关注台下听众，注意互动

路演要时刻关注台下听众的反馈，这很考验一个人的控场能力。如听众频繁点头、拍照、记录的部分，值得路演者多花些时间阐述；而大家玩手机、交头接耳聊天则意味着路演者正在讲一些大家不感兴趣的内容；在讲到重点内容时，要有所停顿，提醒大家接下来有重要内容呈现。

3. 不要超时，不要诟病其他公司或其他公司的产品

把握好路演时间，避免空场、提前结束或者超时。恰到好处的时间会给人留下良好的印象。另外，路演过程要专注自身产品，在竞品比较环节，不要诟病其他公司或其他公司的产品，以免引起不必要的麻烦。时间宝贵，尽量不提与项目无关的事。

三、如何准备一个电梯演讲

电梯演讲就是在极短的时间内以最精练的方式描述清楚项目内容。它最开始是指如果你和投资人在电梯里相遇，你们一起搭电梯，有 30～60 秒共处时间，如何在这么短的时间里向他介绍项目，引起他的兴趣，并获得投资。后来，电梯演讲演变成快速介绍项目的代名词，不仅仅局限在电梯里向人介绍项目，在很多其他场合也适用，比如项目路演、合作洽谈、创业比赛等。

（一）电梯演讲的三条铁律

1. 电梯演讲不是提高语速

不少创业者在一句话介绍项目的场合会不自觉提高语速，生怕遗漏信息而让人有所误解，把 3 分钟的内容硬生生压缩成 1 分钟。其实，对于听者来说，他们刚刚接触项目，需要思考和熟悉的时间，太快的语速让人抓不住重点，很难达到影响、说服别人的目的。

2. 电梯演讲不是寒暄和建立好感

很多人把电梯演讲当作社交活动，其实不然。在创投圈，社交是社交，电梯演讲是电梯演讲，过多展示社交本领难免给投资者和评审人留下不够务实的印象。

3. 电梯演讲应以促成下一轮接触为目的

电梯演讲不是要求创业者在 60 秒内完成一切，而是以激发对方兴趣、促成下一轮接触为目的。因此，要在演讲中突出项目的亮点、重点和关键点，争取短时间内给对方留下深刻印象。

（二）电梯演讲的几句话

根据以上铁律，电梯演讲可以根据项目具体情况概括为以下“几句话”。

1. 自我介绍（可选项）

自我介绍并不是必选项，如果创业者有独特的经历或让人眼前一亮的背景，可以最开始展示出来，快速抓人眼球。如“我是国家非遗泥人张的传承人，现在创业做一个数字泥人项目”“我在全国第二届技能大赛上获得金牌，现在创业做一个技术转化项目”“我们的产品半年销售了 5 000 多套”等。如果创业者本身没有太出彩的特征，或自身背景与创业项目无关，则不需要占用过多时间来介绍。

2. 创业核心三问（必选项）

创业项目内容繁多，但核心问题就三句话：针对哪些用户？提供什么产品？满足什么需求？回答好这三个问题基本上就能讲清项目的根本。比如，我们用一些市面上的企业做例子，尝试找出他们核心三问的答案，如表 9-2 所示。创业核心三问看似简单，其实回答了产品、用户和商业模式的问题，概括了项目的核心。

表 9-2　创业核心三问

项目	针对哪些用户	提供什么产品	满足什么需求
墨迹天气	希望了解天气预报和空气质量的人群	天气预报、穿衣指数、空气质量报告	让用户提前了解天气信息
美图秀秀	对拍照、修图有需求的人群	拍照、修图、分享工具	记录、美化、分享图片
饿了吗外卖	职场白领、学生、自由职业者等希望快速解决吃饭问题的人群	外卖送餐服务平台	用户足不出户就可以享受可口的美食

续表

项目	针对哪些用户	提供什么产品	满足什么需求
红孩儿共享玩具项目	3 ~ 12 岁儿童、培训机构	玩具、绘本的租赁共享服务	以更加经济的方式共享玩具、绘本

头脑风暴

请回答你的项目的“创业核心三问”。

____

____

____

3. 项目背书（可选项）

60 秒让别人完全理解项目是非常困难的，除了给予必要信息之外，创业者可以给予听众一些“背书”，也就是其他人对项目的判断。这些背书有很多种类，比如，团队背书，团队成员有专业领域的院士、专家学者等；获奖经历；投资机构的投资；数据背书，产品指标，市场占有率等。

4. 项目索引（可选项）

电梯演讲提纲挈领地说明了项目，但还缺乏深度交流的机会，所以，一般电梯演讲的最后可以有互动建议。比如关于产品体验的，“如您有兴趣，可以扫码试用我们的产品”；关于数据的，“如果您时间方便，我可以把产品和其他产品的对比数据展示一下”；关于进一步接触的，“可否收藏您的名片，我想带着完整的商业计划书当面向您介绍”等。

以上内容就是电梯演讲的构成，创业者可以根据项目具体情况准备。电梯演讲一定要简练，如果是语言陈述，一般在 60 秒以内；如果是文字说明，最多不超过 150 字。

头脑风暴

请为你的项目准备一段电梯演讲，并进行展示。

____

____

小试牛刀

请同学们打开活动手卡 19，练练手吧！

项目自测

一、单选题

1.（　　）是风险投资者首先关注的内容，它是整个商业计划书的精华和浓缩，反映创业项目的全貌，是计划书的核心。

A. 执行概览　　B. 行业介绍　　C. 财务计划　　D. 营销策略

2. 在创业公司组建时，拥有修改章程、增加或减少注册资本等重大事项的权利，需要持有（　　）及以上的股权。

A. 1/2　　B. 1/3　　C. 1/4　　D. 2/3

3. 一般来说，根据商业计划书中的内容，路演 PPT 一般在（　　）。

A. 10～15 页　　B. 5～10 页

C. 20 页　　D. 无页数要求，越详细越好

4. 产品的价格上限取决于（　　），价格下限取决于产品的成本费用。

A. 竞品价格　　B. 原材料价格　　C. 产品稀缺性　　D. 市场需求

二、多选题

1. 营销 4P 策略指的是（　　）。

A. 产品策略　　B. 价格策略　　C. 渠道策略　　D. 促销策略

2. 电梯演讲中提到的创业核心三问包括（　　）。

A. 针对哪些用户　　B. 提供什么产品　　C. 满足什么需求　　D. 制定什么价格

3. 下列关于商业计划书编写技巧描述正确的是（　　）。

A. 展示产品和服务的独特性

B. 确定商业模式和盈利模式可行

C. 体现项目管理的高效性

D. 显示良好的上升空间

三、判断题

1. 由于时间十分紧张，在电梯演讲时应尽量提高语速。（　　）

2. 在进行市场分析时，尽量收集 3～5 年的行业信息。（　　）

3. 电梯演讲的目的是达成投资，因此应详尽介绍融资计划。（　　）

4. 充分的市场调研和数据分析是创业计划可信度的基本保证。（　　）

5. 创业计划的内容必须按照统一的标准模板填写。（　　）

复盘反思

1. 知识盘点：通过本项目的学习，你掌握了哪些与创业计划书相关的知识？请画出思维导图。

2. 方法提炼：完成本项目学习后，你认为编制商业计划书需要注意哪些事项？

3. 行动影响：报名参加一次创业大赛，为项目进行一次模拟路演。

项目十

创办与管理新企业

教学目标

知识目标

1. 了解每种企业组织形式的基本特征。
2. 掌握影响企业组织形式选择的关键因素。
3. 了解新企业的登记注册流程。
4. 了解新企业的基本特征。

能力目标

1. 能够创办自己的企业，选择合适的组织形式。
2. 可以完成企业登记注册的相关手续。
3. 能够合理保护企业及员工的合法权利。

素养目标

1. 培养良好的交流沟通能力，能够大胆、有效地表达自己的观点和见解。
2. 具备一定的创业风险防范意识和商业敏感度。
3. 践行党的二十大报告精神，弘扬企业家精神，勇担社会责任，在真实创业过程中增长才干，实现人生理想和抱负。

思维导图

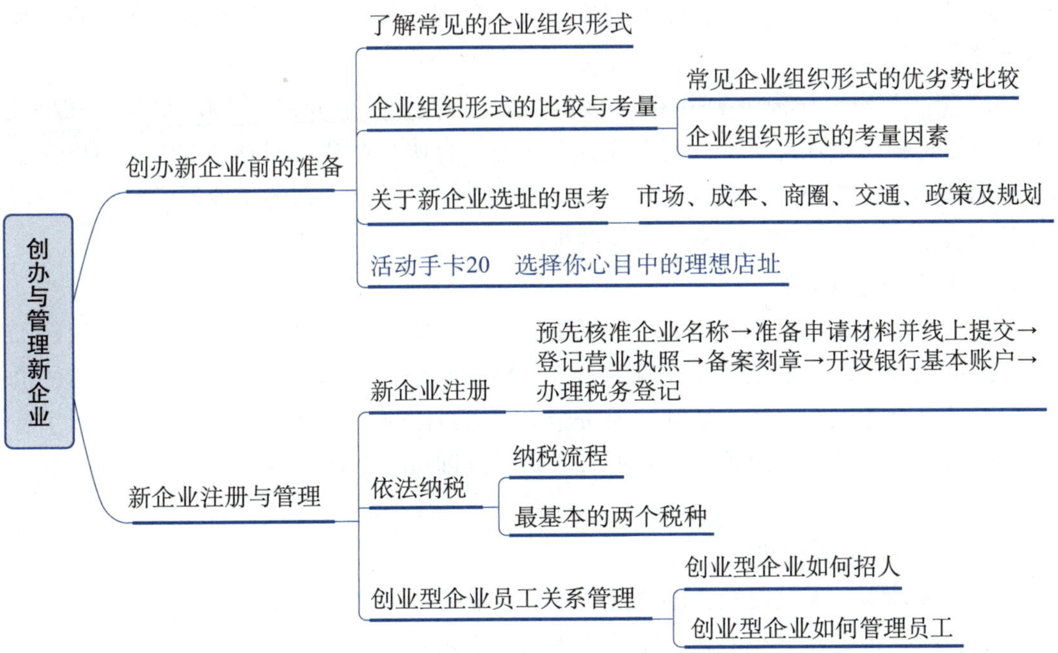

项目导入

大学生小林的创业烦恼

小林是一名刚毕业的大学生，拥有一项计算机软件专利，现在他正计划开办一家计算机企业。小林认真分析了他有可能采用的各种企业形式的优缺点，最后他倾向创办一家个人独资企业，因为他喜欢自己做老板，拥有完全的经营决策权，并且利润全部归自己。但是个人独资企业经营风险较大，计算机行业竞争很激烈，万一经营失败，还要承担无限责任。

小林的大学同学小张愿意出资5万元与小林成立合伙企业。小林觉得合伙企业也不错，合伙人的加入可以使他们有更多的钱开一家更大的企业，分担经营风险，但是合伙企业的经营决策必须共同做出，利润也需要按照合伙协议分配。

有一家风投公司认为小林的项目很有潜力，提出愿意出资与其成立有限责任公司，小林可以以技术入股，占30%的股份。小林觉得这样风险相对较小，筹到的资金会更多，但是有限责任公司设立的程序比较复杂，创办费用较高，而且法律法规对有限责任公司的要求较为严格，而自己的股份仅占30%，在公司的一些重大经营决策上需要受其他股东制约。

讨论

1. 请分别说出每种企业形式的特点和它们之间的区别。
2. 如果你是小林，你会选择哪种企业形式？请阐述理由。

任务一　创办新企业前的准备

与创业过程的其他环节相比，新企业的创办是关键一步，它承上启下，是创业由想法到落地的“质”的飞跃，是对创业成果的最终检验。

一、了解常见的企业组织形式

不同形式的企业组织，所肩负的法律责任是不同的。对于创业者来说，必须清楚有关企业创办的基础知识，如企业由哪些组织形式、分别需要承担的法律责任、创办程序和相关条件等。

2023年《政府工作报告》指出，2022年底中国企业数量超过5 200万户。一般来说，创业者可以选择的企业组织形式有个人独资企业、合伙企业和公司制企业等。不设立公司的企业形式为个体工商户、个人独资企业、合伙企业；设立公司的企业通常称为“公司”，一般分为有限责任公司和股份有限公司两种。

（一）个体工商户

根据《个体工商户条例》第二条的规定，有经营能力的公民，依照本条例规定经工商行政管理部门登记，从事工商业经营的，为个体工商户。个体工商户可以个人经营，也可以家庭经营。个体工商户在人数和注册资金上无数量限制，开办手续简单，只需业主有相应的经营资金，到工商行政管理部门办理登记手续即可。个体工商户可以没有固定的生产经营场所。

（二）个人独资企业

独资企业是指一人投资经营的企业，独资企业投资者对企业债务负无限责任，是最古老、最简单的一种企业组织形式。企业负责人是投资者本人。企业负责人姓名须与身份证相符，不得使用别名。按照我国现行税法有关规定，个人独资企业取得的生产经营所得和其他所得，应按规定缴纳个人所得税。

个人独资企业是非法人型企业，投资人以个人财产承担债务。在各类企业组织形式中，个人独资企业的创设条件最简单，适用于初涉市场、资金条件有限的创业者。《中华人民共和国个人独资企业法》第八条规定，设立个人独资企业应当具备下列条件：

（1）投资人为一个自然人。

（2）有合法的企业名称。

（3）有投资人申报的出资。

（4）有固定的生产经营场所和必要的生产经营条件。

（5）有必要的从业人员。

（三）合伙企业

合伙制企业是由两人或两人以上按照协议投资，共同经营、共负盈亏的企业。合伙制企业财产由全体合伙人共有，共同经营，合伙人对企业债务承担连带无限清偿责任。合伙企业一般无法人资格。

合伙企业的类型有普通合伙企业和有限合伙企业。其中普通合伙企业由普通合伙人组成，合伙人对企业债务承担无限连带责任；有限合伙企业由普通合伙人和有限合伙人组成，普通合伙人对企业债务承担无限连带责任，有限合伙人以其认缴的出资额为限对合伙企业债务承担责任。

入伙是指合伙企业成立后，其他人加入合伙企业的行为。新合伙人入伙时，应当经全体合伙人同意，并依法订立书面的入伙协议；入伙协议未约定的，新合伙人与原合伙人享有同等权益，承担同等责任。新合伙人必须对入伙前合伙企业的债务承担连带责任。

（四）有限责任公司

有限责任公司，是由50个以下的股东出资设立，每个股东以其认缴的出资额为限对公司承担有限责任，公司法人以其全部资产对公司债务承担全部责任的经济组织。有限责任公司包括国有独资企业、其他有限责任公司。

有限责任公司的优点是设立程序简单，不必发布公告，也不必公布账目，公司的资产负债表一般不予公开，公司内部机构设置灵活。其缺点是不能公开发行股票，筹集资金范围和规模一般比较小。

有限责任公司一般适用于中小型非股份制公司，比较适合创业阶段，大部分的投融资方案都是基于有限责任公司进行设计的。

（五）一人有限责任公司

一人有限责任公司其实是有限责任公司的一种。一人有限责任公司是指只有一个自然人股东或者一个法人股东的有限责任公司。根据《中华人民共和国公司法》关于一人有限责任公司的特别规定，一个自然人只能投资设立一个一人有限责任公司。该一人有限责任公司不能投资设立新的一人有限责任公司。一人有限责任公司应当在公司登记中注明自然人独资或者法人独资，并在公司营业执照中载明。

一人有限责任公司中，通常是一人股东自任董事、经理并实际控制公司，缺乏股东之间的相互制衡及公司组织机构之间的相互制衡，容易混淆公司财产和股东个人财产。因此，相关法律对一人有限责任公司的再投资行为进行了限制。此限制体现在两个方面：一方面，一个自然人只能投资设立一个一人有限责任公司，不能投资设立第二个一人有限责任公司；另一方面，由一个自然人投资设立的一人有限责任公司不能再作为股东投资设立一人有限责任公司。但此限制仅适用于自然人，不适用于法人。换言之，一个法人可以投资设立两个或两个以上的一人有限责任公司，由一个法人设立的一人有限责任公司可以再投资设立一人有限责任公司，成为一人有限责任公司的股东。

鉴于大部分初次创业者缺乏公司管理经验及资金方面的实力，建议谨慎选择一人有限责任公司作为初次创业的组织形式。

（六）股份有限公司

股份有限公司是指将公司全部资本分为等额股份，股东以其认购的股份为限对公司承担责任，公司以其全部资产对公司债务承担责任的企业法人。设立股份有限公司，应当 2 人以上 200 人以下为发起人。

股份有限公司具备以下特征：股东具有广泛性；出资具有股份性；股东责任有限性；股份公开、自由及公司自由等。整体而言，股份有限公司产权以股票形式充分流动，可以聘任职业经理人管理，筹资能力强，股东只承担有限责任，风险小，但公司设立程序复杂，费用较高，存在双重纳税问题。

二、企业组织形式的比较与考量

不同企业组织形式并没有绝对的好坏之分。对创业者而言，需要做的是厘清不同企业组织形式的特征和优缺点，选择更匹配自身创业情况的组织形式。

（一）常见企业组织形式的优劣势比较

由于个体工商户是否能够作为其他组织或其他经济组织的一种形式存在争议，因此此处主要对个人独资企业、合伙企业、有限责任公司、一人有限责任公司和股份有限公司进行比较，如表 10-1 所示。

表 10-1 不同企业组织形式的优劣势比较

企业组织形式	优势	劣势
个人独资企业	1. 企业设立手续非常简单，且费用低 2. 创业者拥有企业控制权 3. 可以迅速对市场变化做出反应 4. 利润归创业者所有，无须与他人分享 5. 只需缴纳个人所得税，无须双重纳税（不用缴纳企业所得税） 6. 在技术和经营中容易保密	1. 创业者承担无限责任 2. 企业成功过多依靠创业者个人能力 3. 筹资困难 4. 企业随着创业者退出而消亡，寿命有限 5. 创业者投资的流动性低
合伙企业	1. 创办比较简单，费用低 2. 经营上比较灵活 3. 便于吸纳更多人 4. 资金来源较广，信用度较高	1. 合伙创业者承担无限责任 2. 依赖合伙人的能力，企业规模受限 3. 易因关键合伙人退出而解散 4. 合伙人的投资流动性低，产权转让困难
有限责任公司	1. 创业股东只承担有限责任，风险小 2. 公司具有独立寿命，易于存续 3. 所有权与经营权分离，聘任职业经理人，更能适应市场竞争 4. 可以吸纳多个投资人，促进资本集中 5. 促使公司形成有效治理结构	1. 创立的程序比较复杂，创立费用较高 2. 存在双重纳税，税负较重 3. 不能公开发行股票，融资规模受限 4. 产权不能充分流通，资产运作受限
一人有限责任公司	1. 设立便捷，管理成本低 2. 风险承担责任小，经营机制灵活 3. 鼓励个人创业及技术型企业	1. 缺乏信用体系，融资能力受限 2. 财务审计条件严格，运营较难

续表

企业组织形式	优势	劣势
股份有限公司	1. 创业股东只承担有限责任，风险小 2. 公司具有独立寿命，易于存续 3. 所有权与经营权分离，聘任职业经理人，更能适应市场竞争 4. 公司产权以股票形式充分流动 5. 筹资能力强	1. 创立的程序复杂，创立费用高 2. 存在双重课税问题，税负较重 3. 需定时报告公司的财务状况、公开公司的财务数据，不利于保密 4. 政府限制较多，法律法规要求严格

（二）企业组织形式的考量因素

创业者在选择具体的企业组织形式时，需要全局考虑以下五个影响因素。

1. 创业项目定位及主营范围

对于一些特殊的行业，我国法律规定只能采取特定的形式。律师事务所不能采用公司制形式，但银行、保险等金融行业，法律要求必须采用公司制形式。

2. 自身风险承担能力

企业组织形式的选择，决定了创业者日后所需要承担的责任。从企业组织形式的优劣分析可见，公司制有限责任制度，可以有效控制创业者的风险。合伙企业或个人独资企业，面临风险较大。

3. 税务筹划

合伙制企业一般所需要缴纳的税费比公司制企业低（特殊行业有例外，小微企业需参考税收优惠政策）。

4. 投资需求

拟投资的事业所需资金不多，采用个人独资或合伙企业均可；如果投资需求较多，则建议设立公司制企业。

5. 经营管理规范

个人独资企业和合伙企业的运营更多地体现个人意志，在实践中经营期限均不长。但公司制企业除出现法定解散事由或约定解散事由外，是可以长久存续的。因此，建议采取公司制企业形式。

就部分行业给出如下建议：从事零售业、手工业、农林渔、服务业、家庭作坊等，更多采用个人独资企业形式；网咖、保健专营店、汽车清洗店、美容店等，如果考虑连锁经营，采用公司形式运作更容易；咨询行业，中介行业，事务所，管理中心，基金、投资类型的企业，股权激励、持股平台等大多都采取有限合伙企业的形式。

三、关于新企业选址的思考

选址作为一项长期投资，是关系新企业成败的重要环节。好的经营地址是稀缺资源，意味着企业有更大的可能获取较高的营业额和利润。同时，选址是一项系统工程，尤其是在各项资源极其紧张的创业初期，需要考虑的因素很多。项目选址必须结合自身实际，量体裁衣。比如，店铺经营类、软件开发类、生产制造类等企业选址考虑的因素是完全不同的。这里以店铺经营类为例，探讨选址应考虑的因素。

（一）市场因素

选址应尽量靠近客户，以提高产品和服务的可得性。对于经营类店铺，需要重点了解区域内消费群体的特征，如人口数量、人口结构、人口稳定情况、职业与收入情况、消费能力、消费习惯等。例如在成熟社区开设咖啡店很多时候难以获利，不如棋牌室更适宜。

（二）成本因素

房租往往是创业之初的开销大头，是新店选址考量的最重要因素之一。租房时，通常采用押一付三的支付方式，即最少一次性支付四个月房租。这时既要考虑启动资金够不够，还要考虑只投入未产出利润期间储备金是否充足。一般情况下，创业场地租赁要考虑一年期限的成本。

（三）商圈因素

商圈因素是指对意向商圈进行特定分析，主要考虑集聚效应。如车站是来往旅客集中地，适合发展餐饮、食品、生活用品等行业；大型购物中心及周边商业街，适合中高档餐饮、娱乐等多种业态。古语有“一步差三市”的说法，具体选址时也有“金角、银边、草肚皮”“选低不选高”等讲究，即一条商业街带来的效益是不均等的，街角位置四通八达，人流量最大，是首选；“边”是指一条街两端的铺位，刚进入商街的顾客有兴趣、有时间，停留密度会高；“草肚皮”则是街的中间部分，客流分散，顾客购物兴趣下降、体力不支，故位置较差。同理，“选低不选高”也是为了最大限度接近顾客，但鉴于电梯的便利性及各楼层租金、销售优势的不同，这个选址策略不宜泛化。

（四）交通因素

无论是服务型企业还是生产型企业，都要充分考虑交通的便利性与可达性。例如，有无充足的停车位，是否方便客户驻留。当然，还要充分考虑房租成本，并不是所有的企业都要靠近繁华的闹市区。如物流公司的选址倾向于公路主干道或交通枢纽地带；鲜花市场靠近高速等交通便利的地方。

（五）政策及规划因素

创业者在考虑新企业选址时，要充分了解当地政府对产业发展的整体规划和扶持政策。如滴滴打车，充分利用海淀区科技创新的扶持政策，并且考虑就近的劳动力资源，成为 O2O 科技领域的一匹黑马。

小试牛刀

请同学们打开活动手卡 20，练练手吧！

任务二　新企业注册与管理

公司注册是创业真正走向落地的第一步。企业注册是指创业者根据国家法律法规的相关规定，获得合法经营手续的行为。未经国家机关登记的，不得以公司或企业的名义从事经营活动。

一、新企业注册

目前，我国企业注册实行“五证合一、一照一码”登记制度。2016 年 6 月 30 日，国务院办公厅发布了《关于加快推进“五证合一、一照一码”登记制度改革的通知》（国办发〔2016〕53 号），全国范围内实施“五证合一、一照一码”登记，各地在原有的工商营业执照、组织机构代码证、税务登记证“三证合一”改革基础上，整合社会保险登记证和统计登记证，推进“五证合一”改革，如图 10-1 所示。

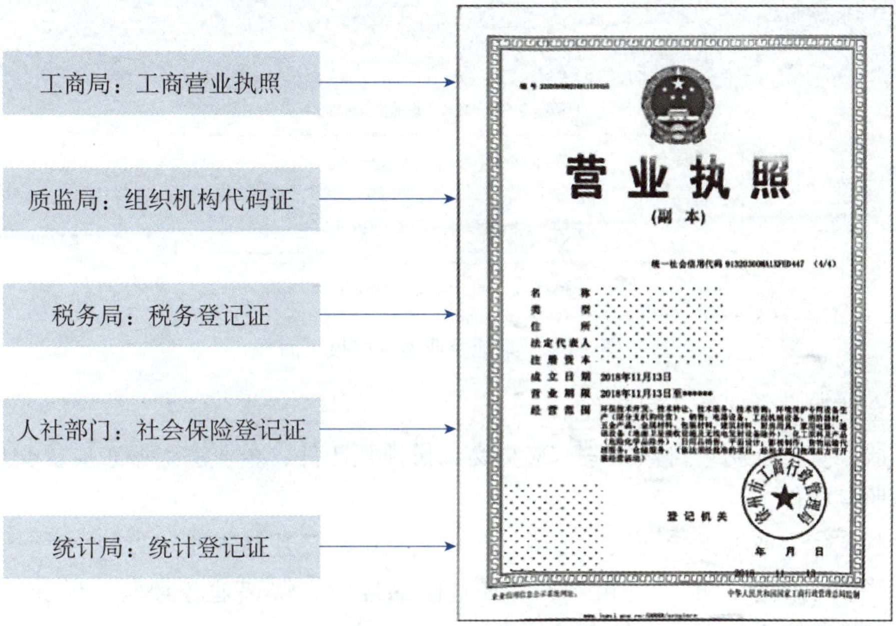

图 10-1 “五证合一”营业执照样本

上述制度大大简化了企业设立的登记流程。一般情况下，企业注册流程为：预先核准企业名称→准备申请材料并线上提交→登记营业执照→备案刻章→开设银行基本账户→办理税务登记，具体如下所述。

（一）预先核准企业名称

设立企业时，首先需要核准企业名称。创业者可登录当地政府官方网站或市场监督管理局官方网站，进入“网上办事大厅”（不同地区政府官网名称不一）注册账号并登录；然后找到“开办企业”选项，按照要求填写事先准备好的企业名称并提交。

这里需要准备以下材料：（1）法人和股东的身份证复印件；（2）提供 2～10 个拟定的公司名称，写明经营范围、注册资金、出资比例、办公地址、联系电话；（3）委托代理人的身份证原件。各行政区的工商局进行综合审定和注册核准，并向合格者发放盖有登记专用章的“企业名称预先核准通知书”。

需要注意的是，我国企业名称的结构范式是统一的，一般由行政区划 + 字号 + 行业 + 组织形式组成，行政区划指企业所在的省或市，字号就是企业的名称，如图 10-2 所示。如天津市中新药业股份有限公司，天津市是行政区划，中新是字号，药业是行业，股份有限公司是组织形式。

（二）准备申请材料并线上提交

企业名称审核通过后，创业者可准备后续的申请材料并在线提交。需要准备的材料如下：

（1）公司法定代表人亲笔签署的《公司设立登记申请书》。该申请书为套表，包括《企业设立登记申请表》《公司股东（发起人）名录》《公司董事、监理、经理情况》《公司法定代表人登记表》等。以上材料均由法定代表人亲笔签署。

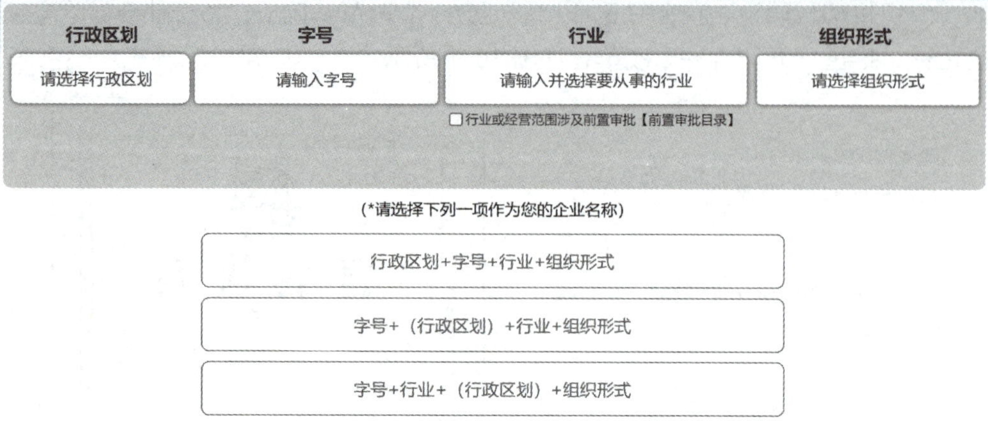

图 10-2　某地企业名称申报页面

（2）全体股东签署的公司章程。

（3）股东资格证明。自然人股东应提交身份证复印件，企业法人股东应提交加盖公章的营业执照复印件。

（4）制定代表或委托代理人的证明。代理人身份证及其复印件。

（5）经营范围涉及前置许可项目（如危险品经营、快递业务经营、证券、烟草等）时，需提交有关审批部门的审批文件。

（6）住所使用证明。住所使用材料的准备分三种情况：自有房产，需提供房产证复印件和身份证复印件；租赁，需房东签字的房产复印件、房东身份证复印件、双方签字盖章的租赁合同、房租发票；以公司名义租写字楼，需提供加盖公司公章的房产证复印件、公司营业执照复印件、双方签字盖章的租赁合同、房屋发票。

（三）登记营业执照

资料审查完毕后，创业者与当地市场监督管理局预约领证时间，并携带《准予设立登记通知书》、申请人身份证原件，到市场监督管理局领取营业执照正、副本。同时，申请人也可选用寄递的方式领取。《公司法》规定，公司营业执照签发日期为公司成立日期。

（四）备案刻章

创业者领取营业执照后，需凭营业执照到公安机关指定刻章点刻制公司公章、财务专用章、合同专用章、法人章和发票专用章。印章刻制完成后，还须到公安机关及相应主管部门进行印鉴备案。

（五）开设银行基本账户

银行存款账户分为基本存款账户、一般存款账户、临时存款账户、专用存款账户四类。基本存款账户是办理转账结算和现金收付的主办账户，经营活动的日常资金收付及工资、奖金和现金的支取均可通过该账户办理。存款人只能在银行开立一个基本存款账户。开立基本存款账户是开立其他银行结算账户的前提。按《人民币银行结算账户管理办法》规定，一家单位只能选择一家银行申请开立一个基本存款账户。

（六）办理税务登记

在市场监督管理局办理完“五证合一、一照一码”登记后，创业者应携带营业执照正、副本原件，法人身份证原件及公章、法人章到税务局报到，登录当地税务局官网并办理税务登记业务。

二、依法纳税

（一）纳税流程

（1）工商登记后 30 日内进行税务登记，带营业执照、身份证复印件到税务大厅办理税务登记手续。

（2）所属工商所进行审核或实地调查。

（3）带营业执照证和其他资料到服务窗口打印，次月起向服务大厅申报纳税。

（二）最基本的两个税种

国家对生产流通环节征收的税种统称流转税（生产和流通）。对分配环节征收的税种统称所得税（分配和消费）。

和企业有关的税种如下：

（1）流转税（增值税、消费税）。

（2）所得税（企业所得税、个人所得税）。

（3）城市建设维护税。

（4）教育费附加。

定税、定期定额、核定征收，营业额发生变化超过 30%，业主应主动申报。偷税将被处以偷税额 0.5～3 倍罚款，追究刑事责任最高可判刑 7 年。

三、创业型企业员工关系管理

一般来说，创业型企业给员工的待遇不高，但对人才的要求又极高，因此，在招聘、安排、任用、考核、留用、管理等方面都有自己的独特性。

（一）创业型企业如何招人

正如一枚硬币的两面，创业型企业在用人方面的缺陷与优势是“泾渭分明”的。

创业型企业普遍存在条件差、要求高、指向不明的用人特点。首先，很多创业型企业都是事多、钱少、离家远、经常出差等，且很多岗位要求一人多能。例如行政岗位除了日常办公室工作，可能还要负责人才招聘、接待、资金出纳等；销售除了负责产品销售推广外，还可能负责客户服务、业务执行等。身兼数职对创业型企业而言是非常普遍的。其次，创业型企业对人才要求很高，除了完成本职工作外，一般都要求员工有很强的创新性、主观能动性和执行力。最后，创业型企业的变动大、职责不明确、对员工缺乏系统的工作安排，很多工作都是口头布置、临时安排、随机检查，这需要员工也以创业者的心态来工作，主动发现问题，解决问题，协同配合。

变换角度思考，创业型企业也有吸引人才的特质，概括起来分别是：人际关系简单、成长空间大、门槛较低。首先，创业型企业一般规模有限，且融资、业绩压力巨大，员工利益诉求一致，人际关系简单。其次，创业型企业岗位、分工灵活，员工可以尝试不同领域，得到全方位的展示和锻炼。最后，创业型企业大多“不拘一格降人才”，年龄、学历、工作经验等方面的限制较少，门槛低，招聘流程较为简单。

综合两个方面考虑，谁可以成为创业团队的员工呢？他们应该是勇于尝试、有抱负、着眼未来的人；他们有较强的能力或潜力，不计较眼前的待遇和条件；他们追求自由和平等，希望靠努力改变现状。这样的人，都应该积极吸纳为创业团队的一员。创业型企业招人程序见图 10-3。

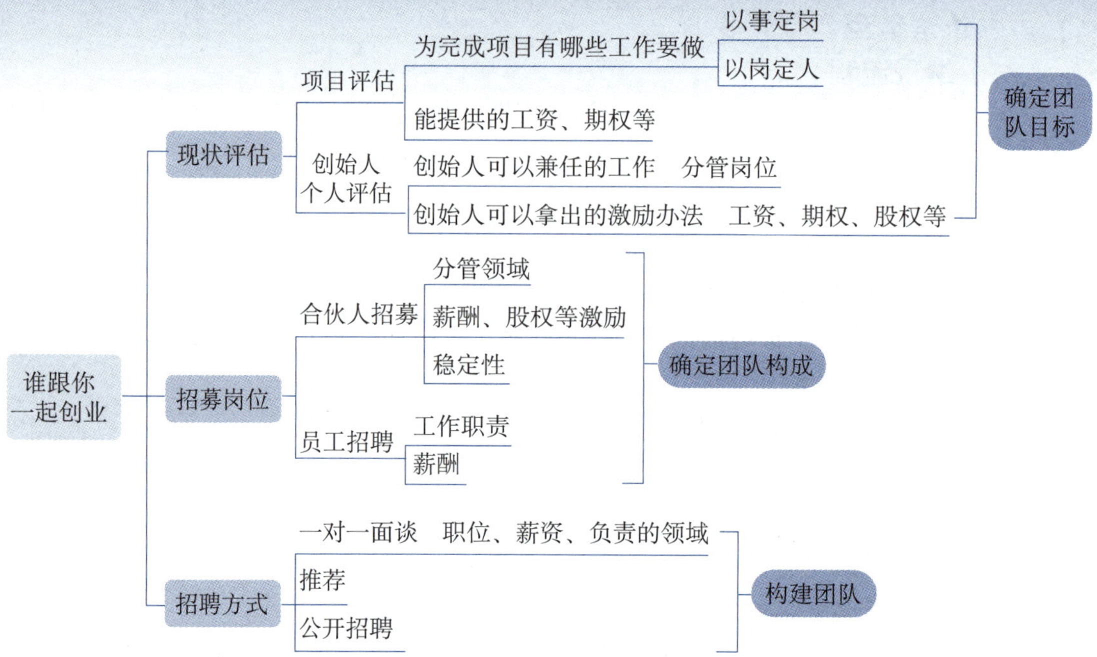

图 10-3　创业型企业招人程序

（二）创业型企业如何管理员工

创业型企业一般具有高成长性与不确定性、资源可控性弱、核心团队变动大等风险，因此必须针对自身特点和拥有的资源进行员工管理。

1. 通过愿景加强员工关系管理

创业型企业处于快速成长阶段，愿景在其中应该处于核心地位，为企业指明前进方向，并能很好地激起员工的认同感与工作激情，从而达到提高凝聚力的目的。将员工关系管理的规划纳入愿景，实现企业愿景和个人愿景的相融合是创新型企业员工管理的有效措施。第一，愿景规划中需重点体现营造良好和谐的创业文化氛围。创业型企业的愿景中应该包含兼容并蓄、鼓励创业的企业文化，给员工开拓工作业务、提供成长的土壤。第二，创业型企业愿景应制定合理的长期人力资源目标。第三，推销、测试企业愿景，达到企业愿景与员工关系管理相结合。推销即向员工传播企业愿景，使愿景得到员工的赞同；测试即通过问卷会议等形式测试员工对愿景的支持情况并收集改进意见，最终使企业愿景与员工愿景达到融合。

2. 根据员工新特点制定相应的激励措施

随着我国高等教育扩招等政策的影响，我国新生代员工更加需要获得自我价值的认同，对精神层面要求较高，事业心、求胜心较重，目标性强。在加强员工关系管理、实施激励措施的过程中，需结合新生代员工的特点，一是分配适合新生代员工特点的工作任务，在合适的职权范围内，准许员工参与企业事务，树立主人翁意识，进而将其内在的工作热情激发出来，即工作性激励。二是通过设定适当目标，使员工在工作的过程中不断学习与进步，即目标型激励。三是强化企业与员工之间的沟通与交流，在情感上建立更加牢固的员工关系，即情感型激励。

3. 通过职业生涯规划提高员工关系管理

创业型企业由于其经济基础和组织构架的双薄弱，成长发展瓶颈期较长，如何很好地捆绑住员工，使员工与企业形成利益共同体，并忠诚于企业，成为员工关系管理的重点。帮助员工进行个人潜能测评，合理准确地自我定位，并解决员工个人利益与企业利益之间的冲突，才是创业型企业实现自身与员工双赢的有效办法。第一，帮助员工了解该企业的特点与该行业特点。创业型企业在很多方面区别于一般企业，其所处的行业一般也表现出很大的特殊性，这就需要加强岗前培训与教育。第二，协助员工测评个人潜能。可以用业绩评估等方法，来测评员工的潜能与各项条件，并给员工提供合适的岗位和发展方向。第三，寻找员工个人职业生涯和发展的契合点。只有企业的发展与员工的个人职业生涯相契合，才能为企业留住人才，实现员工的长久忠诚。

项目自测

一、单选题

1.（　　）是最古老、最简单的企业组织形式。

A. 个人独资企业　　B. 合伙企业

C. 有限责任公司　　D. 股份有限公司

2. 我国《公司法》规定，设立股份有限公司，应当有（　　）为发起人。

A. 2 人以上 200 人以下　　B. 1 人以上 200 人以下

C. 2 人以上 50 人以下　　D. 董事会推举

3. 对于一些特殊的行业，我国法律规定只能采取特定的形式。（　　）等行业，法律要求必须采用公司制形式。

A. 教育培训　　B. 零售批发　　C. 银行保险　　D. 律师咨询

4. 下面所列名称中，属于规范的股份有限公司名称的是（　　）。

A. 上海红基发展有限公司　　B. 北京 8888 商贸股份有限公司

C. 上海红香房地产股份有限公司　　D. 中国红香房地产股份有限公司

5.（　　）一般适用于中小型非股份制公司，比较适合创业阶段，大部分的投融资方案都是基于有限责任公司进行设计的。

A. 个人独资企业　　B. 合伙企业　　C. 有限责任公司　　D. 股份有限公司

二、多选题

1. 我国《公司法》规定的公司类型有（　　）。

A. 无限公司　　B. 有限责任公司　　C. 股份有限公司　　D. 个人独资企业

2. 公司的作用包括（　　）。

A. 是聚集资本的最佳工具　　B. 有利于进行科学化管理

C. 有利于进行现代化管理　　D. 便于规模化经营

三、判断题

1. 个体工商户可以没有固定的经营场所。（　　）

2. 合伙企业一般无法人资格。（　　）

3. 有限合伙人以其认缴的出资额为限对合伙企业债务承担无限连带责任。（　　）

4. 房租往往是创业之初的开销大头，是新店选址考量的最重要因素之一。（　　）

5. 一个自然人可以投资设立两个或两个以上的一人有限责任公司。（　　）

复盘反思

1. 知识盘点：通过对本项目的学习，你掌握了哪些与创办新企业相关的知识？请画出思维导图。

2. 方法提炼：在完成本项目学习和实训的过程中，你掌握了哪些店铺选址的方法和工具？

3. 行动影响：在完成本项目学习和实训的过程中，你认为自己在员工管理方面还有哪些地方需要改进？

参考文献

1. 杨勇，陈建萍 . 市场营销：理论、案例与实训 . 5 版 . 北京：中国人民大学出版社，2023.

2. 刘主编 . 从 0 到估值 1000 万：创业者的 5 项修炼 . 北京：人民邮电出版社，2017.

3. 汤历漫 . 从创意到创业 . 北京：中国经济出版社，2017.

4. 姚加林 . 低成本创业：接地气打造赚钱公司 . 武汉：华中科技大学出版社，2020.

5. 傅强，王胜会，曾君 . 我是创业家，我是大 BOSS. 北京：电子工业出版社，2018.

6. 朱志伟，葛云飞 . 创新创业教育 . 北京：中国人民大学出版社，2022.

7. 曹福全，丛喜权 . 创新思维训练 . 北京：高等教育出版社，2019.

8. 北京联合大学管理学院 . 创新思维：基础、方法与应用 . 2 版 . 北京：清华大学出版社，2024.

9. 吕丽，流海平，顾永静 . 创新思维：原理・技法・实训 . 2 版 . 北京：北京理工大学出版社，2017.

10. 胡飞雪 . 创新思维训练与方法：升级版 . 北京：机械工业出版社，2019.

11. 吴晓义 . 创业基础：理论、案例与实训 . 2 版 . 北京：中国人民大学出版社，2019.

12. 李昆益，吴烽 . 创业营销策划实务 . 2 版 . 北京：中国人民大学出版社，2024.

13. 王强，陈姚 . 创新创业基础：案例教学与情境模拟 . 北京：中国人民大学出版社，2021.

附　录

直通创赛

一、我国双创类竞赛概况

历经多年发展，中国创新创业系列大赛已经涵盖我国大部分省、自治区、直辖市，形成了规格高、规模大、质量好、影响广的创新创业品牌活动，在神州大地掀起了“大众创业、万众创新”的高潮。双创竞赛不仅是创新创业企业和团队的服务平台，也是创业英才发掘价值、实现梦想的舞台。2018 年 7 月 2 日，习近平总书记在中南海同团中央新一届领导班子成员集体谈话中鼓舞广大青年敢于有梦、勇于追梦、勤于圆梦。中华民族伟大复兴的中国梦终将在一代代青年的接力奋斗中变为现实。

目前，我国创新创业大赛深入各省、高校、企业，为青年圆梦提供了广阔的舞台。现就创新创业系列比赛进行简单梳理，如表 1 所示。

表 1　我国创新创业大赛概况

赛事名称		主办方	赛事介绍	赛制
“挑战杯”竞赛	“挑战杯”中国大学生创业计划竞赛	共青团中央、教育部、中国科协、全国学联主办	简称“小挑”，以推动成果转化为目标，注重市场与服务的完美结合，商业性更强	两年一次
	“挑战杯”全国大学生课外学术科技作品竞赛	共青团中央、中国科协、教育部、全国学联和举办地人民政府主办	简称“大挑”，注重学术科技发明创作带来的实际意义与特点	两年一次
“挑战杯——彩虹人生”全国职业学校创新创效创业大赛		共青团中央、教育部、人社部、中国科协、全国学联、省级人民政府共同主办	大赛首次将职业院校纳入其中，在继承“挑战杯”优良传统做法上，结合职业院校实际，开拓创新，赛出新风格	两年一次
“创青春”全国大学生创业大赛		共青团中央、教育部、人社部、中国科协、全国学联	以“中国梦，创业梦，我的梦”为主题，将大学生创业梦与中国梦有机结合	两年一次
中国国际“互联网 +”大学生创新创业大赛		教育部、国家发展和改革委员会、工业和信息化部、人社部、共青团中央、省级人民政府共同主办	促进“互联网 +”新业态形成，服务经济提质增效升级，推动高校毕业生更高质量创业就业	每年一次
中国创新创业大赛		科技部、财政部、教育部、全国工商联主办	以“科技创新，成就大业”为主题，分地方赛、总决赛两个赛段，涵盖新材料、新能源及节能环保、生物医药、电子信息、先进制造、互联网及移动互联网 6 个行业	每年一次

续表

赛事名称	主办方	赛事介绍	赛制
“中国创翼”青年创业创新大赛	中国宋庆龄基金会、人社部联合主办	以“共圆中国梦，青春创未来”为主题，包括主体赛事——创业创新路演赛和专项赛事“欧格玛”杯大学生营销策划赛	不定期
中国青年创新创业大赛	共青团中央、工业和信息化部、人社部、农业部、中国邮政储蓄银行、中央电视台	采取二、三产业和涉农产业分赛制	两年一次

除此以外，我国还有一些特色的主题创业大赛，如中国农业科技创新创业大赛、全国农村创业创新项目创意大赛、环保创新创业大赛、中关村前沿科技创新大赛、中国虚拟现实创新创业大赛、中国城市轨道交通科技创新创业大赛、中国深圳创新创业大赛国际赛、国际大学生 iCAN 创新创业大赛等。

二、主流双创类竞赛介绍

（一）中国国际“互联网+”大学生创新创业大赛介绍

2015 年 5 月 21 日，教育部发布关于举办首届中国“互联网+”大学生创新创业大赛的通知，拉开了中国国际“互联网+”大学生创新创业大赛的帷幕。首届大赛共吸引意向性投资 30 亿元，为项目成果转化提供了雄厚的资金支持，进一步点燃了社会各界尤其是在校大学生的创业热情。大赛每年一次，目前共举办了九届。大赛旨在深化高等教育综合改革，激发大学生的创造力，培养造就“大众创业、万众创新”的主力军；推动赛事成果转化，促进“互联网+”新业态形成，服务经济提质增效升级；以创新引领创业、创业带动就业，推动高校毕业生更高质量地创业就业。大赛历届参赛企业和团队数量见表 2。

表 2　中国国际“互联网+”大学生创新创业大赛历届参赛企业和团队数量

届次	举办时间	参赛企业和团队数量（个）
第一届	2015 年	57 253
第二届	2016 年	12 万
第三届	2017 年	37 万
第四届	2018 年	64 万
第五届	2019 年	109 万
第六届	2020 年	147 万
第七届	2021 年	228 万
第八届	2022 年	未公布
第九届	2023 年	未公布

大赛主要采用校级初赛、省级复赛、总决赛三级赛制（不含萌芽赛道及国际参赛项目）。总决赛由各地按照大赛组委会确定的配额择优遴选推荐项目。目前大赛的参赛组别和类别如表 3 所示。

表 3 中国国际“互联网 +”大学生创新创业大赛参赛组别与类别分类

组别 / 类别	赛道	分类
参赛组别	高教主赛道	本科生组：创意组、初创组、成长组
		研究生组：创意组、初创组、成长组
	青年红色筑梦之旅赛道	公益组、创意组、创业组
	职教赛道	创意组、创业组
参赛类别	高教主赛道	新工科类、新医科类、新农科类、新文科类
	青年红色筑梦之旅赛道	“互联网 +”现代农业、“互联网 +”制造业、“互联网 +”信息技术服务、“互联网 +”文化创意服务、“互联网 +”社会服务
	职教赛道	创新类、商业类、工匠类

大赛为不同赛道的参赛作品设置了详细的评分要求，供参赛团队参考。具体标准如表 4 和表 5 所示。

表 4 中国国际“互联网 +”大学生创新创业大赛评分要求（创意组）

评审要点	详细指标	指标内涵
创新性（30 分）	创意来源（15 分）	突出原始创意特点，解决现实问题。
	创意价值（15 分）	利用互联网技术、方法和思维寻求新突破，具有先进性和独特性。
商业性（40 分）	行业调研（10 分）	鼓励田野调查和实际操作检验，形成对项目市场、技术等现况的一手资料。
	商业模式（10 分）	完整地描述商业模式，测评其盈利能力推导过程的合理性。
	市场营销（10 分）	营销策略完善且具有强的可行性与创新性。
	投资与财务（10 分）	全面地分析企业财务，资金需求合理。
团队情况（10 分）	团队构成（5 分）	考察团队成员的教育和工作背景、价值观念、擅长领域，成员的分工和业务互补情况。
	公司及股权设置（5 分）	股权分配的合理性；公司的组织架构、人员配置安排的科学性。
带动就业前景（10 分）	前景分析（5 分）	市场前景分析的合理性，公司发展战略的可行性。
	带动就业规模（5 分）	预计可能带动社会就业的规模。
综合表现（10 分）	现场展示（5 分）	思路明确，重点突出地阐述创业构想，PPT 及视频展示内容逻辑性强，层次分明。
	公开答辩（5 分）	正确理解评委提问，及时流畅做出回答，回答内容准确可信。

分值及等级标准：优秀：100～85 分，良好：85～70 分，一般：70～55 分，差：55～0 分。

表 5 中国国际“互联网 +”大学生创新创业大赛评分要求（初创组、成长组）

评审要点	详细指标	指标内涵
商业性（50 分）	经营绩效（20 分）	考察项目带来的企业利润、项目营业收入、税收上缴、持续盈利能力、市场份额等；营销策略完善且具有很强的可行性与创新性。
	商业模式（15 分）	项目设计的完整性，竞争与合作、技术基础、产品或服务设计、资金及人员需求、现行法律法规限制等方面需具有可行性。

续表

评审要点	详细指标	指标内涵
商业性（50分）	成长性（15分）	目标市场容量及可扩展性，未来五年高速成长的可能性。
创新性（20分）	创意来源（10分）	突出原始创意特点，解决现实问题。
	创意价值（10分）	利用互联网技术、方法和思维寻求新突破，具有先进性和独特性。
团队情况（10分）	团队构成（5分）	考察团队成员的教育和工作背景、价值观念、擅长领域，成员的分工和业务互补情况。
	公司及股权设置（5分）	股权分配的合理性；公司的组织架构、人员配置安排的科学性。
带动就业前景（10分）	前景分析（5分）	市场前景分析的合理性，公司发展战略的可行性。
	带动就业规模（5分）	预计可能带动社会就业的规模。
综合表现（10分）	现场展示（5分）	思路明确，重点突出的阐述创业构想，PPT及视频展示内容逻辑性强，层次分明。
	公开答辩（5分）	正确理解评委提问，及时流畅做出回答，回答内容准确可信。

分值及等级标准：优秀：100～85分，良好：85～70分，一般：70～55分，差：55～0分。

（二）“挑战杯”全国大学生系列科技学术竞赛介绍

挑战杯是“挑战杯”全国大学生系列科技学术竞赛的简称，是由共青团中央、中国科协、教育部和全国学联共同主办的全国性的大学生课外学术实践竞赛，竞赛官方网站为 www.tiaozhanbei.net。“挑战杯”竞赛在中国共有两个并列项目，一个是“挑战杯”中国大学生创业计划竞赛（简称“小挑”），另一个则是“挑战杯”全国大学生课外学术科技作品竞赛（简称“大挑”）。这两个项目的全国竞赛交叉轮流开展，每个项目每两年举办一次。

三、优秀参赛案例节选

案例一：新“净”界——校园布草洗涤新生态开拓者

（节选自：2022年天津市“互联网+”创新创业大赛作品）

（一）项目背景

2020年12月12日，国家主席习近平在气候雄心峰会上对世界宣布“中国将提高国家自主贡献力度，采取更加有力的政策和措施，力争2030年前二氧化碳排放达到峰值，努力争取2060年前实现碳中和”。从此，气候变化、碳达峰、碳中和等专业性很强的概念日益普及，逐步走入了中国企业家和大众视野。企业在碳中和行动中寻找新的经济增长点，如能源结构调整、发展可再生能源、新的减碳技术及数字化、智能化生产，实现绿色低碳目标下的可持续发展。崭新（天津）洗涤有限公司是一家专业化洗涤企业，致力于打造全国领先的校园布草洗涤新生态践行者。

（二）项目概述

本项目由法国威立雅集团提供技术支持，将废弃物进行处理、加工转化为蒸汽，使用二次能源蒸汽进行蒸汽熨烫，废物循环使用，节能环保；经过前期探索，积累了丰富的校园布草洗涤经验，经过业务模式升级创新，顾客可使用小程序下单，方便快捷，省时省力。使用智能信息化系统管理技术，布草集中清洗，科学整理数据，避免二次污染。对于本项服务，公司采用收集、清洗、消毒一体化流程，并且为顾客提供免费的备用布草。同时，公司积极拓展业务至老年公寓、医院等相关机构。

1. 初期探索

布草洗涤新生态服务通过前期的尝试探索、调研，形成了初期探索模式。项目团队针对洗涤质量、价格、交货期等要素对校园周边洗衣店进行调研，选定 3 家合作对象，确定洗涤服务价格为 12 元。经过探索之后，前期的模式存在一定的弊端，不能满足学生的切实需求，呈现的问题如图 1 所示。

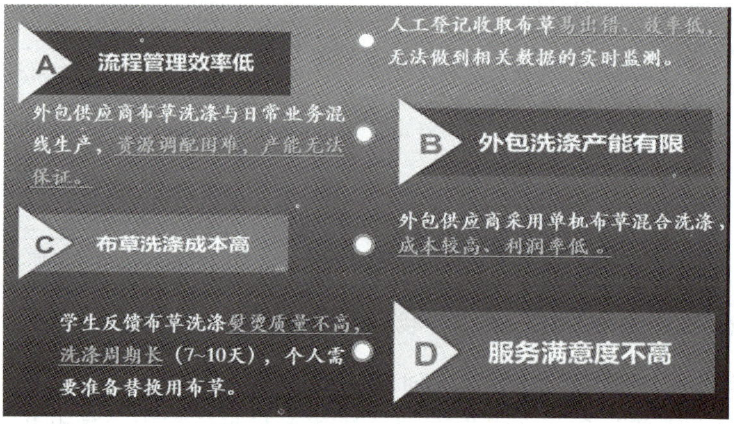

图 1　项目探索初期存在的问题

2. 业务模式升级

项目负责人前期积累资金，通过租赁与购买相结合的方式，进行项目业务模式和技术模式的创新升级，将具体的校园洗涤项目的落地经营。

通过租赁和购买相结合的方式，备置专业级别洗衣机，通过使用烘干机、压榨机、高速烫平消毒机等专业洗涤设备，可以对病毒细菌进行有效消杀，对清洗衣物采用 170 度蒸汽快速熨烫、烘干，并且可以对衣物整齐摆放，节约大学生时间成本。企业坚持信息化系统管理，收集、清洗、消毒一体化流程。企业采用单机集成及洗衣龙配置，可根据布草污染程度采取不同洗涤方式以保证布草洗涤质量，所采用的技术模式如下。

（1）直接换新模式。

高校、机构统一采购，学生自主使用，采用单次更换清洗，即换即用。采用单次收费模式，方便快捷，能节约时间成本。

（2）回收模式。

学生毕业可将布草退回至企业。节约学生经济成本，达到节能环保的效果，避免污染环境。

案例二：三生万木潮拼玩具——新时代榫卯创新领航者

（节选自：天津市“互联网 +”创新创业大赛作品）

（一）项目背景

2009 年，中国传统木结构营造技艺入选联合国人类非物质文化遗产。这种营造技艺体系至今延续几千年，遍及全国，并传播到日本、韩国等东亚各国，是东方古代建筑技术的代表。榫卯结构是一切木结构营造的基础，它仿佛是一门成熟的语言，一生二,二生三，三生万物，建构着华夏的千万种姿态。

这是一个古建爱好者与传统文化爱好者一拍即合的故事。项目团队以天津大学古建研究所的研究数据为依托，结合熟练的设计技能、独到的市场眼光和高昂的创业决心，力图为传统文化注入新的活力，打造中国积木市场的第一品牌，带领中国榫卯走向全世界！

（二）项目概述

项目从核心技术——基础模块研发出发，针对少儿潮玩市场和儿童成长教育市场，规划了“育”和“潮”两个系列的产品，主打榫卯积木课程产品，拓展形成榫卯积木品牌产业链，以项目独有的文化价值、历史价值、审美价值、教育价值，树立品牌形象。

“育”系列产品的规划，意图使中国传统榫卯技艺在现代创新教育思维下发挥深远的教育作用。产品兼具益智性、趣味性和教育性，设计基于国内外儿童认知心理学和发展心理学的研究成果展开，符合儿童身心发展特点，能有效寓教于乐，可玩性高。“潮”系列产品的规划，意图使中国传统榫卯结构蕴含的文化价值跨越漫长的历史，向新时代展现新面貌，走向世界舞台。产品结合新时代潮流热点，通过与火热IP合作实现跨界联动，提高知名度、打开市场，并开发交互性APP，增强用户黏性，实现文化推广。

（三）项目资源

1. 宏观政策优势

随着生育政策的开放和对于二孩三孩的激励政策的逐步落实，我国的儿童群体数量将显著增加，这也意味着玩具行业未来的市场将更加广阔。

2. 人力资源

项目团队融合建筑、管理、数学、机械、材料等多学科交叉人才，是一支心怀理想、充满朝气的本科生创业团队，明确的分工使每个人都发挥其所长，成员的能力和价值在合作中得到了充分的发掘。拥有学术经验硬实力的同时，对于潮流的洞悉和美学的创造有独特的见解才能实现文化产业的高质量发展。我们的团队有天津大学古建研究所、环境艺术领域众多专家的支持，专业背景强硬，作为由众多建筑学院学生组成的队伍，我们还兼具工科生与艺术生的独特思维，为项目创新提供思维和技能上的加持。

3. 融资情况

拟成立公司注册资本100万元，由项目负责人任法人，绝对占股71%，另有两名技术骨干作为股东，分别占比19%和10%。公司运作前期，启动资金主要由创业团队自筹和企业投资构成，种子轮已融资300万元，已到账30万元诚意金，将用于产品研发和品牌运营。在公司发展中期，视公司发展情况进行后续融资，吸引风险投资以满足公司产品研发、规模扩张和发展业务的资金需求。

4. 核心技术

基于天津大学古建所历年测绘数据和对古建古籍文献研究数据，总结出了一个囊括所有可用作产品研发的榫卯结构电子模型库。在电子模型库的基础上，我们进一步进行了技术创新，即提炼中国传统榫卯技艺，结合现代的模块化处理手法，创造五组不同榫卯结构组合转化而来的基础积木模块，可实现千变万化的拼接。

案例三：智能鞋底洗消系统

（节选自：2022 年天津市“互联网 +”创新创业大赛作品）

（一）项目背景

近年来，人体的安全健康和卫生清洁问题凸显，尤其人体最易沾染病毒而却最易被忽视的脚底区域。目前，在鞋底洗消市场上，仅有单一功能的鞋底清洗设备和鞋底消毒方法，而兼有清洗和消毒的设备是市场空白。

目前，各种场景中采用的消毒方法主要有酒精洗手液、鞋底消毒垫、鞋底消毒池、一次性鞋套等，但上述产品缺陷明显。酒精洗手液集中在手部清洗和消毒，而无法完成鞋底消毒；鞋底消毒垫为普通塑料植绒地垫，其自身就成为新的污染源；鞋底消毒池的污水排放及处理难度大；一次性鞋套需频繁采购、发放、穿戴、回收，费时间、费人力、费材料、污染环境，使用中人力、物力、财力成本巨大。

常见的鞋底清洁措施

当前市场主流鞋底清洗产品主要有履带式鞋底清洗机、毛刷式鞋底清洗机、家用鞋底清洗机等。上述产品技术均较为落后，和当前智能控制技术结合较少，造价高、体积大、费水费电、适用环境有限，不能满足当前健康、节能、环保、安全等主流趋势要求。

（二）项目概述

本项目的产品是一款集鞋底清洗、消杀功能于一体的智能化、功能化洗消工具，采用毛刷高速水平旋转的智能控制专利技术，可实现来人自动感应、语音安全提示、智能化灯光控制、智能水位报警等综合功能，彻底解决鞋底清洁烦恼。

（三）项目 SWOT 分析

结合项目特点，对项目进行 SWOT 分析，如表 6 所示。

表 6　项目 SWOT 分析

优势 Strengths	劣势 Weaknesses
1. 拥有比较丰富的技术资源 2. 拥有比较丰富的渠道体系	1. 创业资金相对不足 2. 产品经验相对不足 3. 管理经验相对不足
机会 Opportunities	**威胁 Threats**
1. 创业扶持政策日益完善 2. 校园众创空间助力孵化 3. 市场消费需求旺盛	1. 同类竞品出现 2. 管理风险出现

目录

活动手卡1　带你的思维做个操

1. 你能否用 6 根火柴棍组成 4 个全等三角形？请把你的想法记录下来。

2. 你能否用 6 根火柴棍组成 8 个等边三角形？

3. 只有米尺，如何测量埃及金字塔的高度？

4. 经济链问题：打开一个环 2 分，闭合一个环 3 分，你共有 15 分，请将 4 段连接成一个闭合大环。

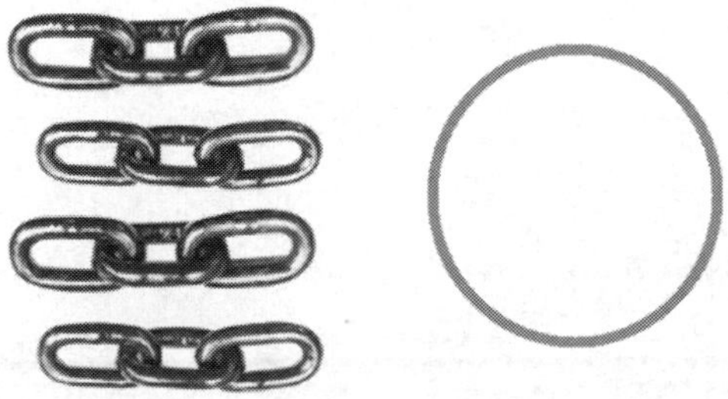

5. 移动一根火柴棍使下列式子成立。

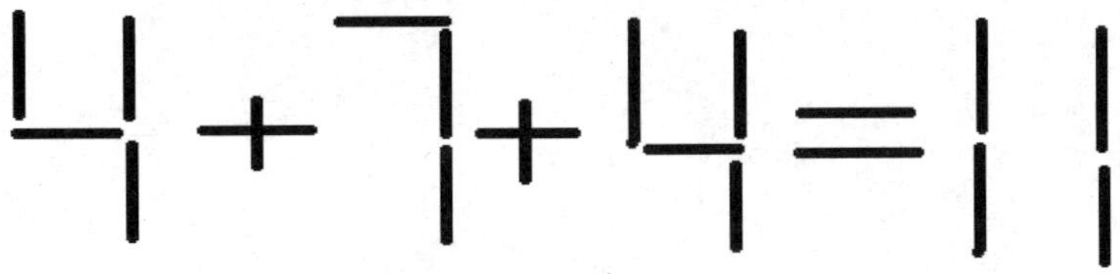

6. 利用五种感官来向大家介绍自己。 目的：采用创造性的方式相互介绍，以提升右脑思维能力。 示例：我的姓名是：陆苗苗 我是一名：旅行者 我利用五种感官来介绍自己： 我看起来像：一阵旋风。 我闻起来像：海边清风。 我摸起来像：一个气泡。 我听起来像：煮沸的咖啡。 我品尝起来像：热奶油巧克力圣代冰激凌。 我最近的冒险经历是：在热浴缸里边吃坚果边读《聊斋志异》。
我的姓名是：____________________ 我是一名：____________________ 我利用五种感官来介绍我自己： 我看起来像：____________________ 我闻起来像：____________________ 我摸起来像：____________________ 我听起来像：____________________ 我品尝起来像：____________________ 我最近的冒险经历是：____________________

活动手卡2　创新思维训练

1.【敏感性训练】下图中，你能看到多少张脸？

2.【流畅性训练】请在 2 分钟内尽可能多地写出与“红色”相关联的词语，它们可以是具象的，也可以是抽象的。

3.【流畅性训练】一架天平，现有 1 克、3 克和 9 克的砝码各一枚，请问可以称出多少种不同物品的重量？

4.【流畅性训练】请用两个三角形、两根直线、两个圆进行有意义的组合，每个图案里都要包含前面六个元素。比比看哪个队组合的图形最多，并选出最好看的图形。

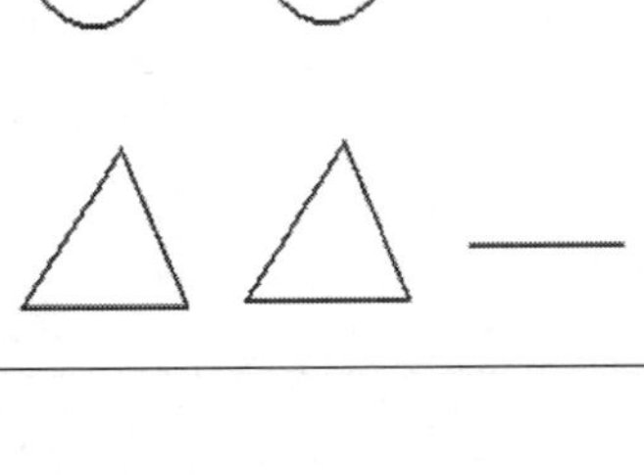

5.【变通性训练】现在你有 10 瓶啤酒，每 3 个空酒瓶可以换 1 瓶啤酒，请问你能喝多少瓶啤酒？
6.【变通性训练】现在你有 10 瓶啤酒，每两个空酒瓶可以换 1 瓶啤酒，请问怎样才能喝够 20 瓶啤酒？
7. 河的一岸有一只鸡、一只狗、一袋米，你要把这些东西运到河的对岸，河上有一只小船，每次只能运载其中的一种东西和你本人。规则：不能把狗和鸡留在一起，否则狗将会把鸡吃掉。也不能将鸡和米留在一起，否则鸡会把米吃掉。请写出你的运送方案。
8. 搭建面条塔。 材料清单：意大利面 20 根、橡皮泥 1 块 (4cm)、75cm 长的胶带、75cm 长的细绳、测量尺、计时器。 目标：搭建最高的独立结构。 规则：橡皮泥必须位于顶部。 材料可以选用、剪断或折断。 时间为 18 分钟。 注意：从讨论、设计到动手搭建，既要充分发挥想象力和创造力，又要进行有效的团队沟通与合作。

活动手卡3　突破思维障碍练习

1. 有三个学生到一家小旅店住宿，他们准备住 1 个晚上，每人交了 10 元钱，老板见是学生，说少收 5 元，退回 5 元。服务员拿着这 5 元心想：5 元分给 3 人不好分，于是自己收起 2 元，退给每个学生 1 元，事后服务员自己心中不解：每个学生交 9 元共 27 元，自己拿了 2 元总计 29 元，可学生给了 30 元，那 1 元到哪儿去了？
2. 每组 5～6 人，全组人一起编故事。所编的故事情节，要与前一个组员的情节相连贯，最后一个组员给出故事的结尾。两分钟故事编得合理、幽默、有创意的小组获胜。
3. 距离点燃的蜡烛 2 米，可以采用任何手段将点燃的蜡烛熄灭。每个队员只能采用一种方法，不得重复，方法多的队获胜。

活动手卡4　形象思维训练

1. 发散思维练习 （1）尽可能地说出雪碧瓶、废弃鼠标的多种用途。 （2）怎样实现自行车防盗？怎样高效地利用太阳能？怎样可以使聋哑人打电话？ （3）尽可能多地说出包含四面体结构的东西。 （4）尽可能多地说出月亮和人类的关系。 （5）尽可能多地设想利用绿色可做什么。 （6）尽可能多地说出体温计可以同哪些东西组合在一起。 （7）尽可能多地说出用“压缩”的方法可以办成哪些事情或解决哪些问题。 （8）尽可能多地说出造成手机损坏的可能原因。
2. 联想思维练习 （1）在纸上写一个“水”字，请你说出与水有关的事物和景象。 （2）在纸上任写两个四字短语（如“八面来风”“学海无涯”），请你和你的同伴从前一个短语的最后一个字开始，玩接龙游戏，直到一方说不出来为止。 （3）请说出汽车与马车、马与牛、收音机与电视机等的相似之处，越多越好。
3. 直觉能力测试 请用“是”或“否”回答下列问题，“是”计 1 分，“否”计 0 分。 （1）在猜谜游戏中你是否成绩不错？ （2）你是否喜欢和别人打赌，运气是否很好？ （3）你是否一看见一幢房子便感觉合适与舒适？ （4）是否常感到你一见某个人，便觉得十分了解他？ （5）你是否经常一接听电话便知道对方是谁？ （6）你是否常听到某些“启示”的声音，告诉你应该做些什么？ （7）你是否相信命运？ （8）你是否经常在别人说话之前就知道内容？ （9）你是否做过噩梦，而其结果又变成事实？

（10）你是否在看信息之前，便已知道其内容？
（11）你是否经常为其他人接着说完话？
（12）你是否常有这种经历：有段时间未能听到某一个人的消息了，正当你思念之时，忽然接到他（她）的信息或电话？
（13）你是否无缘无故地不信任别人？
（14）你是否为自己对别人的第一印象的准确而感到骄傲？
（15）你是否常有似曾相识的经历？
（16）你是否经常在乘飞机之前，因害怕该航班出事，而临时改变旅行计划？
（17）你是否在半夜因担心亲友的健康或安全而忽然惊醒？
（18）你是否无缘无故地讨厌某些人？
（19）你是否一见某件衣服，就感到非得到它不可？
（20）你是否相信“一见钟情”？

测试结果说明：
10～20分，你有很强的直觉能力，有着惊人的判断力，当你将它用于创造时一定会取得巨大成功。
1～9分，你有一定的直觉能力，但常常不善于运用它，有时让它自生自灭，应该加强对它的培养，让它成为你的好帮手。
0分，你没有发展自己直觉的能力。试着按直觉办事，就会发现直觉。

4. 灵感思维能力测试
（1）有时一下子冒出许多想法；
（2）马上去做突然想到的事情；
（3）爱好并进行坐禅和冥想；
（4）快速读完许多书后马上得出结论；
（5）无论做什么事总觉得能妥善解决；
（6）喜欢各种各样的想象；
（7）常常偶然得到所需的图书资料；
（8）言语变化很快；
（9）常常夜间突然起床做笔记；
（10）情绪多变；
（11）非常容易注意到被别人忽略的事；
（12）不愿意受时间的约束；
（13）习惯于直言不讳地说出自己的想法；
（14）常常在梦中得到解决问题的启示；
（15）习惯于直观理解事物。

测试结果说明：
（1）与自己情况相符超过10题的人，灵感思维能力较强；
（2）8～10题相符的人，灵感思维能力较为一般；
（3）相符少于8题的人，灵感思维能力很差。
灵感思维能力较差者在平时训练中应侧重以上15条提示，久而久之，灵感会不请自来。

5. 要检测一下自己的视觉想象力吗？请想象一个轮子置于平面上，如下图所示，轮子边缘有一个黑点，使轮子在平面上滚动。试画出黑点在轮子滚动时留下的轨迹。 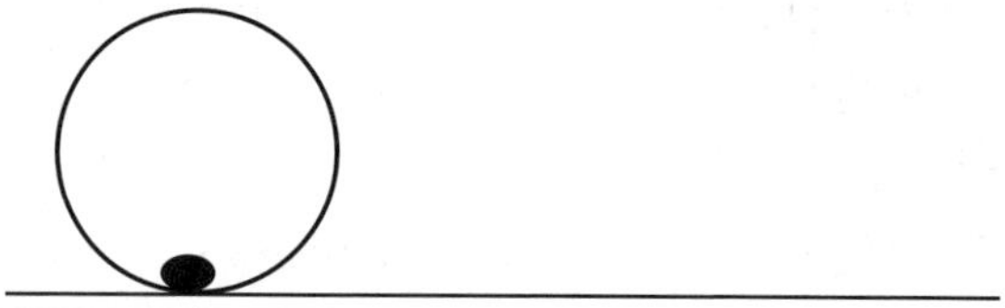
6. 在立方体六个面都涂上黑漆，在三个面上各切两刀，大立方体变成了多少个小立方体？其中，有几个三面涂漆的？几个两面涂漆的？几个一面涂漆的？几个完全没有涂漆的？如果你想象不出来，可以画一个立体图做参考。
7. 在两个没有关联的信息间充分发挥各种联想，将它们联结起来。 例：粉笔—原子弹 粉笔—教师—科学知识—科学家—原子弹 （1）足球—讲台；（2）黑板—聂卫平；（3）汽车—绘图仪；（4）油泵—台灯。
8. 公共汽车现在是要驶往 A 车站，还是驶往 B 车站？ 

9. 一个人买了一盒每盘可以燃烧 1 个小时的蚊香，他想用这种蚊香计时 45 分钟，怎么计时呢？
10. 请用圆形和半圆形组合成一些事物的形象，越多越好。

活动手卡5　运用和田十二法对玻璃杯进行创新

和田十二法	创意设想
加一加	
减一减	
扩一扩	
缩一缩	
变一变	
改一改	
联一联	
学一学	
代一代	
搬一搬	
反一反	
定一定	

活动手卡6 运用组合创新法进行创新

1. 主体添加法练习 在保留下列物品主体功能的前提下，能否加进其他一些技术、成分或附件，以改进功能、扩大品种？请把你设想的结果记录下来。 奶瓶 奶粉 汽车 电视机 箱包 加湿器 鞋 自行车 电梯 写字台 铅笔
2. 发散组合法练习 （1）微型电动机可以与剃须刀、牙刷组合在一起，还可以与什么东西组合在一起？能组合出一个新东西吗？ （2）电阻丝可与哪些东西组合在一起？ （3）拉链可与哪些东西组合在一起？ （4）圆珠笔可与哪些东西组合在一起？ （5）音乐可与哪些东西组合在一起？ （6）磁铁可与哪些东西组合在一起？ （7）螺旋叶片可与哪些东西组合在一起？

活动手卡7　运用头脑风暴法进行练习

请自选一个主题进行练习： 1. 如何降低犯罪率？ 2. 如何让官员做到廉洁？ 3. 如何提高我们的人文素质？ 4. 理想课堂是什么样的？ 5. 某种家电产品的改进方案。 6. 某公司或银行提高服务质量的方案。 7. 改进某种产品的营销策划方案。 8. 解决城市拥堵问题的对策。 9. 如何解决春运期间一票难求的状况？ 10. 如何改变乱丢垃圾、随地吐痰的坏习惯？ 11. 如何提高公司员工的主人翁意识？

活动手卡8　六顶思考帽练习

1.【白帽思维练习】请戴上白色帽子，谈谈对朋友的感受。
2.【红帽思维练习】 （1）请戴上红色帽子，谈谈对朋友的感受。 （2）因为阴历与阳历的差别，每年春节都没有固定的日期，前后能相差一个多月，这样常常打乱人们的工作节奏，有人建议将新年固定在每年的立春，而不是阴历正月初一，你怎样认为？
3.【黑帽思维练习】 以下对话哪些是使用黑色思考帽思考的？ A：我想请学生自己出考题考试。 B：他们自己出题，如何防止有人的出题目过于简单呢？ A：我会请他们出 100 道题，而且我会根据他们所出题目的全面性和挑战性来打分。 B：对你来说，打分可能很困难。 A：可能是，但我认为比起只做我出的题目，这种方法能更好地检测他们的学习情况。 B：有的家长可能不同意。他们担心孩子知道答案，会影响学习效果。 A：这点我会和家长沟通的，听听他们的意见。 B：好。这将是有趣的实验。但凭我的经验，觉得有可能会失败。
4.【黄帽思维练习】 公司如果有人升职，就穿黄色的衣服，请用黄帽思维想想这样会有什么好处。 例如： • 让升职的员工有自豪感； • 让其他员工知道有晋升的机会； • 能够接受监督； …… 你还能想到什么？

5.【绿帽思维练习】

桌面上有六只杯子，从左向右，前三只杯子有水，后三只是空杯子。用 A 表示有水的杯子，B 表示没有水的杯子，则杯子依次排列为 AAABBB，如何只移动一只杯子，让排列变为 ABABAB？又如何变成 BABABA？

6.【蓝帽思维练习】

客服主管最近经常接到客户的投诉电话，抱怨公司的工程人员在进行维修的时候漫不经心、不够敬业，而且态度也不好。客服主管多次向工程部经理反映，可是情况并没有好转。他现在也不知道应该如何是好，你能帮这位客服主管想想办法吗?

7. 请选择一个主题，综合运用六顶思考帽进行练习。

（1）如何增加收入?

（2）如何戒烟?

（3）有没有必要戴六顶思考帽?

（4）如何改善教室环境?

（5）今晚要不要聚餐?

（6）如何交朋友?

（7）如何与人沟通?

（8）如何防止感冒?

（9）如何减肥?

（10）如何全面禁放烟花爆竹?

活动手卡9　形成你的创业项目池

要求：对项目进行简单介绍，描述项目的来源或痛点，并为项目起一个令人印象深刻的名字；项目池里项目越多越好。可视完成情况在班级内进行交流讨论和共享。

拟定项目 1： 简要说明：
拟定项目 2： 简要说明：
拟定项目 3： 简要说明：

活动手卡10　挑选一个项目进行SWOT分析

要求：从活动手卡 9 的项目池中挑选一个最感兴趣的项目，收集网络信息和资料，充分利用发散思维对项目进行 SWOT 分析。

项目名称：____________________

内部因素 / 外部环境	优势（Strengths）	劣势（Weaknesses）
机会（Opportunities）	S–O 战略	W–O 战略
威胁（Threats）	S–T 战略	W–T 战略

活动手卡11　你是E人还是I人？——MBTI职业性格测试

迈尔斯—布里格斯类型指标（Myers–Briggs Type Indicator，MBTI）是由美国心理学家伊莎贝尔·布里格斯·迈尔斯和她的母亲凯瑟琳·库克·布里格斯共同建立的一种人格类型理论模型。该指标以瑞士心理学家荣格划分的八种类型为基础，加以扩展，形成四个维度。其类型指标如表 1 所示。

表 1　MBTI 类型指标

维度	类型	相对应类型英文及缩写	类型	相对应类型英文及缩写
注意力方向（精力来源）	外倾	E（Extrovert）	内倾	I（Introvert）
认知方式（如何搜集信息）	实感	S（Sensing）	直觉	N（Intuition）
判断方式（如何做决定）	理智	T（Thinking）	情感	F（Feeling）
生活方式（如何应对外部世界）	判断	J（Judgment）	理解	P（Perceiving）

这四个维度就是四把标尺，每个人的性格都会落在标尺的某个点上，这个点靠近哪个端点，就意味着这个人有哪方面的偏好。四个维度、八个端点可组合成 16 种性格类型，如表 2 所示。在职业规划咨询的过程中，MBTI 测试是重要参考标准之一。

表 2　MBTI 性格分类具体类型

代码	名称	代码	名称	代码	名称	代码	名称
ISTJ	物流师型人格	ISFJ	守卫者型人格	INFJ	提倡者型人格	INTJ	建筑师型人格
ISTP	鉴赏家型人格	ISFP	探险家型人格	INFP	调停者型人格	INTP	逻辑学家型人格
ESTP	企业家型人格	ESFP	表演者型人格	ENFP	竞选者型人格	ENTP	辩论家型人格
ESTJ	总经理型人格	ESFJ	执政官型人格	ENFJ	主人公型人格	ENTJ	指挥官型人格

你的性格偏好是什么？下面一起做一下 MBTI 测试吧！

测前须知：
1. 请在心态平和及时间充足的情况下开始答题。
2. 职业性格分析展示的是你的性格倾向，而不是你的知识、技能、经验。
3.MBTI 提供的性格类型描述仅供测试者确定自己的性格类型之用，性格类型没有好坏，只有不同。每一种性格特征都有其价值和优点，也有缺点和需要注意的地方。清楚地了解自己的性格优劣势，有利于更好地发挥自己的特长，而尽可能地在为人处事中避免自己性格中的劣势，更好地和他人相处，更好地做出重要的决策。
4. 本测试分为四部分，共 93 题；需时约 18 分钟。所有题目没有对错之分，请根据自己的实际情况选择。将你选择的 A 或 B 所在的 ○涂黑，例如：●
请认真、真实地填写测试问卷，通常情况下你都能得到一个和你的性格相匹配的类型。希望你能从中或多或少地获得一些有益的信息。

一、下面哪一个答案更能贴切地描绘你的一般感受或行为？

序号	问题描述	选项	E	I	S	N	T	F	J	P
1	当你要外出一整天，你会 A. 计划你要做什么和在什么时候做　B. 说去就去	A							○	
		B								○
2	你认为自己是一个 A. 较为有条理的人　B. 较为随兴所至的人	A							○	
		B								○
3	假如你是一位老师，你会选教 A. 以事实为主的课程　B. 涉及理论的课程	A			○					
		B				○				
4	你通常 A. 与人容易混熟　B. 比较沉静或矜持	A	○							
		B		○						
5	一般来说，你和哪些人比较合得来？ A. 现实的人　B. 富于想象力的人	A			○					
		B				○				
6	你是否经常让 A. 你的情感支配你的理智　B. 你的理智主宰你的情感	A						○		
		B					○			
7	在处理许多事情上，你会喜欢 A. 凭兴所至行事　B. 按照计划行事	A								○
		B							○	
8	你是否 A. 容易让人了解　B. 难于让人了解	A	○							
		B		○						
9	按照程序表做事 A. 合你心意　B. 令你感到束缚	A							○	
		B								○
10	当你有一份特别的任务，你会喜欢 A. 开始前小心组织计划　B. 边做边找需要做什么	A							○	
		B								○
11	在大多数情况下，你会选择 A. 顺其自然　B. 按程序表做事	A								○
		B							○	
12	大多数人会说你是一个 A. 重视自我隐私的人　B. 非常坦率开放的人	A		○						
		B	○							
13	你宁愿被人认为是一个 A. 实事求是的人　B. 机灵的人	A			○					
		B				○				
14	在一大群人当中，通常是 A. 你介绍大家认识　B. 别人介绍你	A	○							
		B		○						
15	你会跟哪些人做朋友？ A. 常提出新主意的　B. 脚踏实地的	A				○				
		B			○					
16	你倾向 A. 重视感情多于逻辑　B. 重视逻辑多于感情	A						○		
		B					○			
17	你比较喜欢 A. 坐观事情发展才做计划　B. 很早就做计划	A								○
		B							○	
18	你喜欢花很多的时间 A. 一个人独处　B. 和别人在一起	A		○						
		B	○							

续表

序号	问题描述	选项	E	I	S	N	T	F	J	P
19	与很多人一起会 A. 令你活力倍增　　B. 常常令你心力交瘁	A	○							
		B		○						
20	你比较喜欢 A. 很早便把约会、社交等事情安排妥当 B. 无拘无束，看当时有什么好玩就做什么	A							○	
		B								○
21	计划一个旅程时，你较喜欢 A. 大部分的时间都是跟当天的感觉行事 B. 事先知道大部分的日子会做什么	A								○
		B							○	
22	在社交聚会中，你 A. 有时感到郁闷　　B. 常常乐在其中	A		○						
		B	○							
23	你通常 A. 和别人容易混熟　　B. 趋向自处一隅	A	○							
		B		○						
24	哪些人会更吸引你？ A. 一个思维敏捷及非常聪颖的人 B. 实事求是，具有丰富常识的人	A				○				
		B			○					
25	在日常工作中，你会 A. 颇为喜欢处理迫使你分秒必争的突发事件 B. 通常预先计划，以免在压力下工作	A								○
		B							○	
26	你认为别人一般 A. 要花很长时间才认识你 B. 用很短的时间便认识你	A		○						
		B	○							

二、在下列每一对词语中，哪一个词语更合你心意？

序号	问题描述	选项	E	I	S	N	T	F	J	P
27	A. 注重隐私　　B. 坦率开放	A		○						
		B	○							
28	A. 预先安排的　　B. 无计划的	A							○	
		B								○
29	A. 抽象　　B. 具体	A				○				
		B			○					
30	A. 温柔　　B. 坚定	A						○		
		B					○			
31	A. 思考　　B. 感受	A					○			
		B						○		
32	A. 事实　　B. 意念	A			○					
		B				○				
33	A. 冲动　　B. 决定	A								○
		B							○	
34	A. 热衷　　B. 文静	A	○							
		B		○						

续表

序号	问题描述		选项	E	I	S	N	T	F	J	P
35	A. 文静	B. 外向	A		○						
			B	○							
36	A. 有系统	B. 随意	A							○	
			B								○
37	A. 理论	B. 肯定	A				○				
			B			○					
38	A. 敏感	B. 公正	A						○		
			B					○			
39	A. 令人信服	B. 感人的	A					○			
			B						○		
40	A. 声明	B. 概念	A			○					
			B				○				
41	A. 不受约束	B. 预先安排	A								○
			B							○	
42	A. 矜持	B. 健谈	A		○						
			B	○							
43	A. 有条不紊	B. 不拘小节	A							○	
			B								○
44	A. 意念	B. 实况	A				○				
			B			○					
45	A. 同情怜悯	B. 远见	A						○		
			B					○			
46	A. 利益	B. 祝福	A					○			
			B						○		
47	A. 务实的	B. 理论的	A			○					
			B				○				
48	A. 朋友不多	B. 朋友众多	A		○						
			B	○							
49	A. 有系统	B. 即兴	A							○	
			B								○
50	A. 富想象的	B. 以事论事	A				○				
			B			○					
51	A. 亲切的	B. 客观的	A						○		
			B					○			
52	A. 客观的	B. 热情的	A					○			
			B						○		

续表

序号	问题描述	选项	E	I	S	N	T	F	J	P
53	A. 建造　　B. 发明	A			○					
		B				○				
54	A. 文静　　B. 合群	A		○						
		B	○							
55	A. 理论　　B. 事实	A				○				
		B			○					
56	A. 富同情　　B. 合逻辑	A						○		
		B					○			
57	A. 具分析力　　B. 多愁善感	A					○			
		B						○		
58	A. 合情合理　　B. 令人着迷	A			○					
		B				○				

三、哪一个答案最能贴切地描绘你一般的感受或行为？

序号	问题描述	选项	E	I	S	N	T	F	J	P
59	你要在一个星期内完成一个大项目，你在开始的时候会 A. 把要做的不同工作依次列出　B. 马上动工	A							○	
		B								○
60	在社交场合中，你经常会感到 A. 与某些人很难打开话匣儿和保持对话 B. 与多数人都能从容地长谈	A		○						
		B	○							
61	要做许多人都做的事，你比较喜欢 A. 按照一般认可的方法去做 B. 构想一个自己的想法	A			○					
		B				○				
62	你刚认识的朋友能否说出你的兴趣？ A. 马上可以　B. 要待他们真正了解你之后才可以	A	○							
		B		○						
63	你通常较喜欢的科目是 A. 讲授概念和原则的　　B. 讲授事实和数据的	A				○				
		B			○					
64	你认为哪个是较高的赞誉？ A. 一贯感性的人　　B. 一贯理性的人	A						○		
		B					○			
65	你认为按照程序表做事 A. 有时是需要的，但一般来说你不大喜欢这样做 B. 大多数情况下是有帮助而且是你喜欢做的	A								○
		B							○	
66	和一群人在一起，你通常会选 A. 跟你很熟悉的个别人谈话　B. 参与大伙的谈话	A		○						
		B	○							
67	在社交聚会上，你会 A. 是说话很多的一个　　B. 让别人多说话	A	○							
		B		○						
68	把周末要完成的事列成清单，这个主意会 A. 合你意　　B. 使你提不起劲	A							○	
		B								○

续表

序号	问题描述	选项	E	I	S	N	T	F	J	P
69	你认为哪个是较高的赞誉 A. 能干的　　B. 富有同情心	A					○			
		B						○		
70	你通常喜欢 A. 事先安排你的社交约会　　B. 随兴致做事	A							○	
		B								○
71	总的说来，要做一个大型作业时，你会选 A. 边做边想该做什么 B. 首先把工作按步细分	A								○
		B							○	
72	你能否滔滔不绝地与人聊天 A. 只限于跟你有共同兴趣的人 B. 几乎跟任何人都可以	A		○						
		B	○							
73	你会 A. 跟随一些证明有效的方法 B. 分析还有什么毛病，及针对尚未解决的难题	A			○					
		B				○				
74	为乐趣而阅读时，你会 A. 喜欢奇特或创新的表达方式 B. 喜欢作者有话直说	A				○				
		B			○					
75	你宁愿替哪一类上司（或者老师）工作? A. 天性淳朴，但常常前后不一的 B. 言辞尖锐但永远合乎逻辑的	A						○		
		B					○			
76	你做事多数是 A. 按当天心情去做 B. 照拟好的程序表去做	A								○
		B							○	
77	你是否 A. 可以和任何人按需求从容地交谈 B. 只是对某些人或在某种情况下才可以畅所欲言	A	○							
		B		○						
78	要做决定时，你认为比较重要的是 A. 据事实衡量　　B. 考虑他人的感受和意见	A					○			
		B						○		

四、在下列每一对词语中，哪一个词语更合你心意?

序号	问题描述	选项	E	I	S	N	T	F	J	P
79	A. 想象的　　B. 真实的	A				○				
		B			○					
80	A. 仁慈慷慨的　　B. 意志坚定的	A						○		
		B					○			
81	A. 公正的　　B. 有关怀心	A					○			
		B						○		
82	A. 制作　　B. 设计	A			○					
		B				○				
83	A. 可能性　　B. 必然性	A				○				
		B			○					
84	A. 温柔　　B. 力量	A						○		
		B					○			

续表

序号	问题描述	选项	E	I	S	N	T	F	J	P
85	A. 实际　B. 多愁善感	A					○			
		B						○		
86	A. 制造　B. 创造	A			○					
		B				○				
87	A. 新颖的　B. 已知的	A				○				
		B			○					
88	A. 同情　B. 分析	A						○		
		B					○			
89	A. 坚持己见　B. 温柔有爱心	A					○			
		B						○		
90	A. 具体的　B. 抽象的	A			○					
		B				○				
91	A. 全心投入　B. 有决心的	A						○		
		B					○			
92	A. 能干　B. 仁慈	A					○			
		B						○		
93	A. 实际　B. 创新	A			○					
		B				○				
各项总分										
			E	I	S	N	T	F	J	P
性格类型										

表格使用说明：在 E-I、S-N、T-F、J-P 中两两比较，选择出现次数更多的一项进行组合，如组合结果为 ESTP，代表测试者更接近企业家型人格。16 种类型的性格组合特点如下：

※ 内倾型性格（I）

ISTJ

安静、严肃，通过全面性和可靠性获得成功。实际，有责任感。决定有逻辑性，并一步步地朝着目标前进，不易分心。喜欢将工作、家庭和生活都安排得井井有条。重视传统和忠诚。

ISFJ

安静、友好、有责任感和良知。坚定地致力于完成他们的义务。全面、勤勉、精确，忠诚、体贴，留心和记得自己重视的人的小细节，关心他人的感受。努力把工作和家庭环境营造得有序而温馨。

INFJ

寻求思想、关系、物质等之间的意义和联系。希望了解什么能够激励人，对人有很强的洞察力。有责任心，坚持自己的价值观。对于怎样更好地服务大众有清晰的愿景。在目标的实现过程中有计划而且果断坚定。

INTJ

在实现自己的想法和达成自己的目标时有创新的想法和非凡的动力。能很快洞察到外界事物间的规律并形成长期的远景计划。一旦决定做一件事就会开始规划。多疑、独立，对于自己和他人能力和表现的要求都非常高。

ISTP

灵活、忍耐力强，是个安静的观察者。有问题发生，就会马上行动，找到实用的解决方法。分析事物运作的原理，能从大量的信息中很快地找到症结所在。对于原因和结果感兴趣，用逻辑的方式处理问题，重视效率。

ISFP

安静、友好、敏感、和善。享受当前。喜欢有自己的空间，喜欢能按照自己的时间表工作。对于自己的价值观和自己觉得重要的人非常忠诚，有责任心。不喜欢争论和冲突。不会将自己的观念和价值观强加到别人身上。

INFP

理想主义，对于自己的价值观和自己觉得重要的人非常忠诚。希望外部的生活和自己内心的价值观是统一的。好奇心强，很快能看到事情的可能性，能成为实现想法的催化剂。寻求理解别人和帮助他们实现潜能。适应力强，灵活，善于接受。

INTP

对于自己感兴趣的任何事物都寻求找到合理的解释。喜欢理论性的和抽象的事物，热衷于思考而非社交活动。安静、内向、灵活、适应力强。对于自己感兴趣的领域有超凡的集中精力深度解决问题的能力。多疑，有时会有点挑剔，喜欢分析。

※ 外倾型性格（E）

ESTP

灵活、忍耐力强，实际，注重结果。觉得理论和抽象的解释非常无趣。喜欢积极地采取行动解决问题。注重当前，自然不做作，享受和他人在一起的时刻。喜欢物质享受和时尚。学习新事物最有效的方式是通过亲身感受和练习。

ESFP

外向、友好、接受力强。热爱生活。喜欢和别人一起将事情做成功。在工作中讲究常识和实用性，并使工作显得有趣。灵活、自然不做作，对于新的任何事物都能很快地适应。学习新事物最有效的方式是和他人一起尝试。

ENFP

热情洋溢、富有想象力。认为人生有很多的可能性。能很快地将事情和信息联系起来，然后很自信地根据自己的判断解决问题。总是需要得到别人的认可，也总是准备着给予他人赏识和帮助。灵活、自然不做作，有很强的即兴发挥的能力，言语流畅。

ENTP

反应快、睿智，有激励别人的能力，警觉性强、直言不讳。在解决新的、具有挑战性的问题时机智而有策略。善于找出理论上的可能性，然后再用战略的眼光分析。善于理解别人。不喜欢例行公事，很少会用相同的方法做相同的事情，倾向于一个接一个地发展新的爱好。

ESTJ

实际、现实主义。果断，一旦下决心就会马上行动。善于把项目和人组织起来将事情完成，并尽可能用最有效率的方法得到结果。注重日常的细节。有一套非常清晰的逻辑标准，有系统性地遵循，并希望他人也同样遵循。在实施计划时果断而有力。

ESFJ

热心肠、有责任心、合作。希望周边的环境温馨而和谐，并为此果断地执行。喜欢和他人一起精确并及时地完成任务。事无巨细，保持忠诚。能体察到他人在日常生活中的所需并竭尽全力帮助。希望自己和自己的所为能受到他人的认可和赏识。

ENFJ

热情、为他人着想、易感应、有责任心。非常注重他人的感情、需求和动机。善于发现他人的潜能，并希望能帮助他们实现。能成为个人或群体成长和进步的催化剂。忠诚，对于赞扬和批评都会积极地回应。友善、好社交。在团体中能很好地帮助他人，并有鼓舞他人的领导能力。

ENTJ

坦诚、果断，有天生的领导能力。能很快看到公司、组织程序和政策中的不合理性和低效能性，发展并实施有效和全面的系统来解决问题。善于做长期的计划和目标的设定。通常见多识广，博览群书，喜欢拓宽自己的知识面并将此分享给他人。在陈述自己的想法时坦诚而有力。

活动手卡12　打造金牌创业团队

要求：将活动手卡 9 形成的创业项目池分享给班级同学，为创业项目招募成员，组成创业团队，并对团队成员进行简单介绍和分工，填入创业团队角色分工表中。

创业团队角色分工

<table>
<tr><td>创业团队目标与愿景</td><td colspan="2"></td></tr>
<tr><td rowspan="7">团队成员角色定位
（仿照企业运行框架，如总经理、运营总监、财务总监、技术总监等）</td><td colspan="2">成员 1 姓名、角色：</td></tr>
<tr><td colspan="2">成员 2 姓名、角色：</td></tr>
<tr><td colspan="2">成员 3 姓名、角色：</td></tr>
<tr><td colspan="2">成员 4 姓名、角色：</td></tr>
<tr><td colspan="2">成员 5 姓名、角色：</td></tr>
<tr><td colspan="2">成员 6 姓名、角色：</td></tr>
<tr><td colspan="2">……</td></tr>
<tr><td rowspan="7">团队成员职能分工
（如整体决策、市场推广、技术支持、产品运维等）</td><td colspan="2">成员 1 职能分工：</td></tr>
<tr><td colspan="2">成员 2 职能分工：</td></tr>
<tr><td colspan="2">成员 3 职能分工：</td></tr>
<tr><td colspan="2">成员 4 职能分工：</td></tr>
<tr><td colspan="2">成员 5 职能分工：</td></tr>
<tr><td colspan="2">成员 6 职能分工：</td></tr>
<tr><td colspan="2">……</td></tr>
<tr><td rowspan="2">奖惩机制</td><td>奖励机制</td><td></td></tr>
<tr><td>惩罚机制</td><td></td></tr>
</table>

活动手卡13　为你的项目设计一份调研问卷

要求：请利用问卷星、腾讯问卷等工具，为小组前序打磨的项目设计一份调研问卷，要求设计 10 个以上小问题，回收样本数量 50 份以上，并进行简单分析。

调研名称：________________________

拟设计问题：

序号	具体问题
1	
2	
3	
4	
5	
6	
7	
8	
9	
10	
11	
12	
13	
14	
15	

活动手卡14　为你的项目制定营销战略框架

要求：以小组为单位，为前序打磨项目制定一份营销战略框架。利用市场营销调研问卷结果，收集相关资料（包括该产品及同类竞争品牌产品信息、市场需求等）。汇总资料，进行 STP 分析，得出结论。制作市场分析报告，以 PPT 形式进行共享。

市场分析报告

<table>
<tr><td>小组名称</td><td></td><td>组长</td><td></td></tr>
<tr><td>主要成员</td><td colspan="3"></td></tr>
<tr><td colspan="4">企业市场环境分析：</td></tr>
<tr><td>整体环境综述</td><td colspan="3"></td></tr>
<tr><td>市场细分</td><td colspan="3"></td></tr>
<tr><td>市场分析及定位</td><td colspan="3"></td></tr>
<tr><td>营销战略选择</td><td colspan="3"></td></tr>
</table>

活动手卡15　分析创业项目的资源需求情况

要求：以小组为单位选择一个创业项目，思考该创业项目需要哪些创业资源，在这些资源中哪些是关键资源。

项目名称：________________________

1. 分析所需创业资源

（1）________________________

（2）________________________

（3）________________________

（4）________________________

（5）________________________

（6）________________________

（7）________________________

（8）________________________

（9）________________________

（10）________________________

2. 上述资源中哪些是关键资源？（简要记录下理由）

____

____

____

____

____

____

____

____

____

____

活动手卡16　评估创业资源

要求：利用创业资源评估矩阵（见图 1）这一工具，进行本组项目的资源评估，分析资源禀赋和资源需求状态处于第几象限，将分析结果及理由记录下来。

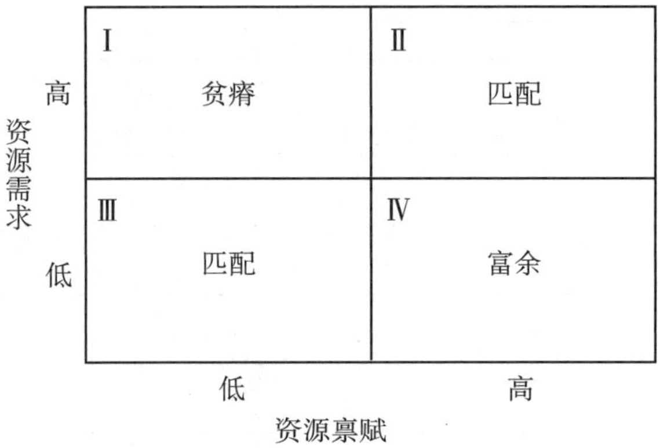

图 1　创业资源评估矩阵图

分析结果及理由：

活动手卡17　简要描述企业的商业模式

要求：利用网络搜索工具分析一个近年来成功的典型创业案例，探讨其在商业模式上的成功，并分析其成功的原因，记录下来并在班级内进行交流讨论和分享。

企业名称：____________________

商业模式分析：____________________

活动手卡18　用画布设计商业模式

要求：以小组为单位，设计你组创业项目的商业模式画布，记录小组讨论和分析的结果，在全班进行展示并分享小组的设计过程与结果。

<table>
<tr><td rowspan="2">关键伙伴</td><td>关键活动</td><td rowspan="2">价值主张</td><td>客户关系</td><td rowspan="2">客户细分</td></tr>
<tr><td>核心资源</td><td>渠道通路</td></tr>
<tr><td colspan="2">成本结构</td><td colspan="3">收入来源</td></tr>
</table>

活动手卡19　完成一场精彩的创业路演

要求：利用项目所学，分组模拟进行一次创业路演，每组 5～7 分钟，并在小组间进行打分、点评。评分标准如表 1 所示。

表 1　路演评分表

模块	指标	指标内涵	分值	得分
项目情况	项目背景介绍	包括风口、趋势、国家政策	5	
	项目描述	具体包括想做什么、想解决什么问题、怎么做、已取得的成绩、未来规划等	20	
	团队介绍	主要看团队构架是否完整、能否满足现阶段项目开发运营需要、下一步团队建设思路	5	
	市场分析	包括目标客户、竞争对手、自身竞争优势、前景预估等	15	
	项目实现能力	目前所处阶段、软硬件保障、融资能力、商业模式 / 盈利模式、核心竞争力等	10	
	风险规避	对项目可能遇到的风险（技术、项目运营、财务等）是否有清晰的认识和一定的规避方案	5	
现场情况	思路清晰，能清楚介绍整个项目情况		15	
	准确理解评委问题，回答思路清晰，逻辑严密，语言简洁流畅		5	
	演讲者精神风貌好，仪表整洁大方，表现得体		10	
	PPT 结构清晰，有逻辑性，内容完整，重点突出，形式美观大方		10	
总分	满分 100 分，总分超过 70 分为通过		100	

各小组路演完成后，请将小组成绩整理至表 2。

表 2　各小组得分表

序号	项目名称	项目概要	得分

活动手卡20　选择你心目中的理想店址

要求：请教师设置背景故事，学生利用手机或电脑根据要求完成创业项目选址。先以个人形式完成，再进行小组讨论和展示。

背景：小张大学毕业后决定返乡创业。他在大学时，接触了某煎饼连锁品牌的项目，决定加盟推广，其加盟预算清单如表1所示。目前，他找亲友借了5万元启动资金，并开始选址，请在你所在的城市为小张找一个合适的店面。

表1　某煎饼连锁品牌加盟预算清单

项目	相关费用金额
加盟费	5 000元
保证金	1 000元
管理费	500元/年
租金	3 500元/月

步骤：

1. 借助电脑或手机，选择你心目中理想的地址，写下5项你认为最关键的选择因素。
2. 全部同学完成后，以小组形式进行讨论，将得票率最高的地址写在表2中。
3. 各小组展示讨论结果。
4. 教师依据选址结果、活动参与表现和展示情况给出团队分，并进行总结。

表2　项目选址情况表

项目选址影响因素	个人选址推荐	小组选址